Visitas del más allá

Sylvia Browne

Visitas del más allá

Traducción de Carme Font

VISITAS DEL
DEL MÁS ALLÁ

©2003 Sylvia Browne
©2006 Editorial Lectorum, S.A.
de C.V., bajo acuerdo con
Ediciones Robin Book S.A.
ISBN 970-732-186-5
Diseño portada: Regina Richling
Interiores: MC Producció
Primera edición: septiembre 2006

ROBIN BOOK

EDICIONES ROBIN BOOK S.L.
Industria, 11 (Pol. Ind. Buvisa)
08329 Teià (Barcelona)
e-mail: info@robinbook.com
www.robinbook.com

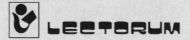

EDITORIAL LECTORUM
Centeno 79, Col. Granjas Esmeralda
09810, México, D.F.
ventas@lectorum.com.mx
www.lectorum.com.mx

*De Sylvia y Lindsay
a nuestros padres.
Este libro está dedicado
especialmente a vosotros.*

Agradecimientos

A Fern Underwood, nuestra correctora preliminar sumamente mal pagada. He decidido que no es justo que Lindsay te tenga como madre y yo no, así que pronto te enviaré los papeles de la adopción.

A Bernie Keating; sin ti, este libro se habría publicado en el año 2012, más o menos. Eres un regalo llovido del cielo en más aspectos de los que puedo expresar. También te agradezco especialmente la esponja.

A Larry Harnisch. Le pedí a Lindsay que te encontrara porque sabes hacer las cosas bien, y resultaste ser una persona paciente, compasiva, generosa, así como un amigo con una lealtad inquebrantable a la investigación y una precisión que siempre admiraré. Cuando se publique tu libro, Lindsay y yo seremos las primeras en comprarlo, puedes estar seguro de ello. Hasta entonces, debo hacerte otra promesa: Lindsay y yo te enviaremos un donativo, en nombre de Elizabeth Short, a una maravillosa institución benéfica que ayuda, entre otros, a personas sin hogar y a mujeres maltratadas de la ciudad natal de Elizabeth, Medford, Massachussets. Si alguno de nuestros lectores quiere hacer lo mismo, sería un gesto muy amable y apreciado. La organización se llama Shelter, Inc. P.O. Box 390516, Cambridge, Massachussets 02139. A todos vosotros, gracias. Lo entenderéis mejor cuando leáis el capítulo 10.

A Brian Tart, nuestro editor de un total de seis libros. Te agradezco verdaderamente que nos hayamos hecho amigos, y nunca dejará de sorprenderme el tacto que demostraste cuando, al parecer, en ocasiones me volvía una persona difícil sin darme cuenta.

A cada uno de vosotros, desde lo más hondo de mi corazón henchido, os doy eternamente las gracias.

SYLVIA

Introducción

Miles de personas, muchas de ellas encarnadas en la actualidad, han participado en la elaboración de este libro. Hay espíritus y fantasmas en este mundo que han sido lo suficientemente amables como para aparecerse y contarme sus historias de la última mitad del siglo XX. Están los 2.014 visitantes de mi sitio Web que tienen el valor y la generosidad de enviarme sus experiencias por correo electrónico, algunas de las cuales encontraréis en las siguientes páginas. Dejadme que os diga desde el principio que leo cada uno de esos mensajes. Esos 2.014 valientes fueron los receptores de algunas apariciones fascinantes de espíritus y fantasmas, algunas de ellas profundamente reconfortantes y otras aterradoras. Una víctima de un asesinato sin resolver me reveló el nombre de su asesino, y hay un Espíritu Guía que dejó su voz registrada en cinta, repitiendo una sola palabra que dio a una mujer la clave para destapar la vida criminal de su esposo. Hay una mujer que recibió la fuerza necesaria a partir de una visita de un ex novio suyo desde el Otro Lado que no sabía que había fallecido, y un hombre que jamás habría descubierto que tenía una hermana mortinata si su espíritu no se hubiera presentado cuando él tenía cuatro años.

A los miles de personas que hemos colaborado en este libro y a los muchos millones que no se cuestionan, al igual que nosotros, que existe el más allá, también hay otros que siempre tendrán preparada una lista de explicaciones convenientes por lo que «creemos que estamos viendo», escuchando, y sintiendo. «Histeria por angustia», «falta de oxígeno», y variaciones de las expresiones «enfermedad mental» y «estafa» se cuentan entre las más habituales. Sin embargo, lo que estos escépticos y «expertos» no paran de repetir, una y otra vez, es la misma exigencia cínica que se reduce a:

«Demuestra que hay vida después de la muerte.»

Tengo más de sesenta años, y jamás he dudado de que exista vida después de la muerte. Los miles de personas que han contribuido en la elaboración de este libro, tanto si están sobre la faz de la tierra como si no, no lo dudan. Los millones de personas que nosotros representamos tampoco lo dudan. Indudablemente, Dios no lo duda, puesto que él es quien nos reveló su veracidad en origen, y nos creemos sus palabras. No somos nosotros los que tenemos un problema con ello. Sois vosotros. Así pues, ¿por qué tratáis de desacreditarnos y demostrar algo que ya sabemos con absoluta certeza?

Esta es mi propuesta para los escépticos y los «expertos», con la esperanza de que adopten un cambio de rumbo. Nosotros ya cumplimos demostrando que hay vida después de la muerte. Lo hemos demostrado más allá de nuestra propia satisfacción. A partir de ahora, hagámoslo de esta manera: demostrad que no es así.

Capítulo 1

La verdad sobre los fantasmas y espíritus

Yo creo en los fantasmas, así como en la presencia real y suntuosa de los espíritus entre nosotros procedentes del Otro Lado.

Lo creo porque, al igual que muchos de vosotros, los he visto, oído, me he quedado perpleja ante ellos, e incluso he olido la fragancia ligeramente familiar de un ser querido fallecido, instándome a advertir y a estar segura de que no desaparecen, sino que están allí. También sé que no es fruto de mi imaginación o deseos, si solo abro mis ojos, oído, mente, corazón, y presto la suficiente atención.

Lo creo porque, rodeada de tantas pruebas abrumadoras de su existencia a lo largo de mis sesenta y seis años en esta tierra, estaría loca si no creyera en ello.

Pero básicamente, lo creo porque sé, en el fuero interno de mi ser, que la mayoría de las grandes religiones del mundo están en lo cierto: todos somos eternos, cada uno de nosotros, como derecho de nacimiento del Dios que nos creó. Nuestros espíritus siempre existieron y siempre existirán. Nuestros cuerpos físicos son sólo una morada temporal de la esencia de nuestro ser, ésa parte divina de nosotros que siente alegría y pena, amor y reverencia, y que conserva intacta nuestra verdad, sabiduría, y nuestros recuerdos eternos. La muerte se llevará nuestros cuerpos tarde o temprano, pero nunca puede destruirnos. Dios nos prometió vida eterna, y él no incumple sus promesas. Es precisamente porque creo en la palabra de dios que no puedo imaginarme *no* creer en la existencia de fantasmas y espíritus entre nosotros. Si nuestros espíritus trascienden realmente la muerte, y si son inmortales como sabemos que lo son, eso significa que nunca dejan de existir. Así pues, ¿por qué no creemos en la existencia de algo que sabemos que nunca deja de existir? De hecho, ¿por qué no reconocer que la presencia de fantasmas, y de espíritus de Casa, es incluso digna de celebración, demostrando que la vida eterna es una certeza hermosa, sagrada y otorgada por Dios? No me malinterpretéis. No estoy afirmando que la aparición inesperada de un fantasma o espíritu no provoque miedo. En este libro leeréis historias en los que muchos de vosotros os habéis asustado, y reconozco que yo he pasado algunos momentos aterradores a lo largo de mis experiencias. Cierta combinación de sorpresa, una insistencia cultural según la cual quienes ven fantasmas y espíritus están locos o mienten, así como una falta de comprensión de lo que está pasando, puede añadirse a los auténticos sobresaltos de pánico incluso entre las personas más racionales, pero os ruego que me creáis en algunas verdades fundamentales sobre los fantasmas y espíritus:

En primer lugar, realmente el conocimiento es poder. Cuanto más sé y aprendo sobre el mundo del espíritu, más sustituyo mis temores por la curiosidad y la fascinación, y descubriréis que a vosotros os ocurrirá lo mismo; os lo garantizo.

En segundo lugar, como muchos de vosotros ya sabéis, no somos únicamente los psíquicos u otros «raros» quienes mantienen con regularidad encuentros perfectamente válidos con fantasmas y espíritus. Las personas «normales» de todos los países se han encontrado cara a cara con visitantes del más allá. Estas personas saben lo que han experimentado, y saben que no están locos, saben que su experiencia fue real, y que no me necesitan a mí o a cualquier otra persona para que se la validen. Estoy segura de que coinciden conmigo en este aspecto. Del mismo modo que un científico sería un necio si obtuviera el mismo resultado del mismo experimento una y otra vez y se negara a creerlo, todos los que hemos visto, oído, y sentido la presencia del mundo del espíritu seríamos igual de necios si nos negáramos a creer lo que nuestros cinco sentidos físicos, nuestras mentes y nuestros corazones, jurarían experimentar y, por último, aunque a veces me he sentido momentáneamente asustada por algunos de mis encuentros con residentes del más allá, puedo asegurar que jamás he conocido a un fantasma o a un espíritu que cause una parte siquiera del daño físico y emocional que cometen los humanos. Si me dais a escoger entre una confrontación con el fantasma más desagradable del mundo o el sociópata humano más astuto, elegiría sin pensarlo al fantasma. Así pues, aunque este viaje al mundo del espíritu que estamos a punto de emprender juntos nos conduzca a un territorio que en ocasiones hallemos espeluznante y turbador, no dudes ni por un instante de si tienes o no la valentía de continuar el viaje. Fuiste lo suficientemente valiente como para elegir otra vida como ser humano en esta tierra escabrosa, confusa y hermosa, lo cual también te concede la valentía para encontrarte con fantasmas y espíritus, especialmente porque todos nosotros hemos sido fantasmas y espíritus con anterioridad y lo volveremos a ser cuando acabemos esta vida.

La travesía del espíritu después de la muerte

Con el fin de entender lo que los espíritus y fantasmas son en realidad, y de dónde vienen, es esencial entender lo que les ocurre a nuestros espíritus cuando nuestros cuerpos fallecen. He hablado sobre ello con detalle en libros anteriores, especialmente en *Vida en el otro lado*. Así pues, en vez de repetirme, limitaré este tema a unos cuantos puntos básicos:

Cuando el espíritu abandona el cuerpo que le ha proporcionado una morada temporal en otra visita a la tierra, existen básicamente tres lugares distintos donde puede ir. No os debe caber ninguna duda de que el lugar a donde vamos, de esos tres posibles, es decisión nuestra, no de Dios. Él nunca deja de amarnos, nunca nos retira su confianza, y nunca nos condenaría a desterrarnos eternamente de su presencia. Sólo cuando nosotros dejamos de amarle y nos alejamos de él tomamos decisiones equivocadas que acaban por repercutir en la salud y el bienestar de nuestras almas.

La inmensa mayoría de nosotros, que amamos a Dios sea cual sea el nombre por el que lo conocemos y hacemos todo lo posible para honrar su amor mientras estamos aquí, trasciende inmediatamente al Otro Lado, ese mundo sagrado, exquisito, y perfecto del que venimos, donde vivimos felizmente entre los ángeles, los mesías, nuestros Espíritus Guías, nuestras almas gemelas y seres queridos que hemos compartido una eternidad de vidas tanto en la tierra como en Casa. Los residentes del Otro Lado se llaman espíritus, y sus apariciones entre nosotros sobre la tierra se denominan «visitas».

Un porcentaje mucho menor de la humanidad, esas almas oscuras y en pena que eligen el mal sobre Dios, viajan a un vacío atroz e impío llamado la Puerta de la Izquierda, desde la que regresan directamente a una matriz terrenal, para reencarnarse posteriormente en otra encarnación impía. El Lado Oscuro, como llamamos a esos viajeros que atraviesan la Puerta de la Izquierda, no se comunican con nosotros si se aparecen mientras están *in vitro*.

Luego están esas pobres almas atrapadas que, por sus propias y confusas razones, se niegan a reconocer el verdadero túnel que conduce al Otro Lado, iluminado por la brillante luz blanca de Dios, y por eso permanecen apegados a la tierra. Las almas apegadas a la tierra se denominan fantasmas, y sus apariciones entre nosotros se denominan encantamientos.

Comprender las diferencias entre espíritus y fantasmas, entre visitas y encantamientos, nos puede ayudar a convertir un encuentro inesperado con el más allá de algo aterrador a reconfortante. Nos puede ayudar a distinguir entre un intruso apegado a la tierra de un querido visitante de Casa. Puede responder preguntas sobre el lugar a donde se dirigió un ser querido fallecido después de abandonar el cuerpo, cómo se encuentra, y si es feliz o no. Evidentemente, nos aporta fascinantes visiones fugaces de las posibilidades que se abren ante nosotros cuando nuestras encarnaciones actuales se agotan.

Pero antes de que me adentre en más detalles sobre el brillante y complejo mundo del espíritu que estamos a punto de explorar, quiero abordar una cuestión que aparece en varios centenares de las cartas escritas por mis amables clientes y lectores. Antonio escribió, por ejemplo, cuando describe su encuentro cara a cara con un fantasma en su hogar: «Estaba especialmente confundido porque sabía que lo que estaba viendo era absolutamente real, pero durante toda mi vida me enseñaron que los fantasmas y los espíritus son obra del demonio y que deben evitarse.» Después de contarme una visita realmente extraordinaria de su fallecido padre, Cynthia añadió: «Se lo conté a mi tía, y ella reconoció que muchos miembros de nuestra familia habían tenido experiencias parecidas, aunque no quería hablar de ello porque este tipo de cosas son malas y creer en los espíritus es cosa del demonio.»

Los que me conocen, saben que soy una fervorosa creyente de mi religión, el cristianismo gnóstico, y que conozco otras religiones del mundo porque las he estudiado a lo largo de mi vida. Mi fe en Dios es algo tan esencial en mí como el aire que respiro. Me aporta confianza, me alivia, me inspira, me nutre, me hace feliz, y reduce mis temores.

No me cabe la menor duda de que Dios quiere que nuestra reverente devoción hacia él provenga de la adoración, no de la intimidación o del terror de su ira, y tampoco dudo de que él no ha creado ni creará nada mal. La maldad es una creación de la humanidad, no de Dios. Puesto que Dios, no un demonio mítico, nos creó con almas que son eternas, y los fantasmas y los espíritus son manifestaciones de esas almas eternas, la irracionalidad de comparar el mundo del espíritu con la maldad me deja perpleja.

En realidad, según la versión de la Biblia que leas (y hay veintiséis), Jesús se apareció sobre la tierra en forma de espíritu entre seis y diez veces después de su ascensión. La primera carta de Pablo a los Corintios, por ejemplo, en la edición estándar de la *Biblia*, capítulo 15, versículos 3-8, dice: «...que Cristo murió por nuestros pecados... que fue sepultado y que resucitó el tercer día... que se apareció a Cefas, y luego a los Doce. Después se apareció a más de quinientos hermanos a la vez... Luego se apareció a Santiago, más tarde, a todos los Apóstoles... Y en último término se me apareció también a mí.» Con éste relato bíblico y otros parecidos de las apariciones terrenales de un espíritu que había trascendido de forma muy clara al Otro Lado, ¿cómo es posible que concibiéramos la idea de que los encuentros entre humanos y el más allá son algo malo?

Evidentemente, no me creo que las visitas de Cristo después de su crucifixión fueran algo malo, ¿verdad? Así que, por favor, sean cuales sean tus creencias, lo que te hayan enseñado, contado, por mi u otra persona, no aceptes nada si no tiene sentido en tu corazón. Sólo porque no entendamos algo, o que algo nos asuste, no quiere decir «maldad». Piensa. *Aprende*. El conocimiento es realmente poder, de eso no cabe la menor duda.

Después de esta breve introducción (gracias por haberme dejado que saliera de mi organismo), exploremos los mundos de los espíritus y los fantasmas que, debido a su presencia entre nosotros, demuestran que nuestra eternidad concedida por Dios es un hecho absoluto e indiscutible.

Espíritus

Tal como mencioné anteriormente, cuando nuestros cuerpos fallecen, la mayoría experimentamos el túnel brillantemente iluminado. No desciende de un lugar lejano en el cielo, sino que surge de nuestros cuerpos y discurre horizontal más que verticalmente, formando un ángulo de unos veinte o treinta grados. Viajamos con una maravillosa e ingrávida libertad a través de este túnel casi lateral, y en ningún momento tenemos la sensación de haber muerto, sino que nos sentimos más emocionantemente vivos de lo que jamás estuvimos aquí en la tierra. Todas nuestras preocupaciones, frustraciones, ira, resentimiento, y cualquier otra emoción negativa se desvanece, y queda reemplazada por la paz y comprensión amorosa e incondicional que recordamos y que estamos a punto de reunirnos en Casa. La luz blanca sagrada de Dios espera a abrazarnos al final del túnel, junto con los seres queridos de cada vida que hemos vivido. Incluso nuestras mascotas de otras vidas están ahí para recibirnos, tan entusiasmados con la alegría de vernos y, como los espíritus humanos, deben esperar a recibirnos, y cuando ya hemos llegado al Otro Lado, reanudamos nuestras vidas activas y exquisitas que dejamos temporalmente atrás para continuar con nuestra educación espiritual en la ardua escuela que es la vida en la tierra.

Existe una razón sencilla y lógica por la cual el legendario túnel nos traslada horizontalmente y no verticalmente: nuestro destino, el Otro Lado, ése paraíso que anhelamos en el preciso instante en que lo abandonamos hasta nuestro regreso, es otra dimensión situada a un metro por encima del nivel de la tierra. Es un lugar que existe de verdad, su belleza es idílica, pero existe a una frecuencia vibratoria mucho más elevada que la nuestra, que es la razón por la cual no podemos percibir nuestra proximidad a ella, de la misma manera que el oído humano normal no puede percibir la elevadísima frecuencia de un silbato para perros. Si has experimentado encuentros con espíritus del Otro Lado, o has oído o leído relatos de personas que los han tenido, habrás advertido que a menudo esas descripciones recogen la impresión de que los espíritus estaban «flotando» a unos pocos centímetros del suelo. Aunque nosotros lo vemos exactamente así, lo que ocurre en realidad es que los espíritus se mueven sobre su propia superficie, a un metro de distancia de la nuestra.

Para entender realmente cómo reconocer la visita de un espíritu, y cómo distinguirla de otras experiencias con el más allá, debes tener en cuenta que, cuando ellos vuelven para saludarte y hacernos saber que siguen muy vivos, ya han trascendido y vivido en un lugar de dicha emocional y espiritual, por no mencionar un perfecto estado de salud física. Cualquier disgusto que experimentaron en su etapa en la tierra, cualquier negatividad que acarrearan, cualquier enfermedad o dolencia que padecieron, se han resuelto. Eso significa que cualquier entidad con la que nos encontremos que parezca triste o enfadada o de algún modo negativa, o que presente señales de heridas, dolor o enfermedad, no es un espíritu del Otro Lado. Por cierto, también significa que no nos tenemos que parar a pensar si nuestros seres queridos fallecidos en la tierra están bien y son felices. En la bendita perfección de Casa, no pueden ser otra cosa más que felices.

Los espíritus de Casa viven en un mundo exento de nuestras limitaciones terrenales, de manera que poseen algunas cualidades que los distinguen de otros tipos de visitantes. Puesto que sus mentes y pensamientos son tan poderosos, pueden comunicarse perfectamente entre ellos, así como con nosotros en la tierra, mediante la telepatía, es decir, la transferencia inmediata de información de una entidad a otra sin utilizar ninguno de los cinco sentidos físicos. Una de las observaciones más habituales que se oyen de las personas que han recibido la visita de espíritus es que les hablaron sin utilizar palabras ni emitir un sonido.

Otros espíritus con talento sostienen que a menudo experimentaremos (y que tenemos que esperar con ganas a volver a ser espíritus) el hecho de poder estar en dos lugares al mismo tiempo. No es infrecuente que los miembros de una familia u otras personas cercanas a un ser querido reciban visitas simultáneas de ese espíritu en dos partes distintas de una ciudad o del mundo, en las que ambas visitas son completamente reales y únicas.

Los espíritus desean que nosotros reconozcamos exactamente quienes son, lo cual significa que aparecerán en una forma que nos resulte familiar, crearán un olor con que relacionarlos, nos tocarán levemente nuestro cabello, nuestra espalda, o la parte trasera del cuello como solían hacer en vida, o manipularán un objeto que nos proporcionará pistas sobre su identidad. Moverán una fotografía enmarcada suya en repetidas ocasiones para que mire en otra dirección o quede plana sobre una mesa o trocador, jugarán con la llama de una vela que hayamos encendido en su honor, superpondrán su rostro en un retrato, moverán su balancín preferido, accionarán una caja de música que nos hayan regalado... las posibilidades son tan infinitas como la imaginación de nuestros seres queridos; nosotros sólo tenemos que estar receptivos y prestar atención.

Puesto que los espíritus han cruzado nuestra dimensión para visitarnos, suelen unir su energía a elementos conductores poderosos, como la electricidad y el agua, para facilitar su «reentrada». Dispuestos a darse a conocer, crearán una conducta extraña en los televisores, aparatos, teléfonos, así como en otros objetos eléctricos, y son especialmente activos entre la una y las cinco de la madrugada, cuando el aire nocturno es más húmedo y la escarcha más abundante. Si tu teléfono empieza a sonar constantemente sin nadie al otro lado de la línea, o tu televisor empieza a cambiar de canales cuando no accionas el mando a distancia, es importante que no te tomes a mal estas conductas. Tus objetos no están «poseídos», como tampoco lo están cuando tú los utilizas. Probablemente, se trate de un espíritu que manipule un objeto tangible que percibirás, para decirte: «Estoy aquí observándote.» (Soy una persona muy realista y no diré que el mundo del espíritu es el responsable de las averías de tu hogar. En ocasiones, lo único que necesitas es un buen electricista.)

Ya que hablamos de «poseídos», nunca te creas que un espíritu del Otro Lado, o cualquier otra entidad de otro lugar, pueda poseerte sin conciencia ni autorización. Te prometo que es algo imposible, no importa lo mucho que digan al respecto las leyendas de exorcismos, los libros, y las películas. Como muchos de vosotros ya sabéis, en ocasiones permito que mi espíritu guía, Francine, ocupe mi cuerpo por un breve espacio de tiempo. Es una cuestión puramente práctica, así como otra característica diferenciadora de las visitas de espíritus. Debido a la enorme diferencia entre la frecuencia vibratoria del Otro Lado y la nuestra aquí en la tierra, la voz de Francine, al igual que las otras voces de los espíritus, suena a nuestros oídos como una cinta de audio que se accione a gran velocidad. En realidad es algo molesto, difícil de entender cuando no estás acostumbrado a ello, y probablemente la razón por la cual la mayoría de espíritus se comunica telepáticamente. Pero cuando Francine tiene mucha información a compartir, en vez de que yo y los demás acabemos pareciendo ardillas, suelo «apartarme» mediante un trance y dejar que Francine utilice mi cuerpo, o más concretamente, mis cuerdas vocales, durante todo el tiempo que ella hable. Sin mi conocimiento, permiso, y cooperación, eso no ocurriría. Si oyes una voz aguda y distante que parezca venir de la nada, como sé que os ha ocurrido a algunos de vosotros, podéis estar seguros de que alguien de Casa se ha detenido para saludaros.

Por último, del mismo modo que los espíritus del Otro Lado son incapaces de albergar pensamientos y acciones negativos, también son incapaces de visitarnos por razones que no sean positivas. Aunque nos asustemos al verlos u oírlos cuando no estamos acostumbrados a ello, las visitas de espíritus nunca pretenden asustarnos, intimidarnos, amenazarnos, o perseguirnos. Sus intenciones son amorosas, quieren tranquilizarnos, asegurarnos que nunca nos abandonaron y que nunca nos abandonarán. Básicamente, tratan de demostrarnos que por su mera presencia, por muy sutil que sea, la gracia de Dios, la vida eterna, es un hecho sencillo, sagrado, e indiscutible.

Fantasmas

Existe un rasgo trágico que comparten todos los fantasmas de cualquier parte del mundo: ninguno de ellos cree que ha muerto. A diferencia de la mayoría de espíritus que, cuando sus cuerpos fallecen, avanzan gustosamente por el túnel que los llevará a casa, los fantasmas se alejan del túnel, y se niegan a reconocer su existencia. Como resultado de ello, permanecen apegados a la tierra, desesperadamente confusos y solos, a menudo están enfadados, a veces resultan agresivos y petulantes, atrapados en un esfuerzo inútil para asimilar una existencia que, por definición, no tiene sentido.

Evidentemente, los fantasmas abandonan sus cuerpos como todos nosotros cuando nuestros cuerpos dejan de funcionar, y al abandonar sus cuerpos también dejan atrás esta dimensión terrestre. Pero al rechazar el túnel y la luz blanca amorosa y curativa de Dios en el Otro Lado, no trascienden a la dimensión más elevada de Casa, lo cual significa que sus espíritus no están, literalmente, ni aquí ni allí. Este hecho, por sí solo, los diferencia de los espíritus del Otro Lado de muchas maneras.

- Como no viven en ninguna dimensión, ni en la tierra ni en el
  Otro Lado, los fantasmas suelen ser más visibles y claros
  que los espíritus. He utilizado esta analogía en varias ocasiones, pero parece tan eficaz que la volveré a utilizar: la
  forma más sencilla para imaginarse las tres dimensiones de
  las que hablamos (la de los fantasmas y la de la tierra, así
  como la dimensión de la casa), es visualizar un ventilador
  eléctrico. En su velocidad más baja, las paletas del ventilador se ven con facilidad. Eso representa la dimensión de la
  tierra, la dimensión en la que todos funcionamos y estamos
  acostumbrados. A velocidad media, las paletas empiezan a
  emborronarse y nos cuesta verlas. Eso representa la dimensión en la que los fantasmas están atrapados. A máxima velocidad, las paletas parecen desaparecer por completo,
  creando la ilusión de que no existen, y es una ilusión tan fal-
  sa como la idea de que el Otro Lado y los espíritus que moran en él no existen porque no los vemos con facilidad. El
  hecho de que algunas personas puedan ver y oír espíritus y
  fantasmas, mientras que otras no los ven, no demuestra que
  algunas personas estén locas y otras no. Con ello sólo se demuestra que los sentidos físicos de algunas personas están
  más sintonizados que los de otras.
- Puesto que no han experimentado el amor y la curación del
  Otro Lado, los fantasmas presentarán señales visibles de heridas, enfermedades, o deformaciones que tenían en sus
  cuerpos cuando fallecieron. Nunca verás a un espíritu de
  Casa que esté herido o enfermo, o que sufra algún tipo de
  dolencia emocional.
- Cuando los espíritus están entre nosotros, su motivación es
  amorosa, y sus esfuerzos por hacerse notar pretenden expresar ese amor. Los fantasmas, en cambio, son mucho más
  complejos. Sus razones por alejarse del túnel y negarse a
  aceptar el hecho de su muerte en esta tierra son muy variadas.
  Algunos se quedan rezagados por un estado de confusión, al
  quedar apegados al amor de una persona, una propiedad, o un
  empleo por el que se sintieron responsables en vida. Algunos
  se quedan rezagados por venganza. Otros se quedan atrás a la
  espera de un amor perdido, y otros se quedan rezagados por
  miedo a que Dios esté muy disgustado con ellos y no los acoja al estado dichoso de Casa (algo que, por cierto, es imposi-

ble. Dios acoge a todos quienes se dejan acoger). Sea cual sea su motivo de confusión que les impida ver que están muertos, están entre nosotros en un estado distorsionado de la realidad. El mundo que ven los fantasmas está atrapado en un espacio temporal que ellos mismos crean de forma distorsionada. Desde su punto de vista, *nosotros* somos los intrusos de *su* mundo, no a la inversa. Así que no nos deberíamos sorprender de que sus encuentros con nosotros sean en ocasiones iracundos, desesperados, resentidos, malhumorados o molestos. A veces, cuando se dan cuenta de que alguien los está viendo, escuchando, o reconociéndoles de algún modo, pueden ser susceptibles e incluso juguetones, especialmente con los niños. Pero sobre todo, al igual que muchas personas infelices y crónicamente desorientadas, pueden ser impredecibles, por no decir depresivos.

- Al no trascender al Otro Lado, los fantasmas se impiden a sí mismos la facultad de la bi-localización (estar en dos lugares a la vez). No se producen apariciones simultáneas de un único fantasma, como ocurre con los espíritus. De hecho, por su propia estructura, los fantasmas están demasiado apegados a un sitio determinado y por ese motivo no se alejan de él.

- Asimismo, al no haber trascendido, los fantasmas existen en nuestra dimensión, no en la dimensión de Casa a un metro sobre tierra. Por esa razón, aunque los espíritus parezcan flotar cuando se mueven por su dimensión del Otro Lado, los fantasmas parecen caminar a nuestro mismo nivel.

- Como mencionamos anteriormente, los espíritus, por su disposición a hacernos saber que existen, aparecerán de una forma que nos ayude a reconocerlos. Los fantasmas, por otro lado, no les importa que no los reconozcamos, puesto que están entre nosotros en un estado de confusión que no tiene nada que ver con reconfortarnos, Pueden aparecerse con una imagen muy distinta a la terrenal, pueden aparecer difuminados o informes, o incluso pueden adoptar la forma de una pesada bola nublada, como si fueran anillos de humo con el núcleo lleno. Carecen de la habilidad divina y del auto control de los espíritus de Casa, de modo que la aparición física de los fantasmas es simplemente una forma más en la que pueden ser frustrantemente impredecibles.

Ahora que ya hemos hablado de los aspectos básicos de cómo y por qué la mayoría de almas se convierten en espíritus y unos cuantos en fantasmas cuando sus cuerpos fallecen, así como los rudimentos para distinguir a fantasmas de espíritus, probablemente pienses que es todo lo que necesitas para enfrentarte a cualquier visita inesperada del mundo del espíritu. Sin embargo, lo cierto es que sólo hemos rascado la superficie.

CAPÍTULO 2

Más allá de los espíritus y los fantasmas: otros visitantes y su procedencia

Los mundos de los espíritus y los fantasmas son lo suficientemente fascinantes como para ser objeto de miles de libros. Pero son sólo el comienzo en lo relativo a las «cosas que se mueven por la noche», esos intrusos bienvenidos o no que nos hacen dudar de lo que vemos, oímos, y pensamos. A lo largo de este libro, leerás una historia tras otra, algunas son mías y otras de (literalmente) cientos de personas. Estos encuentros tienen lugar en dimensiones más allá de la nuestra, encuentros que sólo puedo comprender del todo después de treinta años de investigación en la Sociedad *Novus Spiritus*, la organización que creé en 1974 para el estudio y la exploración de la actividad paranormal. Décadas después, todavía sigo aprendiendo. También me sigue fascinando la enorme cantidad de fenómenos paranormales que nos rodean y que pueden ayudar a convertir nuestra estancia en la Tierra en toda una aventura, si aprendemos a reconocer la naturaleza de esos fenómenos, sus causas, y cómo tratar con ellos.

Tulpa

«Tulpa» es un vocablo tibetano, y se refiere a los seres que se originan en la mente y que posteriormente, a través de una creencia intensa y la visualización, se convierten en realidades físicas. No se trata de que una persona o un grupo de personas se acaben por convencer, a través de rumores y leyendas, de que imaginan a la misma entidad por algún tipo de alucinación compartida. Se trata de que una mente, o varias, crean un ser vivo totalmente real y físico que acabará teniendo vida propia, y cobrará fuerza a medida que cada vez más personas crean en su existencia hasta que al final sea más difícil deshacerse de ella que la visualización que sirvió para crearla. Uno de los exploradores más brillantes del fenómeno de la creación de tulpa fue una mujer llamada Alexandra David-Neel, nacida en París en 1868. Fue una intrépida aventurera, escritora, conferenciante, investigadora, y académica que viajó por toda Asia, normalmente a pie, no sólo para estudiar sino también para experimentar desde el misticismo oriental hasta su filosofía, las técnicas de la mente sobre la materia y las enseñanzas de Buda. Estudió con swamis indios, se convirtió en musulmana practicante en el norte de África mientras estudiaba el Corán, pasó cuatro años en una cueva con un monje aprendiendo espiritualidad tibetana, y fue la primera mujer occidental en entrar en la capital, Lhasa, conocida como la «ciudad prohibida» del Tíbet. Su insaciable afán de conocimiento duró hasta su muerte en 1969 a la edad de 101 años.

Uno de los conceptos de la cultura tibetana que fascinó a Alexandra David-Neel fue la tulpa, la idea de que con sólo concebir una entidad, puedas crearla como realidad física. Al igual que otras muchas cosas que suscitaron su curiosidad, no se contentó con leer acerca de la tulpa, sino que quiso explorar la disciplina de crear un ser ella misma. Pensó en la figura de un pequeño monje rechoncho y amable, lo más inofensivo posible. Luego empezó a practicar una rutina de intensa visualización y concentración, y con el tiempo fue capaz de ver al monje no sólo como una imagen mental, separada de sí misma, sino como alguien tan real como el resto del mundo que empezó a habitar. Cuanto más lo visualizaba, más sólida y visible se volvía su creación. Pero, por desgracia, cada vez podía controlarlo menos. Empezó a aparecerse por cuenta propia, tanto si ella lo deseaba como si no, y al cabo de unas semanas, otras personas que no sabían nada de su experimento de tulpa empezaron a preguntarle sobre ese diminuto desconocido que parecía pasear por los alrededores con cada vez mayor frecuencia. Sin embargo, lo más alarmante para David-Neel fue que, cuanto más tiempo vivía la creación, su voluntad empezaba a reemplazar a la de Alexandra. El pequeño monje rechoncho y feliz empezó a crecer y a desarrollarse físicamente, y se convirtió en un ser sombrío y malhumorado, casi amenazador. Horrorizada, David-Neel se dio cuenta de que el ser que había creado se estaba volviendo peligroso, y sabía que tenía la responsabilidad de destruirlo, algo que sólo consiguió hacer absorbiéndolo de vuelta en su mente, que era el lugar de donde procedía. La tulpa se enfrentó a Alexandra durante todo el proceso de desaparición, ya que se había convertido en un ser tan independiente que se sentía con el derecho de existir. Después de un mes de esa misma intensa concentración que lo creó, acabó por eliminarlo de una vez por todas. El proceso fue tan extenuante que la salud de David-Neel se deterioró sobremanera al tiempo que desaparecía la criatura que había traído a este mundo.

Si creéis imposible que un ser vivo tangible pueda crearse con el poder de la mente, recordad que todas las cosas que existen en este mundo creadas por los hombres se originaron con un único pensamiento. Si alguna vez te planteas lo poderosos que son los pensamientos y emociones proyectados, reúne a un grupo de amigos en una habitación y pídele que se concentren en un sentimiento y que lo proyecten (ira, resentimiento, amor, felicidad... cualquier emoción concreta) sin revelarte, verbal o físicamente, en cuál se han concentrado. Luego abandona la estancia por un par de minutos para que elijan la emoción y concentren en silencio su energía combinada en ti. Te sorprenderá la facilidad con la que identificaras la emoción escogida cuando entres en la estancias, y cómo te sentirás de inmediato afectada por ella, positiva o negativamente.

Así pues, la tulpa no es más que esos poderosos pensamientos y emociones proyectados que acaban convirtiéndose en formas físicas. Cuantos más pensamientos, emociones, y credibilidad inviertes en la tulpa, más reales y vivos se tornan. Es importante recordar que, cuando cobran existencia propia y sus creadores no controlan sus apariciones y desapariciones, ya no son seres imaginarios, y por tanto será difícil deshacerse de ellos.

El yeti de los Himalayas, o «el abominable hombre de las nieves», es un magnífico ejemplo de tulpa, creado por el rumor y la leyenda y luego nacido por el temor cada vez más generalizado de su supuesta existencia. Se han fotografiado enormes huellas suyas en las profundas montañas nevadas, y aunque al parecer se ha visto fugazmente a una distancia de quinientos metros, nunca se ha registrado su forma entera. Los Sherpas autóctonos de las altas montañas himalayas creen firmemente que el yeti vive entre ellos y que puede aparecer y desaparecer a voluntad, exactamente como el monje de Alexandra David-Neel, quien empezó a tomar sus propias decisiones respecto a cuándo y dónde quería ser visto. Creo que el monstruo del Lago Ness también es un tulpa. Creo firmemente que quienes creen haber visto al demonio en forma física simplemente han permitido que el miedo, la negatividad y el mal se conviertan en fuerzas tan poderosas en su vida que han creado un tulpa que sin duda los aterroriza, pero eso es obra suya.

Ya que hablamos de obras propias, también creo que un tulpa, creado a partir de la codicia y un interés distorsionado por la fama, fue lo único que «encantó» a la infame casa de Amityville, Nueva York, donde supuestamente tuvo lugar el «horror de Amityville».

Por si no conocéis toda la historia de la casa de Amityville, su horror de verdad ocurrió el 13 de noviembre de 1974, cuando un joven, profundamente perturbado, llamado Ronald DeFeo, causó grandes destrozos en la casa de tres pisos y mató a seis miembros de su familia. Fue condenado por los seis asesinatos y sentenciado a veinticinco años de prisión.

En verano de 1975, el matrimonio George y Kathy Lutz compraron la casa de DeFeo. La joven pareja y los tres hijos de Kathy se trasladaron a la vivienda en diciembre de 1975. Al cabo de diez o veintiocho días, según los relatos que quieras creer acerca de los Lutz, la pareja fue expulsada de la casa por fantasmas, cerdos voladores, y otras encarnaciones terroríficas del demonio. Sus descripciones de qué aspecto tenían exactamente esos fantasmas, cerdos voladores, etcétera, y qué les hicieron, no cesó de variar incluso después de la venta del famoso libro escrito por Jay Anson y publicado en 1977. Las versiones también sufrieron cambios tras el estreno de la película *Terror en Amityville* en 1979, basada en el libro, y que decía ser una «historia verdadera». Actualmente, los Lutz no parecen explicar una historia de lo sucedido con la que se sientan cómodos. En una entrevista, por ejemplo, George Lutz dijo que en su última noche en esa casa, antes de que huyeran corriendo para salvar sus vidas abandonando todas sus posesiones, estaba en cama, indefenso, incapaz de moverse o de gritar, por razones que no acabó de explicar, mientras su esposa levitaba sobre la cama y oía a las camas de sus hijos estamparse contra el suelo como si hubieran sido levantadas y cayeran de golpe. En otra entrevista, George Lutz alegó que lo ocurrido esa última noche en su casa era demasiado horrible de describir. Así, pues, el lector se queda preguntando cuál de las dos versiones será la verdadera.

Debo dejar claro, antes de continuar, que nunca he estado en la casa Amityville. Los estudios Warner Bros me ofrecieron una bonita suma de dinero para ir allí y filmar una investigación paranormal, pero rechacé la oferta. En ese momento creí, y lo sigo creyendo ahora, con el aliento de amigos míos e incluso del propio abogado de Ronald DeFeo, William Weber, que ha escrito un libro sobre los asesinatos, que George y Kathy se dieron cuenta de que mudarse a Amityville sería su pasaporte a la fama y la fortuna. Dudo de que tuvieran intención de causar algún daño. El oportunismo suele empezar con la más inocua de las intenciones, mezclada con mucha falta de visión. Estoy segura de que lo que empezó siendo una posible maniobra para darse publicidad acabó siendo una enorme bola incontrolada. Luego fue demasiado tarde para que los Lutz se retrajeran de esa historia, especialmente cuando una productora estaba dispuesta a incluir las palabras «una historia verdadera» en sus anuncios de la película *Terror en Amityville*. Pero no cabe la menor duda de que alguien que intenta aprovecharse económicamente de las tragedias de los demás acabará pagando un precio demasiado alto a largo plazo, que no compensa el esfuerzo.

Una de las psíquicas que participó en una sesión de espiritismo en Amityville después de que los Lutz se marcharan lo tildó de «el lugar más malvado» en el que jamás había estado. Si eso era cierto, ¿cómo era posible que las personas que posteriormente compraron la casa vivieran allí durante muchos años sin que se registrara ningún problema ni incidente de carácter paranormal?

Les puedo asegurar que las únicas presencias que los Lutz experimentaron en Amityville, *si es que experimentaron alguna*, fueron tulpas, creados inadvertidamente por ellos a partir de una historia que empezó siendo ficción pero acabó no siéndolo mientras ellos insistían cada vez más en hacerla verdad. Esos tulpas abandonaron la casa y dejaron en paz a sus nuevos propietarios, mientras seguían a la pareja que los creó, tanto si los Lutz son conscientes de ello como si no.

La lección que debemos aprender de la existencia de los tulpas es que realmente debemos tener mucho cuidado con los pensamientos que creamos y proyectamos. Cuanta más negatividad, miedo y mal consuman nuestra mente, más peligro corremos de crear un tulpa propio, que nos aceche más implacablemente que cualquier fantasma. En ese caso, sólo nosotros tendremos la culpa.

Huellas

Una huella es una bolsa de energía intensamente concentrada, un espacio donde ocurre un suceso o una serie de sucesos sumamente dramáticos que tienen un impacto tan profundo que las imágenes y las emociones de esos sucesos se convierten, literalmente, en parte del terreno y la atmósfera del lugar. Estas imágenes y emociones (pena, reverencia, rabia, terror, o alegría, por ejemplo) se autoalimentan a lo largo de los años, pero todos quienes experimentan el poderoso efecto de las imágenes y emociones «impresas» y reacciona radicalmente a ellas también le da más energía a esa huella, que a su vez ayuda a perpetuarla. Si has visitado la Zona cero de Nueva York y sentiste una profunda sensación de dolor y pérdida, o tu actitud es reverente en Tierra Santa, has experimentado una huella y la has reforzado con tus propias reacciones.

Aprendí, por las malas, el efecto de las huellas, las imágenes y las emociones que las caracterizan mientras volvía a casa después de unas breves vacaciones en Palm Springs. Tened en cuenta que, cuando me ocurrió esta experiencia, jamás había oído hablar de las huellas o de la historia de un lugar llamado Pacheco Pass.

Pacheco Pass es un tramo de la autopista 152 del norte de California, que atraviesa una cordillera entre la interestatal 5 y la autopista de la costa del Pacífico. Quien entonces era mi marido, Dal Brown, decidió tomar un atajo para llegar antes a nuestra casa de San José, pero yo no recibí ninguna advertencia psíquica de que estábamos a punto de experimentar uno de los episodios más extraños de mi vida.

Me acuerdo que estaba mirando distraídamente por la ventana del asiento del acompañante, callada y aburrida. Al cabo de un momento, sentí como si me hubieran estampado contra un muro de horrible agonía. Me sentí tan superada por el pánico y la angustia, que no podía respirar. Me volví tan frenética que ni siguiera pude seguir mi instinto de rezar para retornar a mi estado normal porque no podía recordar cómo hacerlo.

Escuché un ruido ensordecedor de voces que gritaban y se lamentaban, percibí rabia y violencia en estado puro, los sonidos de la tortura y de la muerte cruel. Después percibí el implacable asalto de unas imágenes que parecían tan reales como el paisaje que nos rodeaba: carromatos ardiendo con niños atrapados en su interior; algunos indios encadenados que recibían azotes, algunos daban vueltas frenéticamente montados sobre un caballo; soldados españoles apiñados junto a un ahorcado; mexicanos y europeos enfrascados en un combate mortal mano a mano; un humo negro y espeso que salía de unas humildes cabañas de madera. Pude percibir el olor de la pólvora y de carne quemada. Mi marido me contó posteriormente que lo agarré por el brazo y empecé a gritar: «¡Ayuda!», pero no recuerdo nada de eso. Recuerdo que tardé largas horas y muchos kilómetros en librarme de esa horrible sensación de fatalidad que rayaba la histeria, aunque después me quedé profundamente deprimida durante varios días.

Estaba decidida a descubrir lo que me había pasado, en parte porque soy una investigadora compulsiva y en parte porque quería saber si me había vuelto completamente loca. Para empezar, durante una entrevista en una emisora de radio local, di el número de teléfono de mi oficina por si alguien había tenido alguna experiencia inusual en Pacheco Pass. La respuesta fue sorprendente. Llamaron cientos de personas para contarme de todo: desde sensaciones inexplicables de pánico y muerte inminente a ganar y perder tiempo mientras conducían por un tramo de la carretera. Incluso oímos la experiencia de las patrullas de autopista del estado de California, cuyos archivos confirmaron que la cifra de accidentes de coche, incidentes y suicidios en carretera era considerablemente superior en Pachecho Pass que en cualquier otra zona de su jurisdicción.

Entre tanto, también me enteré de que Pacheco Pass y la región circundante tenían una historia trágica y violenta. Los indios la llamaban «el sendero de las lágrimas» en honor a sus antepasados que fueron torturados y asesinados por el imperio feudal español que controló la zona en esa época y los esclavizó. Cuando ese imperio fue derrocado y se liberó a los esclavos, los indios hacía años que estaban en guerra con los bandidos mexicanos que se habían instalado en la cordillera y, posteriormente, con los colonos americanos que llegaron a California atraídos por la fiebre del oro. La historia de Pacheco Pass era tan coherente con las imágenes, los sonidos, y las extenuantes emociones que me habían invadido en ese trayecto aparentemente inocente, que empecé a leer y a explorar todo lo que pude encontrar sobre «huellas». Cuanto más sabía sobre ellas, menos me sorprendió que pudieran confundirse fácilmente por encantamientos. Tanto las huellas como los encantamientos pueden evocar sentimientos muy dramáticos cuando estamos en su presencia, y a menudo las huellas incluyen imágenes de personas y animales que podrían tomarse por fantasmas. Sin embargo, la diferencia más importante es que las personas y los animales de una huella no están apegadas a la tierra, y tampoco están «vivos». Imagínatelos como hologramas tridimensionales en una película que nunca termina, que nunca cambia de escena, y que nunca libera a los participantes o al público de su control cargado emocionalmente. Los verdaderos participantes de lo que creó esa huella pasaron hace tiempo al Otro Lado, aunque por la puerta de la izquierda, hacia otras encarnaciones o a quedarse en Casa para siempre. Sólo quedan sus imágenes, por muy reales que puedan parecer o comportarse. Pero el aspecto que siempre diferenciará a una huella de un fantasma es que una imagen de huella nunca interaccionará con nosotros, como tampoco lo haría un holograma, mientras que los fantasmas, al creer que están tan vivos como nosotros, como mínimo nos percibirán y probablemente hagan más que eso, según nos vean como aliados en potencia o como molestos intrusos.

Catalepsia astral

De repente, te despiertas de un sueño profundo y eres incapaz de moverte. No estás seguro de si estás paralizado o si algún horrible espíritu invisible y amenazador está sobre ti, sujetándote en la cama y dificultando tu respiración. Podría mover las sábanas de tu cama mientras te mantiene quieto, o, lo que es peor, puede empezar a tocarte de forma obscena y lasciva mientras tratas de gritar pero no puedes emitir ningún sonido. Es probable que oigas un leve zumbido, o un clamor ensordecedor de ruidos discordantes e indefinidos, que parpadeen unas extrañas luces, suspendidas encima de ti y a tu alrededor. Estás aterrado y te preguntas si vas a sobrevivir a esta pesadilla, hasta que finalmente, y de forma totalmente inesperada, tú y todo lo que te rodea vuelve a la realidad.

No es difícil ver cómo esa experiencia tan sorprendentemente común puede ser confundida por un encantamiento. De hecho, muchas culturas de distintas partes del mundo dan una explicación a este fenómeno, que va desde las abducciones alienígenas a un gran demonio que despierta a los durmientes con el pie, o a una vieja bruja sentada en el pecho de los durmientes para tratar de estrangularlos. Muchos de mis clientes, personas brillantes, cultas, normales y corrientes, están seguros de que un espíritu cruel y siniestro los está acechando, aterrándolos mientras duermen unas cuantas veces al mes. Siempre me suplican que los ayude a librarse de él.

Me encantaría, salvo que no hay ningún espíritu amenazador, ningún alienígena, demonio, bruja, o ninguna otra presencia salvo la suya. Lo que experimentan es aterrador, muy incómodo, pero en esencia es un fenómeno inofensivo llamado catalepsia astral.

Varias veces a la semana, tanto si somos conscientes de ello como si no, nuestros espíritus abandonan nuestros cuerpos mientras dormimos. Es algo tan normal y natural en nosotros como respirar, una ocasión de que nuestro espíritu visite astralmente a quien quiera a donde quiera, en la Tierra o en el Otro Lado. Estos viajes astrales son vitales para el desarrollo de nuestras almas, así como tenues recordatorios de que nuestros espíritus eternos no sólo viven, sino que prosperan genuinamente tanto dentro de nuestros cuerpos físicos como fuera de ellos.

En el transcurso de nuestros ciclos de sueño durante la noche, hay veces en la que estamos muy cerca de la conciencia, y evidentemente, hay otras ocasiones en las que, aunque estamos profundamente dormidos, podemos vernos sorprendidos en cierto nivel de conciencia. En cualquier caso, en ocasiones muy poco habituales, la mente consciente puede permanecer lo suficientemente alerta como para detectar que el espíritu abandona el cuerpo o vuelve a él. Cuando eso ocurre, puede ser aterrador, y saltar instintivamente a una conclusión incorrecta pero comprensible sobre lo que significa cuando el espíritu se separa de su «vehículo terrenal» y envía una señal al cuerpo físico de que debe estar moribundo o muerto. La sensación de parálisis, la incapacidad para respirar o hablar, así como las sensaciones de peligro inminente que se corresponden con un miedo repentino y desorientador (todo ello síntomas clásicos de catalepsia astral) son el resultado de la reacción del cuerpo a esa señal. Los ruidos ensordecedores y confusos simplemente son señales de que el espíritu ha visitado el Otro Lado y que regresa de esa dimensión a la nuestra, lo cual es esencialmente la versión del alma de un estampido sónico. No hay ninguna forma garantizada de «curar» permanentemente la catalepsia astral, si eso es algo que te atormenta. Pero sí se puede disminuir la frecuencia de la catalepsia astral si, al dormirte, le pides a Dios que guíe tu espíritu rápida y fácilmente al salir y entrar en tu cuerpo, de modo que tu mente consciente no interfiera en este proceso. Rezar durante un episodio de catalepsia astral también ayudará, mientras le pides a Dios, a tu Espíritu Guía, y a tus Ángeles que te protejan hasta que cese tu temor. Recuerda que siempre están a tu lado, te protegen y te quieren, aunque quizá te tranquilizará si te acuerdas de su presencia constante, a la vez que alivias a tu asustada mente consciente de que no estás corriendo ningún peligro.

Difuminados

Los difuminados son experiencias fascinantes y relativamente poco comunes en el que el pasado y el presente se unen con tanta fuerza que se acaban «difuminando» entre sí y convirtiéndose en un suceso que, al igual que todo lo demás en la eternidad, no es ni presente ni pasado, sino sencillamente el «ahora». Durante un difuminado, los vestigios totalmente reales de la historia se convierten en parte de nuestra realidad, mientras que nosotros nos convertimos en parte de esa misma historia. Este fenómeno puede parecerse a las visitas de los espíritus o los encantamientos. Pero en cierta manera son únicos, ya que los visitantes que se introducen en nuestra realidad no provienen del Otro Lado, y tampoco están pegados a la tierra. Proceden de otro tiempo y/o lugar, del mismo modo que nosotros nos aparecemos en su realidad a partir de *nuestro* tiempo y lugar.

Dejadme que os explique mi primera experiencia con un difuminado clásico. Para entenderla, debéis saber que de vez en cuando celebro sesiones en las que, mientras estoy en trance, dejo entrar a mi Espíritu Guía, Francine, para que ella pueda dirigirse a grupos utilizando mi voz en vez de la voz aguda, metálica y vivaracha que ha estado utilizando para comunicarse conmigo desde los ocho años de edad. Francine no me «posee». De hecho, no creo ni por un instante que alguien o algo pueda «poseer» a una persona. Lo único que hace Francine es pedir prestado mi cuerpo durante toda la sesión. Puesto que ella y yo no podemos habitar el mismo cuerpo a la vez, yo me «aparto» hasta que ella acaba. Como resultado de ello, yo nunca me acuerdo de lo que ocurrió en la sesión mientras yo estaba «fuera», de modo que los demás deben explicármelo después. Así que no fui yo, sino Francine a través de mi cuerpo y mi voz, quien orquestó fortuitamente uno de los difuminados más épicos que caben esperar.

Ocurrió durante una misa de Semana Santa, y Francine estaba contando a una nutrida congregación, con todo lujo de detalles emocionales, la historia de la crucifixión. Es muy hábil en hacer que la audiencia se sienta testigo del escenario que ella describe, y posteriormente me contaron que había sido una tarde muy dolorosa, como si fueran ellos quienes se estuvieran arrodillando al pie de la cruz, aunque nadie emitió ningún sonido, sabiendo que la distracción más leve podía interrumpir mi trance. Debían de haber unas cincuenta grabadoras esa noche, que captaron la voz de Francine en un santuario que, de lo contrario, estaría completamente en silencio. Por ese motivo, su relato lento y deliberadamente contado en voz baja resultó todavía más poderoso.

Sonó el teléfono, que me despertó de mi profundo sueño a la mañana temprano del día siguiente. A esa llamada le siguieron cinco más. Todas ellas eran de personas que habían estado en la congregación con grabadoras la noche anterior y, según supe después, esas seis personas no habían hablado entre sí antes de llamarme. Pero todas me comunicaron, jadeantes, el mismo mensaje: «Tienes que escuchar esta cinta de la última noche.»

Cuarenta y cuatro cintas de la misa de Semana Santa en la que participó Francine habían registrado exactamente lo que todos los presentes habían oído, sólo el relato de Francine bajo un telón de absoluto silencio.

Sin embargo, en las otras seis cintas, podía oírse Francine, pero también a un desgarrador coro de personas que lloraban, sollozaban, y se lamentaban en profunda agonía mientras el relato de la crucifixión de Cristo se desarrollaba minuto a minuto. Jamás había oído nada igual, y tampoco lo habían oído los seis miembros de la congregación que me habían mostrado la cinta. Todos nos quedamos muy conmocionados, no sólo porque el dolor registrado en la cinta nos afectó profundamente, sino porque también sabíamos que lo que estábamos escuchando no había sido en absoluto audible en la misa de la noche anterior. No podíamos dar crédito a nuestros oídos, pero tampoco podíamos pasarlo por alto. Los sonidos de una multitud en pena resultaban demasiado evidentes y poderosos como para ser descartados.

Sospechar que esas seis personas crearon algún tipo de fraude sería sospechar de que ellos, cuatro de los cuales ni siquiera se conocían, habían abandonado el santuario con sus cintas de dos horas de duración sin nada mejor que hacer y, en las cinco horas comprendidas entre el final de la misa y la primera llamada que recibía, crearon idénticos efectos de audio en esas cintas que luego me presentaron emocionadamente. O, que esas seis cintas pudieran ser el resultado de algún tipo de defecto electrónico, pero eso significaría que los seis aparatos habían sufrido la misma disfunción.

Juro que hay pocas cosas más necias que las teorías insuficientes, idiotas y totalmente ridículas que surgen cuando insistimos en que algo que no entendemos debe tener una «explicación totalmente lógica». Así pues, cuando hube agotado todas las fatuas «explicaciones totalmente lógicas» que se me ocurrieron, finalmente recurrí a la fuente más fidedigna y conocedora que tenía a mi disposición: se lo pregunté a Francine, y así fue como oí hablar de los difuminados.

Un difuminado se produce cuando, a través de una empatía telepática profundamente emocional con un suceso de otro tiempo o espacio, dos dimensiones (por ejemplo el pasado y el presente) se unen con una fuerza tan poderosa que se convierten en un acontecimiento atemporal, «difuminando» ambas realidades hasta que ya no existe diferencia entre ambas. La noche de la misa de Semana Santa, el relato que contó Francine sobre la crucifixión fue tan extraordinariamente conmovedor que los miembros de nuestra congregación de San José, California, y las multitudes reunidas en el Monte Calvario en Jerusalén dos mil años atrás, se unieron en un lamento común para llorar juntos la agónica muerte física de Cristo.

Los difuminados también pueden producirse entre las dimensiones de la Tierra y del Otro Lado, como tuve la emocionante experiencia de descubrirlo años después de la memorable exhibición de Semana Santa. Una vez más, debo disculparme ante quienes ya hayan oído con anterioridad esta historia, pero es demasiado relevante para pasarla por alto, y los recién llegados apreciarán vuestra paciencia.

Hace treinta años que cursé mis estudios de hipnotismo y, de vez en cuando, durante las lecturas cara a cara, hipnotizo a un cliente si ambos acordamos que eso podría mejorar la profundidad de la información que buscan. En ocasiones, a petición suya, conduzco a los clientes a través de regresiones a vidas pasadas. En otras, dejo que sus mentes subconscientes vayan a donde quieran, mientras yo simplemente me siento a su lado ayudándoles a comprender dónde están y asegurarme de que vuelvan a salvo. Evidentemente, registro con una cinta de audio cada lectura, y en el caso de las sesiones de hipnosis las cintas tienen dos finalidades: proporcionan a los clientes mucha información que tienden a pasar por alto cuando están hipnotizados, y también deja claro que yo nunca dirigí, sugerí, ni manipulé el curso de esas sesiones. Salga lo que salga, se origina de mis clientes y nunca de mí.

Una clienta llamada Susan quería emplear su sesión de hipnosis para visitar el Otro Lado. Empezó a hablar desde el preciso momento en que quedó profundamente hipnotizada, y contó clara y emocionadamente las brillantes escenas que estaba viendo mientras viajaba a Casa. Había un lugar en concreto que parecía cortarle la respiración, y quedó en silencio durante unos momentos. Finalmente, le pregunté: «¿Dónde estás, Susan?»

Describió un enorme edificio blanco de mármol brillante, cubierto por una cúpula, con unos largos pilares que se erigían hacia un imposible cielo azul. En el interior, hasta que le alcanzaba la vista en todas direcciones, había unos pasillos, demasiados para empezar a contarlos, repletos de estanterías atestadas de lo que parecía ser un número infinito de rollos. Yo sabía donde se encontraba. Había oído todos los detalles al respecto de Francine, puesto que yo había viajado a ese lugar en varias ocasiones. Es una pasmosa estructura situada en el Otro Lado llamada La Sala de los Registros. Contiene todas las grandes obras históricas y literarias que se han escrito a lo largo de los años, el mapa vital de todas las encarnaciones de cada persona que ha habitado esta Tierra, e incluso los sagrados archivos Askáshicos, que son básicamente la memoria escrita de Dios. Yo no pronuncié ni una sola palabra, sólo la dejé hablar y explorar sus misteriosos escenarios.

Esta experiencia no me ha vuelto a ocurrir en otra sesión de hipnosis (tampoco me había ocurrido antes), y actualmente sigo sin estar segura de qué la provocó. Tal vez fuera mi conocimiento de la Sala de los Registros, junto con la descripción tan precisa y emocional de Susan cuando empezó a recorrer sus pasillos, una emoción que encontré contagiosa. Pero, fuera cual fuera la razón, lo único que sé es que de repente caí en la cuenta de que no estaba sólo atendiendo al viaje de Susan a esa sala, sino que yo estaba allí con ella, acompañándola en esos infinitos y asombrosos pasillos. Respiré hondo, pero seguí con la boca cerrada, incluso cuando Susan interrumpió su narración con su agradable sorpresa: «Tú estás aquí conmigo».

Simplemente seguí el camino de Susan y dejé que nos guiara de un pasillo a otro, asimilando el esplendor de ese magnífico monumento de Casa. Al cabo de un momento, vi a una mujer, hermosa y de cabello oscuro, vestida con sedas azules. Se acercaba a nosotros, y yo supe psíquicamente que su nombre era Rachel, y que era la Guía Espiritual de Susan.

—Hay alguien con nosotros —comentó Susan—. Sí. No cabía la menor duda de que las dos caminábamos juntas.

—¿Quién nos acompaña? —le pregunté.

—Es una mujer —respondió Susan—. Es morena. No sé por qué, pero creo que es mi Espíritu Guía.

Fue entonces cuando el Espíritu Guía Rachel advirtió nuestra presencia.

—¡Susan! —exclamó.

Susan se quedó boquiabierta.

—¿Has oído eso?

Le contesté que sí.

—Ha pronunciado mi nombre —explicó Susan, su voz temblaba de emoción.

Susan estaba totalmente absorta ante la reunión con su Espíritu Guía. Yo seguía sorprendida por el hecho de que yo fuera, de algún modo, testigo de ese reencuentro.

Pero a Susan y a mí nos esperaba otra sorpresa al término de la sesión. Ambas queríamos revivir el momento en el que ella vio por vez primera a su Espíritu Guía, de modo que rebobiné la cinta hasta el momento donde dije: «¿Quién nos acompaña?». «Es una mujer», repitió la voz de Susan. «Es morena. No sé por qué, pero creo que es mi Espíritu Guía». Las dos nos quedamos con la boca abierta cuando, al cabo de un instante, una clarísima tercera voz registrada en la cinta gritó: «¡Susan!»

Se trataba de otro difuminado, es decir, otra convergencia de dos dimensiones distintas registradas en una cinta de audio. No era la visita de un espíritu, ni un encantamiento, sino una milagrosa y extraña variación, como ya he comentado con anterioridad, pero que merece la pena.

Viaje astral

Una madrugada en California, hace ya varios años, mi amiga y coescritora Lindsay Harrison despertó de un profundo sueño al oír la voz de su madre, quien repetía insistentemente su nombre. Lindsay se sentó y echó un vistazo a la estancia, casi sorprendida de no ver a su madre de pie junto a su cama. Su madre, Fern Underwood, estaba sana y a salvo en el estado de Iowa, a miles de kilómetros de distancia, pero la voz parecía demasiado real y presente como para ser imaginaria. Al cabo de un minuto o dos de confusión, Lindsay creyó finalmente que estaría soñando, y volvió a dormirse.

No hubiera pensado más en ello, a no ser que horas después, en esa misma mañana, su madre la llamó al trabajo y la dejó desconcertada con la siguiente pregunta:

–¿Esta madrugada te he despertado?

Fascinada, Lindsay contestó:

–Pues sí; me despertaste.

–Lo siento –respondió Fern–. Estaba meditando en ti, y, de pronto, supe que había entablado contacto contigo. ¿Te fijaste en la hora que era?

–Las cuatro y media, gracias –respondió Lindsay, fingiendo sentirse molesta.

Las palabras de Fern resultaban fascinantes, pero no se jactaba de ellas.

–Es correcto, aquí eran las seis y media. Lo comprobé. Bueno, una vez más, lo siento. La próxima vez iré con más cuidado.

Conozco a Fern. Es una mujer increíblemente espiritual. También es una de las personas más realistas que he conocido, y será la primera en asegurarte que no es psíquica ni posee facultades especiales. Acababa de experimentar un viaje astral para comprobar que su hija estaba bien, sin pretender hacerlo.

Simplemente es un hecho que, tanto si estamos despiertos como dormidos, deliberadamente o no, nuestros espíritus demuestran que no tenemos que esperar a la muerte para que nuestros cuerpos viajen a donde deseen, aquí en la tierra, en el Otro Lado, y en cualquier otra parte del universo. En su estado natural, proporcionado por Dios, nuestros espíritus son libres, capaces de transportarse de un lugar a otro sólo con el pensamiento, y pueden visitar a quien quieran cuando lo desean, e incluso pueden estar, si lo prefieren, en dos lugares a la vez. Aunque la encarnación en cuerpos humanos es muy útil para la Tierra, también resulta muy limitada. No es de extrañar que nuestros espíritus insistan en escapar de esos confines de vez en cuando, y se reúnan con personas y lugares que echan de menos. Lo hacen por desarrollo espiritual, por un mero ejercicio placentero, y porque les surge de forma natural. Si, mientras duermes, sueñas que estás volando gracias a tus facultades, y/o que has visitado a un ser querido en la Tierra o en Casa, es muy probable que no fuera en absoluto un sueño, sino un viaje astral, en el que tu espíritu salió a pasear. Si, mientras estás despierto, meditando, o en una profunda ensoñación, regresas al estado consciente sintiendo que te ausentaste por unos minutos para ver a un ser querido, es muy posible que eso fuera precisamente lo que hiciste. No hay nada de extraño, misterioso, o controvertido en ello. De hecho, ni siquiera considero los viajes astrales como un fenómeno «paranormal». Teniendo en cuenta que todos vinimos aquí procedentes del Otro Lado y regresaremos como espíritus cuando nuestros cuerpos desfallezcan, creo que el viaje astral es lo más normal del mundo.

La experiencia de Lindsay y Fern ilustra la verdad de una idea equivocada habitual sobre las visitas de los espíritus y los encantamientos, es decir, que podemos dejar pasar unas relaciones espirituales maravillosas y muy reales si suponemos erróneamente que estas reuniones con seres queridos son solo posibles cuando alguno de nosotros muere. La próxima vez que tengas la extraña sensación de haber visitado a alguien o algún lugar en esta Tierra, o de haber escuchado, visto, o percibido un visitante que sabes perfectamente que está vivo, no lo descartes inmediatamente de tu imaginación. (Según mi Espíritu Guía, Francine, nos haríamos un gran favor eliminando la palabra «imaginación» del diccionario, porque es una excusa demasiado fácil para muchas experiencias muy legítimas e importantes.) La visita no siempre se presenta con nitidez como la que Lindsay recibió y validó de Fern, pero eso no la hace menos auténtica.

Tampoco dudes ni por un momento que los seres queridos que están muy enfermos o en estado comatoso pueden visitarte y recibir tus visitas. No importa lo débil que esté un cuerpo, o cuán incapaz sea de comunicación consciente. Nuestros espíritus se desarrollan eternamente y pueden viajar cuándo y dónde deseen. Resulta muy alentadora la historia de una clienta mía con su esposo de cuarenta años de edad, que se encontraba en la última fase de la enfermedad de Parkinson. Pasó hospitalizado las últimas semanas de su vida, estaba totalmente postrado en cama, apenas podía hablar, y no reconocía a su esposa. Como desesperado salto de fe, ella siguió hablándole, leyéndole el periódico, y confiándole secretos como si pudiera entender cada palabra, lo cual, como yo le prometí, su espíritu sano y feliz agradece profundamente. Mientras tanto, ella ha ido encontrando pequeños montones de monedas en los lugares más recónditos de su casa y coche, una de las señales preferidas entre los espíritus visitantes para captar nuestra atención. Pero en el caso de mi clienta, no es un espíritu del Otro Lado quien le deja esas monedas. Es el espíritu de su marido, que se ha deshecho de su inútil sombra que era su cuerpo para comunicarle que está con ella, devolviéndole todo el amoroso y valiente reconocimiento que su mujer le proporcionó.

Insisto: si has dejado escapar oportunidades de salir a hacer visitas, o has descartado las señales de una visita porque sabes perfectamente que tu supuesto visitante está vivo, recuerda que, gracias al viaje astral, los muertos no tienen el monopolio de las reuniones espirituales.

Energía cinética

Estás en la cocina, preparando el desayuno para tu familia cuando, de forma brusca e inesperada, las puertas de la alacena empiezan a abrirse de par en par para luego cerrarse de un portazo. Los aparatos eléctricos parecen cobrar vida propia, desde el triturador de basura al lavavajillas y el horno, mientras la nevera se abre y la comida del interior empieza a volar por toda la estancia. Asustada, corres hacia la parte normal de tu casa, pero oyes que el televisor se enciende solo a todo volumen, mientras va cambiando de canales a toda velocidad. Las luces parpadean. Tu ordenador se apaga, la impresora empieza a tragar papel como posesa, y buscas desesperadamente el teléfono para pedir ayuda, pero éste salta del escritorio y cae al suelo, donde el aparato estalla.

Es un fantasma muy molesto, ¿verdad? Porque trata de perseguirte por toda la casa. Pero es igual de probable, incluso más, que acabes de presenciar una dramática exhibición de energía cinética, causada no por una fuerza externa, sino por un miembro de tu familia que está bendecido o maldecido, según lo consideres tú, con energía cinética.

La energía cinética es la manipulación espontánea y no intencionada de objetos inertes por medios físicos no evidentes. Hace que su poseedor se convierta en una especie de campo de fuerza andante sin pretenderlo. Existen varias teorías sobre la creación de energía cinética (y, evidentemente, muchos escépticos jurarán que no existe, algo que yo también me plantearía si no la hubiera presenciado en varias ocasiones). Algunos creen que la energía cinética sólo puede aparecerse en una persona sin más ni más, para después desaparecer de la misma forma inexplicable. Otros creen, y yo me cuento entre ellos, que es una facultad con la que algunas personas nacen y otras no, una facultad que se refuerza y se debilita siguiendo unos ciclos irregulares en el transcurso de una vida.

La energía cinética suele ser más intensa cuando el cuerpo experimenta cambios hormonales radicales (durante la prepubertad, por ejemplo, o en mujeres embarazadas o menopáusicas). Pero también puede manifestarse en niños, como saben mis amigos, familia y empleados que conocen a mi nieta Angela desde que nació. Durante varios años, desde que era una niña de tres o cuatro años, no podíamos dejarla cerca del material de la oficina. Caminaba por la habitación y rompía los ordenadores, desactivaba las máquinas de fax y las fotocopiadoras a su paso, por no mencionar el concierto de teléfonos en los que no llamaba nadie. Ahora tiene diez años y no es tan cinéticamente caótica como solía serlo, pero ya temo su inminente adolescencia, que es cuando la energía cinética de mi hijo Paul llegó a sus niveles más elevados. En este caso, cuando se acercó a la pubertad, provocaba sin querer que to-

MÁS ALLÁ DE LOS ESPÍRITUS Y LOS FANTASMAS 43

dos sus zapatos danzaran por su dormitorio como si fueran mísiles, estampándose contra las paredes cada noche mientras dormía. Actualmente, ya adulto, los episodios cinéticos de Paul son prácticamente inexistentes, y queda por ver si volverán a producirse o no.

En el caso de que os lo estéis preguntando, Paul y Angela son los dos únicos miembros de mi familia, en al menos tres generaciones, que nacieron con energía cinética. Entre ellos y los numerosos casos que he presenciado y estudiado, creo sinceramente que es muy probable que la energía cinética *no* sea un fenómeno heredado, sino que su presencia es mucho más aleatoria. Desearía que no fuera así. Si pudiéramos detectarla con más precisión, la entenderíamos mejor y no la confundiríamos tan a menudo con encantamientos o, ridículamente, con posesiones satánicas.

Así que si tú o alguien que conozcas parece acabar con todos los objetos inanimados que encuentra a su paso, recuerda que no es culpa suya, que no se trata de una enfermedad física ni mental, y que no tiene nada que ver con el demonio, no necesita ningún exorcismo, y no es ningún tipo de castigo. Es sólo un espasmo de energía innata y no intencionada, y os puedo garantizar que desaparecerá.

Visitantes de la Sala de los Registros

Cuando pensamos en las visitas del Otro Lado, naturalmente suponemos que estamos siendo visitados por seres queridos desaparecidos o por Espíritus Guías, a quien nuestras almas reconocen aunque nuestra mente consciente no lo haga. Pero hay otros espíritus de Casa, que pueden aparecerse de vez en cuando para confundirnos del todo, no sólo porque no los hemos visto nunca con anterioridad, sino también porque sus razones para venir aquí no tienen nada que ver con nosotros.

Antes hablé de la magnífica Sala de los Registros situada en Casa, donde se archivan nuestros mapas vitales y se conserva toda la historia escrita. Es uno de los destinos predilectos de los viajeros astrales procedentes de la Tierra, y uno de los lugares que más anhelamos. Pero también es uno de los espacios más populares en el Otro Lado, la biblioteca de las bibliotecas, que ofrece acceso a una infinidad de documentos, incluidos los «originales» que han sido quemados o destruidos en la Tierra. El conocimiento es una de nuestras pasiones en el Otro Lado, e investigar nuestros interminables campos de interés en la Sala de los Registros nos aporta una enorme dicha.

Disponemos de una serie de opciones cuando investigamos en la Sala de los Registros. Podemos, simplemente, leer los documentos que queremos. Podemos «echarles un vistazo», y observar cómo se desarrolla su contenido ante nuestros ojos como si se tratara de un holograma tridimensional de tamaño natural. También podemos escucharlos, en una versión de audio, que es esencialmente una radio en «forma de realidad virtual». O podemos «fundirnos» con los documentos en sí, visitando de primera mano los sucesos que describen los documentos, experimentando y asimilando todos los detalles emocionales y sensoriales que fueron una realidad en todas las personas que participaron en ese suceso. Podemos vivir el primer paseo lunar con la mirada de los astronautas, sintiendo su perplejidad. Podemos ver, oír, oler y temblar de terror en el caótico horror del ataque de Pearl Harbour. Podemos sentarnos en una actitud reverente y de humilde silencio ante el sermón del Monte o conocer, en toda su intensidad, la emoción cargada de adrenalina que supone jugar la primera Super Bowl, y puesto que el acceso a los documentos de esa Sala es ilimitado, también podemos fundirnos con la misma facilidad en el mapa personal de cualquier persona, desde nuestros antepasados hasta Leonardo da Vinci, Marilyn Monroe, o Thomas Jefferson.

Lo más importante para nosotros, y a la vez fascinante, de la capacidad que tienen los espíritus de fundirse con los documentos de la Sala de los Registros del Otro Lado es que los espíritus que deciden esa opción de investigación es muy probable que añadan apariciones reales en los mapas o sucesos que deciden explorar. Por favor, no dejéis que los ejemplos que os he dado os hagan pensar que los patrones de la Sala de los Registros sólo están interesados en investigar sucesos y personas que aquí en la tierra catalogamos de importantes. En el contexto de la creación de Dios, no hay nada que sea trivial, poco importante, o «don nadies». Algún suceso de enorme curiosidad para alguien del Otro Lado pudo haber sucedido mil años atrás en la región donde vives. Alguien que esté pensando en una próxima encarnación con un mapa similar al tuyo puede elegir mezclarse con alguna circunstancia de tu vida como ejemplo de cómo trataría una situación determinada, igual o de forma distinta, según lo que pretenda conseguir. Recuerda, hay miles de millones de espíritus en el Otro Lado, y todos ellos están inmersos en un viaje eterno para aprender todo lo que puedan sobre todo lo que hay para conocer. No hay ninguna persona, ni un lugar, ni un momento aquí en la Tierra del que alguien de Casa no pueda aprender, razón por la cual la Sala de los Registros es tan querida por los «autóctonos». También es la razón por la cual, sin importar quienes seamos, a dónde vamos o que hagamos, podemos vislumbrar un espíritu extraño, o sentir su presencia, y confundirlo con un fantasma o descartarlo porque no lo reconocemos como un ser querido fallecido.

La cierto es que son sólo forasteros amigables, investigadores incansables, que pasan de la Sala de los Registros al Otro Lado para convertirse momentáneamente en parte de nuestra realidad. Antes de que te asustes, o receles de la intromisión, recuerda que cuando vuelvas a Casa una vez más, vas a ir directamente a la Sala de Registros para hacer exactamente lo mismo. De modo que dales el mismo saludo que luego querrás recibir tú.

Animales

Hace diez años, mi ex marido y yo vivíamos en un apartamento situado en un segundo piso, que tenía un enorme ventanal que daba a la calle. Para frustración mía, el edificio tenía una estricta política y no permitía la tenencia de animales. Creedme, me costó mucho controlarme y adherirme a esa política durante el breve tiempo que pasé en esa vivienda. Así que tuve muy poca paciencia cuando el propietario del piso empezó a comunicarnos la queja de otra pareja según la cual teníamos un gato en nuestro apartamento. No importó las numerosas veces en las que le aseguré que no teníamos un gato, y tampoco valieron las diversas visitas sorpresa que hizo con la esperanza de encontrar al supuesto gato o comida para gato, puesto que otros inquilinos lo habían visto, sentado en la ventana, mirando amenazadoramente a los viandantes mientras movía la cola, como si estuviera a punto de saltar por la ventana.

–¿Qué aspecto tiene ese supuesto gato? –le pedí en la enésima llamada del propietario.

–Nunca lo he visto –contestó–, pero, según las personas que sí lo han visto, es un enorme gato negro con ojos amarillos. Tardé un segundo en reaccionar, pero cuando lo hice, me puse a reír a pesar de que no quería. Traté de imaginar su reacción si le contaba que el «enorme gato negro» por el que los otros inquilinos estaban tan preocupados era una pantera, en forma de espíritu, que cumplía la labor de resguardar y proteger a mi marido, como hace cualquier otro tótem. Evidentemente, no me molesté en contárselo, simplemente le aseguré que me ocuparía de ello. Así lo hicimos, y nos mudamos a una casa poco después de esa conversación.

Cuando cada uno de nosotros se prepara para volver a encarnarse en la tierra, elegimos a varios protectores que nos vigilen en nuestro arduo camino en el mundo. Aparte de los Espíritus Guías y una serie de ángeles, también reclutamos a animales de nuestra elección para que sean nuestros amables compañeros y guardianes. Esos animales se denominan tótems. Yo sabía, desde hacía años, que el tótem de mi marido era una pantera, pero nunca la había visto, y tampoco conocía a nadie que la hubiera visto. Ahora me doy cuenta de que debo agradecer infinitamente a esos airosos inquilinos por la validación no solicitada de que los tótems son perfectamente reales y, para algunos, completamente visibles.

En una ocasión, investigué una casa encantada en Carolina del Norte. Mi equipo de investigación y yo registramos toda la vivienda en unas cuantas horas, y luego me instalé en la estancia donde se suponía que era el origen de toda la actividad paranormal que habían supuestamente experimentado. Cerré la puerta, activé mi omnipresente grabadora, y esperé. Esperé y esperé. A lo largo de toda esa larga y aburrida noche sin que pasara nada, de completo y absoluto silencio, esperé. Al día siguiente, de camino a casa, decidí activar la cinta de la noche anterior, pensando en escucharla por si se produjo alguna alteración momentánea del implacable silencio. Pero en vez de escuchar largas horas de silencio, acabé por percibir unos ladridos amenazadores que parecían provenir de un perro de grandes dimensiones. Me parecía algo imposible. Indudablemente, no había oído a ningún perro, ni a nadie más, durante mi estancia en esa habitación. Estaba totalmente segura de ello, aunque esos ladridos se registraron con fuerza y nitidez, como si un perro se hubiera pasado toda la noche frente a la ventana, a pocos centímetros de mí.

Mi equipo de investigación interrogó a todos los vecinos e incluso preguntó a la policía municipal acerca del perro, mientras yo hablaba con los propietarios de la casa objeto de investigación.

Los propietarios, que habían vivido muchos años en esa casa, no recordaron haber oído nunca el ladrido de un perro en esa zona. Los vecinos no sólo no habían oído nada la noche anterior, sino que nunca habían percibido ningún ladrido y, por lo que podían recordar, la familia más cercana que tenía un perro vivía a más de un kilómetro y medio de distancia. No había ninguna explicación terrenal a la innegable evidencia de que un perro grande con una voz profunda y contundente se había pasado la noche ladrando por las inmediaciones, y que mi grabadora lo había captado aunque nadie más lo oyó. No había ninguna explicación *terrenal*.

Por lo visto, hace varias vidas, tuve a un enorme mastín blanco muy querido, una poderosa raza de perro conocida por su valentía y naturaleza protectora. El mastín y yo nos profesamos devoción mutua desde entonces, y según Francine, todavía me acompaña de vez en cuando en intervenciones potencialmente arriesgadas para disuadir a cualquiera que piense en causarme algún daño. En esa ocasión, el perro se estaba ocupando de mí en esa noche larga y supuestamente tranquila en Carolina del Norte.

Ojalá mi mente consciente pudiera recordarle, pero tengo muchas ganas de reunirme con él en Casa. No me cabe la menor duda de que lo haré, al igual que nos reencontramos con todas las mascotas que hemos querido en todas nuestras vidas en la Tierra, esperando a darnos la bienvenida cuando salimos del túnel y volvemos a entrar en el amor divino y bendito del Otro Lado.

Que no te quepa la menor duda, los animales no sólo vuelven a casa inmediatamente después de su muerte, sino que tienden a llegar con más rapidez y eficacia que nosotros, libres como están de todo el exceso de equipaje emocional que cargamos los humanos. Los espíritus de los animales son la perfección, creada por obra de Dios y quedándose eternamente en ese estado, motivo por el cual no se reencarnan: existen en un estado de gracia, puesto que saben todo lo que hay que saber antes de venir aquí, de modo que no necesitan regresar a la Tierra una y otra vez. Lo que sí pueden hacer, y de hecho lo hacen, es visitarnos con frecuencia desde el Otro Lado, amándonos incondicionalmente como siempre sabiendo que volveremos a reencontrarnos. Seríamos tan afortunados si entendiéramos la eternidad del alma con sólo una parte de la sencilla claridad con la que los animales la comprenden.

Del mismo modo que los animales no se reencarnan por las relaciones sencillas, incondicionales, sabias y perfectas de su espíritu con Dios, tampoco permanecen apegados a la tierra. No existen los animales fantasmas; sólo la confusión, y el orden de prioridades erróneo. El miedo frustra, en ocasiones, la capacidad de los humanos para abrazar el túnel y liberarse sosegadamente de otra breve estancia en la Tierra. Los animales, cada uno de ellos, vuelven a Casa en un abrir y cerrar de ojos cuando sus espíritus abandonan sus cuerpos, y, creedme, no son fantasías de una apasionada de los animales, sino que es la realidad.

Así que la próxima vez que veas o percibas a un espíritu animal cerca de ti recuerda que no puede ser un fantasma que pretenda asustarte. Es posible que sea tu tótem dándose a conocer. O podría ser el espíritu de una mascota querida de esta vida o de otra, adorándote y protegiéndote con esa aceptación total y absoluta a la que los humanos sólo podemos aspirar.

A lo largo del resto del libro, leeréis numerosas historias de fantasmas y de espíritus. Muchas de ellas son mías, y otras me las han enviado generosamente algunos lectores. Espero que consultéis estos capítulos a menudo para que os ayuden a comprender las extraordinarias experiencias que se desarrollarán en las siguientes páginas. Espero que también os ayuden a comprender las experiencias que hayáis podido tener y que os hayan confundido o asustado por carecer de la información necesaria para entenderlas adecuadamente. Al fin y al cabo, el conocimiento es realmente poder, y cuánto más, mejor.

Así pues, provistos idealmente con más información de la que teníais cuando leísteis la primera página de este libro, exploremos juntos nuestras visitas emocionantes, fascinantes, misteriosas, a veces reconfortantes o aterradoras, al más allá.

CAPÍTULO 3
Fantasmas que he conocido y querido

Muchos de vosotros conocéis la historia de mi primer encuentro con un espíritu cara a cara, de manera que no dudé ni un momento de lo que estaba experimentado. Tenía ocho años de edad, y estaba sola en la cama por la noche cuando un destello de luz atravesó la oscuridad y la forma ligeramente vaga de una mujer alta, delgada y serena con pelo largo y negro se dirigió hacia mí desde el centro de esa luz. «No temas», dijo. «Vengo de parte de Dios». Huí gritando hasta mi abuela Ada, quien me contó tranquilamente que acababa de recibir una visita de mi Espíritu Guía. Se llamaba Ilena, pero le cambié el nombre al de Francine por ninguna razón aparente; al igual que todos los espíritus guías, ha sido mi más cercana colaboradora y consejera cada minuto y día de mi vida.

Sin embargo, por lo que puedo recordar, creo que nunca he escrito acerca de mi primer encuentro con fantasmas, una breve introducción a una dimensión entre la tierra y el Otro Lado que desde ese momento se convertiría en una de mis pasiones.

Ocurrió en 1945. Yo tenía nueve años, y gracias a Francine y a la abuela Ada ya estaba bastante acostumbrada a mi capacidad para ver y comunicarme con el mundo del espíritu. Mi padre nos había mudado a una maravillosa vivienda de setenta y cinco años de antigüedad, del estilo Reina Ana, situada en la calle Charlotte de Kansas City, un lugar mágico que contaba con un ático, un sótano, una despensa, así como numerosos rincones, grietas, y cavidades que parecían repletos de infinitos secretos. Un sábado a primera hora de la tarde, semanas después de habernos instalado en esa casa, salí corriendo de mi habitación y encontré a un hombre mayor de barba blanca y un hermoso uniforme con bordados dorados que estaba de pie en el recibidor. No era del todo sólido para ser considerado terrestre, pero era más definido que cualquier espíritu con el que me había topado hasta esa fecha. Sentí fascinación por él. Pareció gustarle el hecho de que yo pudiera verle, y me sonrió. Hablaba lentamente y con un timbre de voz más bajo que el de los espíritus, especialmente el de Francine, y empecé a escucharle a diario desde que pronunciara la palabra «sótano».

Yo era igual de cauta y circunspecta a los nueve años que ahora. Es decir, ni siquiera creo que mis pies rozaran las escaleras cuando descendí al sótano en busca de misteriosas sorpresas que pudieran estar aguardándome allí. No tardé mucho en darme cuenta de que en medio de una pared cubierta de cal había una piedra más lisa que no encajaba con el resto, y cuyo mortero parecía desigual y aplicado precipitadamente. Encontré un pequeño pico entre un montón de herramientas oxidadas sujetas a la pared, y con un golpe contundente, abrí un enorme agujero en la piedra lisa, en la que se reveló un hueco. Mi corazón latía muy deprisa cuando entré en ese espacio oscuro ayudándome con una mano, pensando encontrar cualquier cosa desde un arcón lleno de joyas hasta un alijo de dinero. Me quedé boquiabierta cuando mi mano palpó un grueso fajo de billetes. Efectivo. Montones de billetes. ¿Qué otra cosa podía ser? Estoy segura de que empecé a pensar en las cosas que me compraría cuando saqué la primera mano y me quedé observando mi tesoro particular.

Quedé abatida. No era dinero. Se trataba de algo tan poco emocionante como un montón de papeles doblados, aunque uno de ellos se pulverizó en la palma de mi mano, junto con mis sueños de ser una niña rica e independiente de nueve años.

El único documento pequeño y frágil que permanecía intacto parecía ser un ensayo escrito a mano, doblado en tres partes como un folleto. Lo que en su día pudo ser el título se había difuminado en unos cuantos garabatos de tinta de pluma. Pero todavía se podía leer el nombre, «capitán Frederick Bonneville» con letra orgullosa y fluida. El breve ensayo, por lo que pude averiguar, era una indignada declaración escrita por el capitán Bonneville contra la violenta intolerancia del Ku Klux Klan y una súplica para poner fin a la intolerancia y la injusticia. Mi héroe, pensé sonriendo, y me apresuré de vuelta por las escaleras hasta encontrar a mi abuela, enseñarle el escrito, y contarle lo del anciano uniformado con barba blanca que me había conducido hasta allí.

Ése fue el día que recibí mi primera lección de la abuela Ada sobre esas pobres almas apegadas a la tierra llamadas fantasmas, solitarios, atrapados, sin saber que están muertos, y preguntándose quienes serían esos extraños intrusos que se comportan como si ellos no existieran.

Poco después supe, gracias a los vecinos, que la casa fue propiedad y pasión de un capitán de marina llamado Frederick Bonneville. Existían unas cuantas fotografías rugosas del capitán Bonneville posando delante de la casa, vestido de calle, pero sin duda una versión bastante más joven del hombre barbudo y uniformado que me había saludado en el vestíbulo ese sábado por la tarde y que me había ofrecido una introducción tan amable a esa dimensión entre la tierra y el Otro Lado donde moran los fantasmas, esperando inconscientemente en volver a Casa.

Una vez más, en 1945, yo era sólo una niña muy psíquica que sólo quería ser una esposa, madre, y una profesora de escuela «normal» cuando fuera mayor. Tarde o temprano cumplí los objetivos de ser madre, esposa, y maestra. Hace tanto tiempo que he abandonado a la idea de ser «normal» que ni siquiera estoy segura de lo que significa esa palabra, pero al final, inevitablemente, dediqué mi vida a lo que sabía en mi corazón que era el mayor bien que podía ofrecer: mis facultades psíquicas, infundidas y elevadas por toda la fuerza de mi pasión espiritual. Uno de los innumerables resultados de ese compromiso fue la Fundación Nirvana de Investigaciones Psíquicas, que yo creé en 1974 para formalizar mis exploraciones en lo paranormal. Fue a través de esa fundación que me establecí como «caza fantasmas», investigando casas encantadas por todo el mundo, fueran reales, imaginarias, o absolutos fraudes. Es un trabajo que adoro y continuaré haciéndolo el resto de mi vida, tratando de devolver parte de la iluminación y la seguridad que me ha sido dada. No tardé mucho tiempo en recibir montones de investigaciones de encantamientos. Han pasado treinta años, y no cesan de venir.

La finca Brookdale

Me pidieron en *Sightings*, un programa de televisión producido por Henry Winkler, que investigara los rumores de actividad paranormal en la finca Brookdale, situada al norte de California. Después de pedirlos, nadie me proporcionó datos concretos de esa actividad, aunque me informaron de la historia bastante caótica de esa vivienda. Por lo que entendí, había sido incendiada, abandonada, vendida, comprada, remodelada, vuelta a vender, y vuelta a remodelar. Eso no fue culpa de ningún fantasma o espíritu que vagara por la casa, y evidentemente tampoco podía decirse que fuera una maldición, puesto que las maldiciones no existen. Era simplemente una información curiosa de la cual me formé una idea mental. No es inusual que una persona perfectamente cuerda y bienintencionada escuche unos cuantos datos extraños sobre un lugar y empiece a imaginarse cosas cuando oye crujir el suelo o cuando una puerta se cierra del golpe. Lo cierto es que los suelos crujen a menudo porque es algo habitual en ellos, y las puertas también se cierran de golpe con una suave brisa sin que ningún fantasma o espíritu tenga nada que ver con ello.

De modo que, acompañada de algunos miembros de mi personal armados con cámaras y grabadoras para nuestros archivos, me dirigí a la finca Brookdale sin ninguna pista de lo que nos encontraríamos. Me alegró saber que algunos empleados de la finca estarían allí para validar cualquier cosa que pudiera experimentar, o decirme que no sabían de lo que estaba hablando. No me cansaré de repetir que nunca fingí ver, oír, o percibir algo que en realidad no viera, oyera, o sintiera, con o sin cámaras de televisión filmando. Dejaría mi carrera de inmediato si la única forma de hacerla avanzar fuera engañando a la gente. Si tenéis dudas al respecto, preguntádselo a cualquiera que haya tratado de involucrarme a mí o a mi nombre en algún tipo de estafa. He trabajado muy duro, durante mucho tiempo, y he pasado por muchas experiencias como para poner en juego mi integridad, y evidentemente no me quedaré quieta mientras otros tratan de amenazarla.

La finca, que hace más de un siglo fue un molino de madera, era un sitio encantador, protegido entre las montañas con enormes secuoyas. Cuando llegamos, atendimos una serie de instrucciones y cogimos nuestros bártulos; parecía el lugar más benigno, tranquilo y sosegado de la tierra. Alguien propuso que empezara por estudiar el comedor, conocido como *la habitación del riachuelo*, de donde provenían muchos de los extraños sonidos y visiones que experimentaban los empleados e invitados. Cuando llegamos a la puerta de entrada, ya había logrado organizar a todas las personas e instrumentos, y en lo que a mí respecta, entré sola en el comedor.

No era de extrañar que lo llamaran *la habitación del riachuelo*. Hay un arroyo, un riachuelo de montaña, que fluye pacíficamente por el centro de la habitación, cuyo susurro resulta muy cautivador. Mi sensación de soledad desapareció rápidamente cuando escuché risas infantiles y vi a una niña, quizá de unos seis o siete años, que corría jugueteando junto al arroyo, así como a una mujer que probablemente sería su niñera, persiguiéndola. De repente, para horror mío, la niña se acercó demasiado al pasamanos de un puente, tropezó, cayó, y se dio un violento golpe en la cabeza. Consciente de que estaba presenciando una especie de «repetición» de un suceso atrapado en el tiempo y que había ocurrido mucho años atrás, el impacto de esa visión fue muy doloroso. Miré detrás de mí el tiempo suficiente para darme cuenta de que nadie excepto yo podía ver a esa pequeña y a su niñera, y cuando me volví a girar, esa niña volvía a estar delante de mí.

–¿Estás bien? –le pregunté.

Ella asintió con la cabeza.

La niña no estaba en absoluto bien. Sé que ella acababa de volver a experimentar la secuencia de los sucesos que acabaron con su vida. Pero antes de que pudiera explicarle que estaba muerta y que podía ayudarla a volver a Casa, anunció alegremente:

–Me llamo Sarah, y esta es mi niñera María. –La pequeña señaló al riachuelo, hacia la mujer que ya no podía ver. Luego emitió una risita y se escapó, desapareciendo rápidamente entre las mesas y las sillas del comedor.

Pregunté a los empleados de la finca si alguien había oído hablar alguna vez de una niña pequeña llamada Sarah. Varios empleados se intercambiaron miradas antes de que uno de ellos se aventurara a decir que hacia el año 1950, una niña de seis años llamada Sarah Logan, que era la sobrina del propietario de la finca, se había ahogado en el arroyo que fluía por el comedor.

Les aseguré que Sarah seguía allí, y que probablemente era el origen de muchos de los ruidos y travesuras típicas de una niña de esas edad, y su niñera se había quedado tras ella, evidentemente para ocuparse de la pequeña como lo había hecho en vida. Resultó ser que muchos invitados, empleados y propietarios de la finca habían visto y oído a Sarah durante décadas casi en todas las habitaciones de la vivienda, muy especialmente en el comedor donde había fallecido. Yo aprecié esa confirmación. Luego, siguiendo mis instrucciones, me dirigí gustosamente a lo que ellos llamaban *el salón de baile*, otra supuesta fuente de actividad extraña en este misterioso lugar.

Oí música antes de entrar en la habitación; parecía lejana, pero era inconfundible. Recuerdo que pensé que era música swing, de la era de las grandes orquestras. Pregunté si alguien había encendido una radio o una cadena de música en alguna parte de la casa, pero me aseguraron que no. Luego pregunté a mis empleados y a los de la finca si también escuchaban música. Todos se quedaron escuchando por un momento, luego negaron con la cabeza, salvo un empleado, cuyos ojos se abrieron un poco más con una combinación de reconocimiento y alivio.

—Ahora no la escucho —contestó—. Pero la he oído a última hora de la noche, y procede de esta habitación, después de cerrar. Nunca se lo he contado a nadie porque pensaba que era cosa mía.

—No te preocupes, definitivamente no es cosa tuya —contesté—, y luego me adentré en el salón.

Me encantaría ofreceros una descripción de la estancia en cuestión pero, francamente, no me fijé mucho en ella. Estaba muy centrada en el hombre que estaba esperando en su interior, mirándome fijamente con un rostro inexpresivo. Era de complexión fuerte, tenía bigote, una buena mata de pelo, y gafas que descansaban sobre la punta de su nariz. Nadie más vio a ese hombre, aunque algunos sintieron una repentina brisa fría.

Entablé contacto visual con el hombre en cuestión y le saludé con un «hola». Él gruñó, sin sonreír.

—¿Cómo se llama? —le pregunté.

Parecía disgustado, bien por la pregunta o por mi intromisión en general. Finalmente, murmuró la palabra *Judge* (juez).

—¿Se llama Judge de apellido? —Yo trataba de ser amable, pero él no parecía tenerme en cuenta y ni siquiera gruñó una respuesta—. ¿O es juez? ¿O cree que estoy aquí para juzgarle? Me rindo. ¿Qué significa «juez»?

—*Judge* —volvió a decir, y después empezó a pronunciar esa palabra repetidamente, cada vez con mayor impaciencia. No fue la conversación más brillante que he mantenido en la vida, pero él tampoco me asustó. Decidí tratar de animarle con el enfoque de «aquí todos somos amigos».

—Hace un rato he conocido a Sarah y a Maria —comenté–. ¿Las conoce?

Él asintió con la cabeza. Seguidamente, en un abrir y cerrar de ojos, desapareció.

Cuando acabamos de inspeccionar la finca, formamos un pequeño círculo de oración en el centro del salón de baile para pedir que los espíritus de Sarah, Maria, y Judge fueran liberados a la luz blanca del Espíritu Santo, para que fueran abrazados por Dios y sus seres queridos del Otro Lado que era a donde pertenecían. En general, fue una investigación bastante exitosa, aunque no lo suficientemente dramática como para prepararme para la inédita experiencia que viviría después, y creedme, que con una vez en la vida ya he tenido más que suficiente.

Mi personal y yo fuimos acompañados a la puerta cuando algo me impulsó a bajar la mirada. Todavía no tengo ni idea de qué fue ese algo, porque no sentía nada fuera de lo corriente. Pero allí, de forma visible e inconfundible, cubriendo toda la parte delantera de mi blusa, había una sustancia pegajosa. Era espesa, inodora, pero desagradable. Mi equipo se acercó para observarla; se preguntaban, igual que yo, qué era, cuándo había aparecido, y de dónde podía proceder. No había comido ni bebido nada. Si tropecé con alguien o algo que estuviera cubierto de esa sustancia, sin duda alguna me habría dado cuenta, y, ¿quién se mancha con algo precisamente en esa zona entre su cuello y su cintura?

Alguien (debió de ser mi mano derecha, Michael), dijo en voz alta lo que estoy segura que los demás pensábamos:

—No vuelvas a mirar, pero creo que estás cubierta de baba.

Para quienes no hayan visto la película Los cazafantasmas, ser «cubierto de baba» significa estar empapado de ectoplasma a raíz de un encuentro con un fantasma.

¿Qué es exactamente el ectoplasma? Según el diccionario, el ectoplasma es «la capa externa relativamente rígida y lisa del citoplasma que normalmente se considera un gel reversible por efecto del sol». Y el citoplasma, evidentemente, es «el complejo de sustancias inorgánicas y orgánicas externas a la membrana nuclear de una célula y que incluye el citosol y las organelas membranosas». Básicamente, por el tema que nos ocupa, el ectoplasma se considera el residuo tangible de la energía celular que se transmite entre un medio espiritual y un fantasma. Una escuela asegura que, cuando el ectoplasma está presente durante o después de un encuentro entre una médium y un ser apegado a la tierra, ese médium lo acaba emanando. Es decir, algo en la energía que se intercambió entre Judge y yo provocó que mi sustancia ectoplasmática rezumara por la superficie de mi piel, posiblemente para prestarle energía a Judge y ayudarle a materializarse con tanta claridad. No puedo decir que sea una autoridad después de una experiencia con ectoplasma, pero tampoco me creo esa teoría. En ese momento pensé, como pienso ahora, que Judge, por su proximidad, era una entidad muy enérgica que seguía aferrada a nuestra dimensión, con lo cual su energía adoptó la forma física de ectoplasma, y probablemente yo estaba muy cerca de esa energía cuando se materializó.

Esa fue mi primera y única exposición al ectoplasma, suponiendo que lo fuera. Todos quienes fueron testigos de ello, incluida yo, han tratado infructuosamente de barajar otra explicación posible a esa sustancia que arruinó mi blusa. (No creeréis que iba a contarle al tinte la naturaleza de esas manchas.) Pero, fuera ectoplasma o no, la sustancia era real. Varias personas la vieron, la tocaron, hicieron muecas, y pudieron confirmar que yo no lo había provocado. Como las pruebas físicas de los encuentros con fantasmas son difíciles de conseguir, puedo decir con toda franqueza que esa ducha de «baba» mereció la pena. Al menos por una vez.

La taberna Vineyard

A petición de un programa de televisión llamado *En busca de*, investigué un aluvión de supuesta actividad paranormal en una taberna y fonda histórica llamada Taberna Vineyard donde, según presumía el establecimiento, Ulises S. Grant dio un discurso en una ocasión.

La taberna de cuatro pisos, con salón de baile incluido, fue construida en 1878 por Robert y Louise Chalmers como homenaje a sus brillantes viñas, sus magníficos vinos, su destreza financiera, el talento político de Robert que le llevó hasta el legislativo de California, y el declarado gusto de Louise por todo lo elegante y cultural. Por razones que nunca han estado del todo claras, aunque una serie de ataques al corazón y episodios de demencia pudieron haber sido la causa, Robert sufrió de repente un ataque de demencia, con lo cual Louise lo encadenó permanentemente en el sótano de su casa, donde murió tres años después.

Los viñedos y la economía familiar de los Chalmers cayeron en picado a partir de ese momento, y con el tiempo Louise se vio obligada a alquilar habitaciones y los antiguos aposentos de Robert en el sótano a modo de celdas cuando todas las prisiones de la ciudad cercana de Coloma, capital de California durante los años de la Fiebre del Oro, estuvieron llenas. Louise murió en 1913, sola y arruinada. Después de varias décadas de propietarios provisionales que desatendieron la fonda, la bienintencionada finca recibió las inversiones de propietarios que tuvieron la paciencia y el respeto de apreciar su potencial, y en 1956 se convirtió en la fonda y restaurante que existe en la actualidad.

Desde el preciso instante en que la finca Vineyard se convirtió en negocio, es imposible determinar si fueron los trabajadores o los invitados quienes tomaron conciencia de ruidos y actividades inexplicables, así como unas extrañas visiones por toda la mansión. El traqueteo inevitable de las cadenas se oía toda la noche. Las láminas de la pared crujían, las pisadas sobre el suelo de madera resonaban en eco, una mujer deambulaba por las habitaciones hablando entre dientes, y todos los que buscaron el origen de esa orquestra virtual de sonidos nunca encontró a nadie que los pudiera emitir. Había un piano que tocaba solo. Un grupo de personas borrachas y ruidosas entraron por la puerta principal una noche y subieron tambaleándose hacia sus habitaciones, riéndose en voz alta. Un invitado muy contrariado cerca de la escalinata, después de haber sido despertado de su profundo sueño, asomó la cabeza por la puerta de su habitación para exigir a los revoltosos que se callaran, pero vio que los tres hombres bebidos que se reían iban vestidos con ropas de otra época, y que desaparecían ante sus ojos. Los pomos de las puertas se giraban, las copas se deslizaban de un extremo de la barra a otro, y las camas se deshacían, todo ello sin que nadie lo provocara y muchos testigos lo presenciaran atónitos. Una pareja aterrorizada huyó corriendo de la taberna y comunicó a la policía que habían oído la comisión de un crimen en la habitación contigua a la suya. La policía acudió rápidamente a la estancia en cuestión y descubrió que no sólo estaba totalmente tranquila, sino también desocupada.

Trato de realizar este tipo de investigaciones con una mente totalmente abierta, pero debo admitir que esta vez no fue fácil. Puesto que llevé a cabo esta investigación a mi manera, pero según el horario de *En busca de*, recabé mucha más información de la que me hubiera gustado tener, y el pensamiento de una mujer encadenando a su esposo demente en el sótano hasta morir me hizo desear que los fantasmas ya estuvieran muertos. Si esa mujer vagaba realmente por ese lugar, yo ya estaba teniendo fantasías de encadenarla en el sótano durante un rato para ver si le gustaba. Decidí que, si me causaba muchas molestias, no dudaría en invocar a mi Espíritu Guía, Francine, quien al menos puede mantener la sangre fría cuando yo estoy a punto de explotar.

En seguida quedó claro que Louise vagaba por esa casa, al igual que su marido, Robert. Vislumbré a una mujer con camisa blanca que miraba por una ventana del piso de entrada cuando nosotros nos acercábamos a la finca, aunque no estaba segura de que fuera Louise. Pero, con toda seguridad, esos fantasmas estaban en esa casa, desesperados y atrincherados en ella. Daba la sensación de que nosotros estábamos en *su* casa, podíamos ir de un lado a otro de la vivienda, aunque ellos no iban a ninguna parte, y nada de lo que yo pudiera sacarme de mi hermoso bolsillo de Dios/trucos de luz blanca, iba a hacerles cambiar de opinión.

Lo que llamó mi atención y me fascinó, fue que no se trataba de la habitual tozudez y confusión de los fantasmas con la que me había cruzado en tantas ocasiones, ni tampoco un par de almas en pena con actitud desafiante. Había algo en el ambiente de esa casa y esos seres que se negaban a abandonarla, aunque ello les costara la sagrada dicha de volver a Casa, algo a lo que tenían pleno derecho. Esa pareja amaba esa finca, y, aparte, me sorprendió descubrir que su actitud también era amable. Como ocurre a menudo cuando sólo se conoce parte de una historia, llené yo misma muchos vacíos lógicos y racionales y llegué a varias conclusiones incorrectas. Llegó el momento de acabar con el trasfondo emocional de lo que había pasado entre Louise y Robert, y volver a empezar. Para asegurarme de que mi opinión no interfería en este asunto, decidí hacer caso a mi primer instinto de dejar que Francine se apoderara de mí.

Subimos a una estancia del piso de arriba, donde había una cama metálica y una ventana que daba a la entrada de la finca Vineyard, la ventana en la que había visto a la mujer con la camisa blanca. Como ya he explicado en tantas ocasiones, cuando me aparto para canalizar a Francine, estoy ausente e inconsciente de todo lo que ella dice y hace. Los siguientes fragmentos pertenecen a las grabaciones que mi personal de la fundación Nirvana y unos cuantos periodistas hicieron de Francine. Esas cintas no se emitieron en el programa *En busca de*, ni se me pasaría por la cabeza confundiros al respecto. Si bien recuerdo, *En busca de* era un programa de media hora, y, como dije, ahora os presentaré fragmentos de esas grabaciones, no toda la trascripción. Francine habló mucho ese día, no se corrige, nunca le hace falta, sino que es labor mía y de Lindsay, así como de mi editor, evitar que este libro ocupe el doble o el triple de lo normal.

Creo que me coloqué dentro o al lado de la cama que había junto a la ventana. No recuerdo quien había en la estancia activando cámaras, sonido, y luces; aunque sí recuerdo a un periodista llamado Richard Wincr que estaba allí. Una de mis empleadas que sabe cómo hacerme entrar en trance se acercó y colocó una mano sobre mi hombro. La cinta debía activarse en ese momento.

FRANCINE: antes de que los Chalmers llegaran aquí, esta tierra era propiedad de una familia llamada Barlett. Ofrecían refugio a personas, esclavos, que escapaban de los dueños de las plantaciones, y huían hacia el norte. Cuando los Chalmers construyeron su mansión, conservaron esa zona en el sótano. Nunca pretendió ser una cárcel, sino un escondite seguro para esas personas que escapaban. Esta casa tiene una larga historia de muchas vibraciones. Gran parte de las risas que oís pertenecen a los esclavos que finalmente llegaron aquí. Sé que Sylvia cree que pertenecen a Louise y Robert en sus mejores tiempos. En parte es así. Pero en parte es de los esclavos, porque les encantaba este lugar. También puede apreciarse un sonido silbante. Es del señor Chalmers, quien tenía un caballo que acudía al silbar.

Louise todavía recorre esta finca. En realidad, en este momento está a mi izquierda. Mide metro sesenta, viste una blusa blanca, y tiene el pelo suelto, aunque normalmente lo lleva recogido. Puede enfadarse mucho de que alguien haya invadido su propiedad, pero no hará ningún daño. Sufre un profundo dolor en el estómago, un colon espástico que la atormentó durante gran parte de su vida y no alegró su estado de ánimo, especialmente cuando venía el doctor para sangrarla. También tuvo un hijo mortinato, y ella y Robert compartían ese dolor. Podéis preguntarles a las personas que han estado aquí si hay unas ventanas que no paran de romperse. Ahora mismo, dijo, hay una raja en una de ellas. Louise solía deprimirse tanto que rompía los muebles; también puede apreciarse el crujir de la madera, y en ocasiones parte de algún mueble saltaba por la ventana. Su frustración se debía a Robert, pero no por las razones que la gente cree.

Cuando Robert enloqueció, también le salieron unas enormes llagas en el cuerpo que Louise trató de curarle utilizando unas raíces de menta que crecen en esta zona, así como limones que trató de añadir a una mezcla de lima y ajo. Por eso, a distintas horas, se percibe un olor intenso y acre a ajo. Louise trató de aplicarle cataplasmas. Ella tenía mucho miedo de llamar a un médico, porque temía que se llevara a su esposo. Louise se lo llevó a Nueva York en el cambio de siglo, y decidió buscar ayuda en la gran ciudad. Querían encerrarlo. Ella no paraba de decir: «No lo encerrarán en un agujero pestilente». De modo que volvió a casa con él, pero sufrió otro ataque a unos doscientos metros de esa ventana. Cayó de su caballo y empezó el ataque. Louise y cuatro hombres lo bajaron a la celda del sótano con la intención de mantenerlo encerrado y a salvo, y ella trató de consolarlo lo máximo que pudo. Era la única forma que conocía de protegerle de los pestilentes asilos. Louise tuvo una vida difícil y solitaria, pero no soportaba la idea de que su marido pasara el resto de su vida encadenado entre extraños que no se ocuparan de él, asustado y maltratado hasta el día de su muerte.

Fue la trágica historia de dos personas que se amaban con pasión. Él era un hombre muy apuesto, alto y fuerte. Ella era una mujer muy hermosa, con una figura esbelta, piel muy blanca, cabello azabache, y ojos negros con pestañas pobladas. Era una mujer muy capaz. Escribía, pintaba, y al final del día también tocaba el piano.

No hay nada que Sylvia o cualquier otra persona puedan hacer para neutralizar esta estancia, o esta finca. Muchos han sido los intentos. Pero aquí tenemos lo que se conoce como un punto muerto. Robert sigue apegado a la tierra y por tanto sigue estando en un estado alterado que le impide comprender esta situación. De modo que no se marchará. Y si Robert no se va, tampoco lo hará Louise. Es así de sencillo. Es una sencilla historia de amor con tintes de tragedia.

Somos muy conscientes de Robert y Louise en el Otro Lado. Hay muchas personas así, y nosotros las vigilamos. Algún día, gracias a la sabiduría y la gracia de Dios, los recuperaremos y los traeremos de vuelta, donde sanarán y serán felices. Hasta entonces, aquí es donde eligen estar, por las razones que he explicado, y aquí es donde todavía siguen.

Eso ocurrió hace más de veinte años. Mientras escribía estas páginas, le pregunté a Francine sobre Robert y Louise. Me ha informado que siguen en la casa de Vineyard, pero «no por mucho tiempo más». Lo que resulta frustrante, para Francine, quien entiende realmente el contexto de la eternidad, es que «no por mucho tiempo más» puede significar décadas o incluso siglos hasta que ella y una legión de espíritus encuentren la oportunidad para rescatar a Robert y a Louise y llevarlos a Casa. Como ya lo he comentado en muchas ocasiones, yo sigo estando en la tierra, donde si «no tardará mucho» implica más de dos semanas, perdemos la paciencia. Francine escucha, y luego sigue con su calendario. Afortunadamente, vivió una vida en la tierra. Recuerda lo latoso, defectuoso y frenético que puede resultar ser humano.

Debo decir, con relación a mi experiencia en la finca Vineyard, y con Louise Chalmers en particular, que me hizo ver muchas cosas. Me fui de allí pensando: ¿Qué tipo de mujer encierra a su demente marido en un sótano? Nunca pensé que la respuesta sería «una mujer increíblemente fuerte y amorosa que, consciente de cómo las instituciones trataban a estos enfermos en esa época, sabía lo único que podía hacer para mantenerlo a salvo».

Es cierto que he leído la Biblia infinidad de veces, y este magnífico libro (en todas sus versiones) dice: «No juzgues, si no quieres ser juzgado.» (Mateo 7:1). Lo cual significa que si lees la Biblia pero sin *vivirla*, no te molestes en leerla.

El Matadero

Sé lo que os estáis imaginando. Es exactamente lo que me imaginaba yo cuando me pidieron que investigara un supuesto encantamiento en un lugar llamado el Matadero, situado en la Bahía de San Francisco, y esa es precisamente la razón por la cual decliné la invitación y colgué el teléfono de inmediato. Pero me volvieron a llamar, y me explicaron apresuradamente que el matadero sólo era una hermosa y modesta residencia con un apodo poco afortunado. El matrimonio que vivía allí estaba aterrorizado por una presencia que creían que les causaría algún daño.

–¿Y por qué no se mudan? –pregunté.

–No se lo pueden permitir –contestó mi interlocutor. Ahora lo entendía. En algunos momentos de mi vida, si alguien me hubiera pedido que me mudara, tampoco hubiera podido permitírmelo. Lo entendí perfectamente porque me oí decir «estaré allí» antes de que me diera tiempo a rechazar.

Para que conste: pregunté de dónde venía el apodo de «el matadero». Me contaron, sin muchos detalles, que se había cometido un asesinato hacía cinco o seis propietarios atrás, o un doble homicidio, o rumores de homicidio. Pasé unos quince o veinte segundos tartamudeando y haciendo conjeturas antes de aliviar a mi interlocutor con un «no importa».

Los propietarios de la casa querían ir hasta el fondo del asunto. Tan pronto como bajé de mi coche, me rodeó un enjambre de personas con cámaras infrarrojas, sensores de calor, y equipamiento diverso. Empezaron a explicar lo que era todo eso. Les aseguré educadamente que esos artilugios no me importaban.

–Haced vuestro trabajo –les dije– y yo haré el mío.

La casa era realmente modesta y parecía inofensiva, tal como me habían dicho, y los propietarios, a quien me referiré con los nombres de John y Mary, eran la mar de dulces, atractivos, y «normales». Nos sentamos en la salita delantera durante unos minutos para que me explicaran un poco lo que habían pasado. Aparte de los ruidos inexplicables, las pisadas, y las corrientes de aire, así como la visión ocasional de rostros espantosos en las ventanas, su mayor queja también hubiera acabado con mis nervios.

–Ambos nos despertamos en plena noche, y descubrimos a un hombre que estaba sobre nuestra cama –contó Mary–. Tenía una mirada salvaje y demente de puro odio, como si le enfadara encontrarse con nosotros. En una ocasión incluso me asió por el brazo. Todavía puedo notar su mano en mi piel; era sorprendentemente fuerte y fría como el hielo.

–Vi cómo lo hacía, y nosotros no pudimos defendernos en absoluto –añadió John–. Luego me miró por un momento, como si me estudiara–. Sabes, eres muy valiente.

–¿Por qué lo dices? –Bueno, no te lo tomes a mal. Pero hemos visitado a otros psíquicos que han tratado de librarnos de esto, y ninguno de ellos se ha quedado tanto tiempo. Me pregunté si me estaba perdiendo algo. No había percibido nada hasta el momento. –Es sorprendente. En esta sala no hay nada en absoluto –les aseguré. Me levanté, preparada para iniciar mi trabajo, y me dirigí a la cocina. Nada. Luego fui al comedor. Nada de nada. Después, me dirigí al vestíbulo, donde, sin percibir ninguna sensación, fui a parar a un espacio frío. No era un lugar cualquiera. Me caló los huesos. Podía ver el vaho de mi aliento en una casa sin aire acondicionado en pleno mes de julio. Al parecer, las máquinas que me seguían parecieron enloquecer, porque uno de los técnicos se acercó rápidamente hacia mí, con cara de preocupación. Yo le indiqué con la mano que se marchara y seguí por el vestíbulo hasta llegar al dormitorio principal.

En toda casa encantada hay un «corazón», un lugar desde donde emana toda actividad paranormal. En este encantamiento, ese corazón se encontraba en el dormitorio principal. Pude percibir, en el preciso instante en que entraba en el dormitorio, una energía altamente concentrada como si fuera un campo de fuerza. Me acerqué hasta la cama y me senté en ella. Estaba tan centrada en lo que estaba haciendo que pasé por alto a todas las personas y el ruido de las máquinas. Sólo era consciente de que mi corazón latía muy deprisa, debido más a la adrenalina que al miedo, así como a la conciencia cada vez más clara de que había una presencia contundente, y profundamente perturbada que se acercaba a mí.

Lo vi por vez primera al otro lado de la ventana; me estaba mirando, y yo no estaba segura de si me quería allí o no. Era un hombre muy apuesto, con cabello negro y espeso. Nuestras miradas se cruzaron y le di a entender que podía verle perfectamente, y que no podría ahuyentarme. Luego, simplemente dije: «Entra».

De repente, se plantó delante de mí. Era más alto y robusto de lo que en un principio había creído. Sostenía una guadaña con una manija de madera, su larga hoja en media luna parecía vieja y usada pero seguía lo suficientemente afilada como para causar estragos. No reaccioné a ello deliberadamente, sino que seguí mirándole a los ojos, y él me respetaba o se sentía aliviado de que, por fin, después de tanto tiempo, alguien no se pusiera a gritar aterrorizado. El fantasma asintió leve y educadamente con la cabeza.

–Me llamo Giovanni –anunció–. ¿Cómo te llamas?

Le dije el mío, y después pensé lo extraño que era conocer a un fantasma con buenos modales. Él no dejaba de mirarme, y yo adiviné que quería que le hablara.

–¿Qué estás haciendo aquí? –le pregunté.

Giovanni hablaba con voz clara y baja.

–Estoy triste porque mi esposa se fue.

En el preciso instante en que pronunció esas palabras, me sentí invadido por una rápida sucesión de imágenes que duraron aproximadamente un segundo. Otra cama en esta misma habitación. Un hombre moreno en la cama; no era Giovanni, pero se parecía a él. Una mujer pelirroja estaba en la cama con él. Ambos dormían profundamente. Luego, Giovanni, con los ojos tan fríos e implacables como los de un tiburón, avanzaba en silencio hacia la cama, con la guadaña en la mano y levantada sobre su cabeza.

Estoy segura de que le di a entender que no me perdía nada; mantuve mi rostro impasivo, mirándole directamente a los ojos:

–Giovanni, ¿has matado a alguien? El fantasma empezó a llorar, hablando como podía entre los sollozos.

–Lo que mi hermano Anthony hizo fue incorrecto. Me traje a María de Italia para que fuera mi esposa, y mientras yo trabajaba en los cálidos campos, ellos yacían aquí haciendo el amor. Obligué a que se lamentaran de haberle hecho esto a Giovanni.

–Después de matarlos, ¿qué hiciste a continuación? –le pregunté, sosegadamente y sin rastro de crítica.

–Me escapé –confesó. Me escondí en las montañas durante mucho tiempo. Luego enfermé y pasé mucho calor; eso fue lo último que recuerda.

Es decir, que se escapó sin nada más que las ropas cubiertas de sangre en la espalda, desapareciendo entre las frías y húmedas montañas cerca de la bahía, y, sin darse cuenta, murió de neumonía. Le comuniqué esta información, le expliqué que se había quedado atrapado en la tierra, y le aseguré de que ya era hora de regresar a la luz para que pudiera descansar.

Él negó con la cabeza, avergonzado y asustado.

–No puedo enfrentarme a Dios. Nunca me perdonará.

–No conozco a un dios que nunca perdone, Giovanni. Mi Dios es todo amor, todo conocimiento, perdona, y abraza a todo aquél que estreche sus brazos a él.

Giovanni me miró, mientras asimilaba mis palabras. No era la primera vez que conocía a un espíritu apegado a la tierra que evitaba, deliberadamente, el túnel de luz que lo llevaría a Casa, debido a que estaban seguros de haber cometido algún acto imperdonable a los ojos de Dios. Tampoco sería el último, y lo cierto es que pocas cosas más me rompían el corazón. No cabía la menor duda de que, tarde o temprano, en alguna u otra vida, tenemos que comportarnos bien con nuestras almas, con el fin de «equilibrar» espiritualmente «las cuentas» cuando hemos hecho mal a alguien de forma intencionada. Pero eso ocurre porque nuestros espíritus están genéticamente programados para buscar en última instancia su mayor potencial y bondad. Dios no controla que nuestras acciones sean buenas. Nosotros procuramos que sea así, ayudándonos de su orientación, su amor constante, paciente, inquebrantable e incondicional, así como su poderosa fe en nosotros.

Invertí casi dos horas explicando todo eso y mucho más a Giovanni. Le recordé que sólo avanzando hacia adelante podría librarse de esos sentimientos de culpabilidad que lo aprisionaban. Como mínimo, se encontraría con su esposa y hermano en el Otro Lado y se enteraría de primera mano que hacía tiempo que lo habían perdonado. En realidad, en la perfección del Otro Lado, no existe la ira, ni los resentimientos, y todo se entiende dentro del contexto de la eternidad. En el peor de los casos, Giovanni regresaría a la tierra en el útero de otra mujer y se pasaría toda la vida reparando las vidas que quitó. En cualquier caso, ambas opciones suponían un progreso. Ambas eran un paso hacia adelante en la liberación de esa enorme carga que llevaba a sus espaldas. En ambas había esperanza, porque la no-vida que seguía en ese momento no conducía a ningún lado.

Finalmente, y con cierta reticencia, Giovanni accedió a marcharse. Me miró una vez para ver cómo volvía a asentir para tranquilizarle, y luego añadió:

–Será mejor que estés en lo cierto. –Tras ese comentario, desapareció. Según las llamadas posteriores y cartas de John y Mary, ni Giovanni ni ningún otro espíritu apegado a la tierra volvió a atormentar al Matadero.

Como nota final, diré que viví otra primera experiencia ese mismo día. Mientras volvía a mi coche, agotada y dispuesta a irme a casa, uno de mis empleados comentó.

–Sylvia, mírate el brazo. –En mi antebrazo había un trino perfecto, un triángulo equilátero estampado claramente en mi piel como un rasguño. Jamás había sufrido rasguños, ni los volvería a sufrir, durante una sesión de encantamiento. He investigado estos fenómenos en los que la gente dice haber sido objeto de heridas muy desagradables, pero de algún modo, mágicamente, las heridas parecer desaparecer cuando llego a ese lugar. Sé que no tenía ninguna marca en el brazo antes de entrar en esa casa, sabía que era visible cuando marché, también sé que Giovanni no me había tocado, que esa herida no me la había provocado yo. Pero también sé que desapareció tan rápidamente como apareció.

¿De donde procedía ese magnífico trino? ¿Era la manifestación de algún tipo de transferencia energética entre Giovanni y yo, o de su dimensión a la mía? ¿Era una señal de la Santa Trinidad que me indicaba protección, o apoyo en mis esfuerzos por concentrar a Giovanni de que debía seguir adelante? Después de todos estos años de investigaciones, estudios, y experiencia, no tengo una explicación razonable que ofrecer al respecto.

Lo cual significa que quedan más preguntas por responder, innumerables misterios que descubrir y, francamente, no preferiría que fuera de otro modo.

Irlanda

Si sentís fascinación por los fantasmas y queréis incrementar vuestras opciones de ver uno, recomiendo un viaje a Irlanda, y a las Islas Británicas en general. No conozco a ningún otro lugar del mundo donde haya más fantasmas. Puede deberse al clima relativamente húmedo, que es muy útil para transmitir energía espiritual. Puede deberse a su rica y antigua historia que invita a los espíritus a aferrarse a la tierra cuando sus cuerpos mueren. O puede ser que los fantasmas sean más aceptados y apreciados allí que en otro lugar; que se presuponga su existencia, y que esa actitud propicie su aparición. Sea cual sea la razón, los fantasmas acompañaron a los humanos en mi reciente viaje a esa encantador y encantado país. Fui de vacaciones para descansar, relajarme y ponerme al día después de un año especialmente colmado de lecturas, conferencias, apariciones por televisión, y giras. Quizá penséis que sesenta y seis años de actividad psíquica me habrían enseñado que la palabra «desconectar» tiene un significado limitado para mí.

Todo empezó en Dublín, en la bodega del restaurante del hotel Merina. Estaba leyendo el menú cuando, por el rabillo del ojo, vi a una mujer con el cabello corto y oscuro que iba vestida de criada. Cuando la miré, se puso muy contenta y se acercó a mí.

–Me llamo Maryann Sullivan, y me alegro de que pueda verme –comentó con una cálida sonrisa.

Antes de que me diera tiempo a responder, llegó un camarero para apuntar los platos que quería. En ese momento, todavía no estaba muy dispuesta a hablar de comida.

–¿Sabéis que tenéis un fantasma? –le pregunté–. Se mudó a este lugar en 1772 y murió varios años después de tuberculosis.

–Sí, todos la hemos visto –me contestó sin inmutarse. Dígame, ¿qué desea para cenar?

No puedo contaros lo reconfortante que fue para mí ver esa falta de escepticismo o asombro ante la noticia de que estábamos ante la presencia de un fantasma. Oí ese mismo tono de fría compostura al cabo de unos días, durante una cena en casa de mi amigo Peter, cuando una mujer llamada Edna me comunicó:

–Tengo un fantasma.

–Sí. Es un monje franciscano –le contesté.

El fantasma no le sorprendió, sino el hecho de que yo lo supiera. –¿Cómo lo sabes? –me preguntó.

–Porque soy psíquica.

–Pero ni siquiera has visto mi casa.

–Cierto, Edna –respondí–, pero sé quién es. Se enamoró de una chica de la zona, y tenía tanto miedo de infringir su voto de castidad que se ahorcó. Puesto que cree que irá al infierno si sigue su camino, ha decidido quedarse aquí. Se llama John Fitzgerald.

Resultó ser que Edna ya había llamado al párroco de su localidad para que le ayudara a librarse del fantasma, pero el párroco no podía ayudarla hasta saber la historia del franciscano. Ahora que ya conocía el nombre y la parte más importante de su biografía, Edna y el párroco pudieron liberar a John Fitzgerald para que ascendiera a la luz blanca y pura del amor redentor e incondicional de Dios, un amor que John nunca había perdido ni lo perdería.

Al cabo de unos días, me dirigí a una localidad del oeste de Irlanda llamada Cong, donde tuve la suerte de dormir en el castillo Ashford, una exquisita obra de arte decimonónica que, al parecer, apareció en la película clásica protagonizada por John Wayne y Maureen O'Hara *El hombre tranquilo*. En el preciso instante en que atravesé las enormes puertas de entrada, observé el foso y los magníficos prados del castillo, tuve la sensación de que alguien había levantado su varita mágica para transportarme a otro mundo. Me mostraron mi habitación, con una vista que me cortó la respiración; Decidí que, aunque soy una bebedora compulsiva de café, sería terriblemente chic y sofisticado pedir una taza de té. Llamé a recepción y, mientras hice mi pedido, me acerqué peligrosamente a fingir un acento que no era el mío.

—En realidad, señora —contestó una voz que sonaba exactamente como la de Sir John Gielgud— servimos una merienda cena. ¿Le importaría tomarla en la sala de estar?

Una merienda cena. ¿Cómo podía saberlo? Tanto más chic y sofisticado. Pero me quedé tan fascinada por esa invitación para tomarla «en la sala de estar» que no me importó bajar. De repente, dejé de ser la Sylvia Browne ataviada con un par de trapos, nada de maquillaje, y el cabello recogido en un moño despeinado. Ahora era Lady Sylvia, a punto de descender solemnemente por la escalinata de un castillo hasta la sala de estar, vestida con un atuendo que a Cenicienta le habría entusiasmado.

Entré en la estancia forrada con paneles de madera, intentando no quedarme boquiabierta ante la enorme araña parpadeante y las sillas antiguas con los respaldos de tela bordada, y me senté junto a la ventana. Por primera vez, me di cuenta de que era el único cliente. Pedí té y unos bollos a una hermosa camarera, después me aposenté en mi silla para perderme en el tranquilo paisaje de los cisnes flotando por un cristalino lago, y unas colinas ondulantes que eran de un auténtico color esmeralda. De repente, dentro del salón, vi con el rabillo del ojo un destello de gasa rosa. ¿Entendéis lo que quiero decir con «desconectar»?

Era una mujer absolutamente arrebatadora. Tenía el pelo largo y dorado. La gasa rosa era de su vaporoso vestido de noche. Sabía que se llamaba Lady Arlington Humphreys. No parecía triste, sólo un poco confundida. Se rió entre dientes cuando cruzó la estancia y atravesó la puerta.

—¿Sabíais que tenéis un fantasma? —pregunté a la camarera cuando volvió con mi té.

Una vez más, la chica ni se inmutó.

—Sí. ¿La ha visto?

—Acaba de pasar por aquí —le comenté.

La camarera simplemente asintió con la cabeza y se encogió de hombros.

–La vemos casi a diario, especialmente a la hora del té.

Terminé mi té y los bollos sin ningún percance. Cuando me levanté para volver a mi habitación, una extraña oleada de agotamiento me golpeó entre los ojos. Reconocí de inmediato lo que era. No tenía nada que ver con el cansancio. Es una sensación que me ha embargado en algunos momentos de mi vida, una señal de que se ha producido un sutil cambio en la energía atmosférica, de que está a punto de ocurrir algo a lo que debo prestar especial atención. Hace mucho tiempo que he aprendido a seguir esa sensación, a dejar guiarme por mi instinto, y no interferir en mi camino. De modo que, cuando atravesaba el vestíbulo, deseando regresar a mi habitación y meterme en la cama, descubrí que el instinto me ordenaba acercarme a una de las numerosas puertas que rodeaban la enorme entrada, y yo no me molesté en combatir esa percepción.

Me alegro de no haberlo hecho. Atravesé esa puerta y fui a parar a una de las bibliotecas más maravillosas que he visto en la vida. Las paredes, desde el suelo hasta el techo, estaban repletas de estanterías de madera llenas de una infinidad de variados libros. Unas sillas de cuero rojo rodeaban una chimenea de dos metros. Unas alfombras persas adornaban los suelos de mármol. Me pregunté, de pasada, si le importaría a alguien que me trasladara discretamente a esta estancia y me quedara allí en los próximos veinte o treinta años.

La iluminación era tenue, y mis ojos tardaron unos instantes en adaptarse. Fue entonces cuando advertí a un anciano sentado en una de las sillas de cuero con relleno. Vestía una chaqueta de smoking roja y tenía el pelo blanco con una veta pelirroja que lo atravesaba. Sin duda parecía muy orgulloso de sus implacables patillas y su bigote encerado en forma de manillar. Sostenía un libro en una mano y un pañuelo en la otra.

Traté de captar su atención carraspeando, pero él me ignoró. Después, tosió violentamente, mientras se tapaba la boca con su pañuelo. Cuando acabó, pude ver motas de sangre en la tela blanca de hilo. Me di cuenta de que había muerto de tuberculosis. Me encaminé lentamente hacia él, con la esperanza de que me dijera algo. Él estaba sentado con total tranquilidad, lo cual me animó, pero cuando estuve apenas a un metro de él, desapareció.

Nunca llegué a saber su nombre. Por lo visto, no hacía falta. El personal del castillo sabía perfectamente quién era.

–Lo vemos continuamente –me reveló un empleado–. Murió aquí antes de tener que perder su castillo. Creemos que está aquí porque no desea marcharse.

Analizando la situación, es posible que deba disculparme con los queridos fantasmas que conocí en Irlanda, porque no liberé a ninguno de ellos para que pudieran pasar al Otro Lado, ni siquiera lo intenté. Intelectualmente, sé que hay un vacío, así como una desesperanza, al estar apegado en tierra; se trata de una constante herida abierta que sólo abrazar la sagrada luz al final del túnel puede curar. Sin embargo, los fantasmas de Irlanda tenían algo especial: quizá sólo fuera la amable y respetuosa aceptación de los humanos que cohabitaban el país con ellos. Eso parecía alegrarlos, hasta el punto en que llegué a pensar si no sería presuntuoso por mi parte alterar su paz. Para bien o para mal, los dejé en manos de los espíritus del Otro Lado, mucho más sabios y poderosos que yo, quienes indudablemente, algún día, traerán a todos los fantasmas del mundo a Casa.

Kenya

Me encanta Kenya. Hay un hecho sobre mí que está escrito en piedra, como lo es mi altura y el color de mis ojos. Amo a las personas. Amo a los animales. Amo el aire de este país y el tacto de su tierra bajo mis pies. Me encantó desde el instante en que salí del avión hace muchos años y la vi por vez primera; es un momento que probablemente también habréis experimentado vosotros, cuando llegáis a un lugar que no conocíais y sabéis en vuestro fuero interno que habéis estado allí antes, en otra vida, y que de algún modo, contra todo razonamiento, lo añorais.

Mi primer fantasma en Kenya apareció cuando estaba de viaje por el país para ver a mis amigos el doctor Ian Stewart y su esposa Robbie. Me levanté una noche, estando profundamente dormida, y descubrí a una mujer que estaba de pie delante de mí. Tenía los ojos colmados de terror, y estaba cubierta de sangre. Parecía tan real que solté un gritó.

Alexander, el *iscari*, o guardián de la casa, estaba sentado bajo mi ventana.

–¿*Mama, missouri-sana*? –gritó, preguntándome en suahili si me encontraba bien. Al mismo tiempo, los perros guardianes de Alexander empezaron a ladrar como locos. El aire tranquilo parecía electrizado, y sentía que el pelo de detrás de la cabeza se me ponía de punta mientras la mujer se desvanecía de repente.

–¡Alexander! –volví a gritar– ¡Pasa algo horrible!

–Lo sé, *Mama* –respondió–. Esta noche andan los muertos.

No había forma de volver a dormirme, de modo que salí de la cama, preparé té para mí y Alexander, y salí fuera para sentarme a su lado hasta el amanecer.

–Vi a una mujer –reconocí finalmente.

Él asintió con la cabeza y me miró.

–Yo también la vi. Pasó demasiado deprisa. Está agitada.

Mi amigo Ian llamó desde su despacho esa misma mañana, muy nervioso. Al parecer, se produjo un golpe de estado violento por la noche. Entre otras atrocidades, los disidentes habían irrumpido en casa de uno de los dignatarios Moi y habían asesinado a su esposa con un panga, un enorme cuchillo diseñado para abrirse paso entre la selva.

Alexander y yo nos miramos bastante sorprendidos, sabiendo sin decírnoslo que nuestro visitante nocturno acababa de ser identificado. Cuando Ian colgó, rezamos juntos para que la pobre mujer que estuviera atrapada en nuestra casa, del que sólo habíamos visto su sombra mientras se dirigía a Casa, de vuelta a los brazos de Dios.

Me quedé mirando a Alexander mientras rezábamos, su presencia me conmovió tanto que las palabras de la oración se me atragantaron. Ese hombre dulce, mi guarda vigilante, cuya fe en Dios era tan profunda y certera como la de un santo, y cuya interacción con el mundo del espíritu era tan natural para él como respirar, sería considerado como «primitivo» según los baremos de cualquier sociedad «civilizada».

Ojalá fuéramos todos tan primitivos.

Al cabo de unos años, mi ex marido y yo volvimos a Kenya para ver a Ian y a Robbie. Esta vez nos dirigimos a las Tres Cumbres y a Keekorok, un refugio en el Serengeti. Durante nuestra primera noche allí, fui despertada por alguien que golpeaba mi cama. Me incorporé de un salto y descubrí, de pie a los pies de la cama, a un hombre oriental apuesto y sumamente alterado, vestido con un turbante blanco y una chaqueta naranja al estilo Nehru. Se había materializado con tanta solidez que, por un momento, pensé que sería parte del personal del refugio. Cuando me di cuenta de que realmente se trataba de un fantasma, desperté a mi marido, ya que quería que formara parte de esta experiencia. Él no pudo despertarse, o bien no quiso. Así que presté toda la atención al hombre indio, que casi se echó a llorar.

–*Mem-sahib* –me dijo con una amabilidad impecable–. Por favor, debe ayudarme. Temo por mi familia. Sé que puede verme.

–Sí, puedo verle, y desde luego que le ayudaré, si me dice cómo –respondí.

El hombre retorcía las manos, mientras temblaba.

–Nos están persiguiendo. Estaremos muertos cuando rompa el alba.

Decidí comunicarle que ya era demasiado tarde para ello, y que él y su familia ya estaban muertos. En cambio, sabiendo que su familia había llegado a salvo al Otro Lado, opté por tratar de incitar miedo en él para que buscara a su familia, con la esperanza de que su frenética búsqueda le llevara a Casa antes de que se diera cuenta de ello.

–¡Pues huye! –grité con urgencia–. ¡Ve a encontrarlos y sal de aquí!

Tras estas palabras, el hombre desapareció de inmediato. Mi marido empezó a roncar. Tal como Montel dice muy a menudo. «Un ex es un ex por alguna razón.»

A la mañana siguiente, a la hora del desayuno, estaba ansiosa por contarle a Ian, a Robbie, y a mi marido todo lo que había pasado. Ellos escucharon educada y pacientemente, no es que no me creyeran, pero tampoco estaban del todo convencidos, hasta que el *maître* se acercó a la mesa.

–Perdóneme, *mem-sahib* –dijo mientras se inclinaba levemente–, pero no pude evitar escuchar su historia. ¿Conocen lo que ocurrió en este mismo lugar hace casi veinte años?

Yo negué con la cabeza.

–Un grupo de rebeldes de lo que se creía que era una ramificación de los Mau Mau bajaron a la ciudad y masacraron a la población india. Fue una horrible tragedia.

Mis compañeros de desayuno me miraban con la boca abierta. A cada uno los observé con una expresión que denotaba «os lo dije», y luego di al *maître* una propina muy generosa. Aunque fuera sólo por el momento en que reveló esa información, bien valía unas buenas monedas.

No volvía a ver al hombre con la chaqueta de Nehru, aunque de vez en cuando pienso en él. No estoy segura porque tuvo un mayor impacto en mí que muchos otros fantasmas. Tal vez fuera porque es muy poco frecuente ver a un fantasma tan sólido y claro como lo era él. Tal vez fuera porque se trataba de un hombre altruista, alguien que se quedaba atrás en busca de su familia en vez de ocuparse de salvar su pellejo. O tal vez sea porque no puedo ni imaginarme lo loca que me volvería yo si no pudiera encontrar a mi familia durante una situación de crisis que amenazara la vida. Mientras me preparaba para escribir este capítulo, pregunté a mi Espíritu Guía, Francine, si podía localizarle. Lo consiguió. El hombre está a salvo, es feliz, y está contento en el Otro Lado. Fuera quien fuera quien se ocupara de él, le estoy eternamente agradecida.

Actualizaciones

Hay unos cuantos encantamientos de los que he escrito extensamente en libros anteriores, y que han captado especialmente los corazones de los lectores y el mío. Puesto que mi editor, Brian Tart, odia que me repita, no incluiré muchos detalles sobre esas experiencias como hice anteriormente. Pero, ya que tengo información nueva para revelaros acerca de estas vivencias, y también porque muchas personas me preguntan sobre ellas, y puesto que ningún capítulo que trate de los fantasmas que he conocido y amado sería completo sin ellas, os relataré una versión reducida de estas historias para que todos vosotros, aunque sea la primera vez que leéis mis libros, sepáis a quién me refiero cuando os dé las últimas informaciones.

El misterio de la casa de Winchester

A finales de 1884, Sarah Winchester, heredera de la fortuna en armas de los Winchester, empezó a construir una de las casas más indudablemente extrañas de este planeta. Un equipo de espíritus al que hablaba cada noche en su sala azul de espiritismo, la convenció de que alguien le había lanzado un maleficio, y que la única forma de escapar de sus garras sería construir una casa tan grande y compleja que los espíritus malignos que debían llevar ese maleficio no pudieran encontrarla.

El resultado de ese proyecto fue una colosal monstruosidad en San José, California; se cree que la vivienda contenía unas 750 habitaciones que luego se destruyeron, se cambiaron de lugar, se reconstruyeron, se destruyeron, se volvieron a levantar... actualmente hay 160 habitaciones que constituyen una locura arquitectónica. Pasillos que acaban en punto muerto. Escaleras que descienden hasta muros de ladrillo. Pasadizos secretos y puertas ocultas detrás de miles de metros de pasillos confusos algunos de ellos miden sólo sesenta centímetros de ancho, otros vuelven al punto de partida como en un laberinto.

Supongo que el plan de Sarah de librarse de su maleficio funcionó, porque murió discretamente de causas naturales a la edad de ochenta y cinco años, pero creo que la historia de Sarah Winchester ejemplifica perfectamente que la única persona que te puede echar un maleficio eres *tú*, al creer que los maleficios pueden existir. Al pasarse la vida tratando de huir de un maleficio, ella misma se creó su propia profecía, maldecida por nada más que su frenética paranoia y todo el dinero del mundo para llevarla a cabo.

Indudablemente, cuando me pidieron que investigara los supuestos encantamientos en la legendaria y misteriosa casa de Winchester, aproveché la oportunidad de hacerlo. Habría jurado que Sarah Winchester seguiría vagando por la casa en calidad de fantasma, puesto que la lógica apuntaba a esa probabilidad. Su miedo a morir pudo fácilmente impedir afrontarla cuando murió de causas naturales, y su excesivo apego a esa casa tenía el potencial de hacerla pensar que sería mejor quedarse en ella que pasar al Otro Lado. Pero todo era lógica.

Sarah Winchester está viva, bien, y feliz en Casa, un espíritu próspero que sólo dedicó una aparición muy fugaz en una ventana del segundo piso de la casa durante un programa de televisión que filmé mucho después de mi introducción inicial a esa mansión.

Sin embargo, en la casa Winchester siguen vagando de forma visible, tan diligentes, leales y protectores como siempre, dos de los empleados de Sarah. Se aparecieron la noche en que llevé a cabo mi primera investigación en la casa, y los identifiqué como porteros. No fue una presentación amistosa. Sin duda alguna, Sarah Winchester era muy justa y amable con su personal, hasta el punto de que ni siquiera la muerte impedía el compromiso de esas personas con la señora de la casa. Yo era una intrusa. Ambos se quedaron mirando, y el hombre gruñó: «Salga».

Pero nunca dieron un paso adelante hacia mí ni supusieron ninguna amenaza física, sino que desaparecieron antes de que pudiera librarlos de ayudar a una mujer que ya había fallecido, y comunicarles que tendrían un maravilloso encuentro con ella en el Otro Lado si dejaban que eso sucediera.

Jamás he publicado antes sus nombres, pero ahora lo hago con la esperanza de que alguien pueda corroborar la información. Se trata de un hombre corpulento y de aspecto nórdico llamado Emile Hausen. La mujer lucía un pañuelo blanco atado alrededor de su cabellera negra, y se llamaba Susan Hanna.

Una sobrino de los Winchester cree que recuerda a alguien llamado Emile que trabajaba para la familia, pero no puede confirmarlo con seguridad. Es lo más cerca que he llegado de verificar que una Susan Hanna y un Emile Hausen fueron contratados por Sarah Winchester en esa casa imposible. Si alguno de vosotros tiene alguna pista que corrobore estas identidades, me encantaría saberlo. Tanto si podéis ayudarme a corroborar estas identidades como si no, por favor incluir a esas personas en vuestras oraciones para ayudarles a volver a Casa. Todavía siguen en esa mansión, trabajan duro, ansiosos por la aprobación de una mujer que hace mucho tiempo que ya no está.

La Mujer Morena

Hace aproximadamente un año, recibí una llamada de un hombre encantador de la BBC. Al parecer, la Mujer Morena, uno de los fantasmas más famosos y más vistos de Inglaterra, ha desaparecido.

–Nadie ha dado con ella desde hace meses, Sylvia. Parece absurdo preocuparse por alguien que ya está muerto, pero la echamos de menos y nos preguntábamos qué le habría pasado.

Por lo general, se cree que la Mujer Morena es el fantasma de Lady Dorothy Walpole, hermana del primer ministro que tuvo Inglaterra, Sir Robert Walpole. Según la leyenda, el esposo de Dorothy, el vizconde Townshend, descubrió que antes de que se casaran Dorothy había tenido una aventura con un tal Lord Wharton, hecho que el vizconde consideró reprensible e imperdonable. Encerró a Dorothy de inmediato en sus aposentos de su casa, Raynham Hall, donde murió a los cuarenta años en 1726. Según el relato que se quiera creer, Dorothy murió de viruela, de una enfermedad coronaria, o de una rotura de cuello después de que su marido la arrojara por una escalinata del vestíbulo de Raynham Hall. Después de su muerte, siguió vagando por el vestíbulo y la escalinata de Raynham Hall, vestida con la túnica oscura de brocados que inspiró su apodo, tratando desesperadamente de encontrar a sus cinco hijos, a quien nunca volvió a ver cuando su esposo la encerró. Desde los plebeyos que pasaban por Raynham Hall a los oficiales del ejército británico o el mismísimo rey Jorge IV, quien después de pernoctar en la vivienda juró no pasar ni una hora más en esa «casa maldita», la gente se ha acostumbrado a las poco compungidas apariciones de la Mujer Morena desde, al menos, 1849, cuando las primeras apariciones se registraron por escrito. En 1936, un famoso fotógrafo llamado capitán Provand y su ayudante, Indre Shira, fueron contratados para realizar un ensayo fotográfico del histórico castillo para la revista *Country Life*. Una tarde, pasaron por la gran escalinata cuando vieron lo que ellos describieron como una «forma nublosa», que tenía aspecto de mujer, mientras ésta descendía por las escaleras. Rápidamente, Provand sacó su cámara y consiguió tomar una magnífica instantánea de esa neblina de la Mujer Morena, que a menudo se ha denominado «la foto de un fantasma más famosa del mundo».

Después de estar tan familiarizado con ese fantasma y de sentir compasión por él desde 1849, si no antes, no es de extrañar que los británicos estuvieran preocupados por el hecho de que nadie hubiera visto a la Mujer Morena de Raynham Hall durante un período sospechosamente largo de tiempo. Tal como le comenté al caballero de la BBC, no dudo de que la echarán de menos, pero tienen buenas razones para alegrarse por ella. La Mujer Morena es un ejemplo perfecto de intervención del Otro Lado. Después de casi trescientos años de permanecer apegada en tierra, a pesar de los denostados esfuerzos de «sacarla» de aquí, la Mujer Morena ha sido rescatada a finales de 2001 de su existencia limitada y desesperada, como todos los fantasmas serán liberados algún día por los espíritus compasivos, rodeándola con toda la fuerza de su poder amoroso y sagrado con el fin de devolverla a casa.

El fantasma de Toys «R» Us

El fantasma por el que mis clientes y lectores preguntan con más regularidad es Johnny Johnson, que ha estado vagando por la juguetería Toys «R» Us en Sunnyvale, California, desde su muerte en 1884. Es un casi clásico de fantasma atrapado en un bucle temporal: trabaja duro como «manitas» en el rancho de Martín Murphy que prosperó en ese mismo terreno hace cien años. No puede imaginarse de dónde procede toda esa multitud de niños revoltosos que gritan y que acaban con sus verduras recién plantadas, sin tener ni idea de que en realidad esos niños recorren los pasillos de la juguetería. En realidad, sus quejas sobre los niños me proporcionó una de mis primeras oportunidades para validar la existencia de Johny Johnson al director de esa juguetería.

–Esos gemelos que vinieron aquí hace una temporada eran unos pilluelos –protestó Johnny una tarde–. Daban vueltas por aquí, chillando como animalitos, casi se caen en el arroyo. Jamás había visto nada igual.

Le pregunté de pasada al director si, por casualidad, un par de niños gemelos habían venido a la juguetería ese día.

–Siempre están aquí –respondió, negando con la cabeza–. Son muy traviesos, y su madre no hace nada para pararlos. –El director se detuvo de repente, inclinando un poco la cabeza–. Espere; eso ocurrió horas antes de que usted llegara aquí. ¿Cómo lo sabía?

–Me lo ha comentado su fantasma –contesté con una sonrisa; y desde ese momento, el director empezó a creer en ello.

En vida, Johnny Johnson fue un joven pastor itinerante presbiteriano que fue a parar al rancho de Murphy y se enamoró locamente de la hija de su jefe, Beth. Completamente inconsciente de los sentimientos que el pastor le profesaba, Beth se casó con otro hombre y abandonó el rancho para instalarse con su esposo en Boston. La noche en que lo conocí en 1978, Johny seguía ocupado en el «rancho», creyendo de todo corazón de que algún día Beth volvería con él.

Empecé a contarle que hacía muchos años que Beth había muerto, que él también lo estaba, y que lo único que tenía que hacer para reunirse con ella era encaminarse hacia la luz de Dios que le estaba esperando. Se cansó tanto de oírlo que, un día, se acercó a mí y me dijo: «Si no dejas de decirme que estoy muerto, no te volveré a dirigir la palabra.» Decidí que mantener las líneas de comunicación abiertas entre nosotros era mejor que nada, así que no se lo volví a mencionar.

Hace unas semanas, y con la intención de ofreceros una actualización, volví a la juguetería Toys «R» Us de Sunnyvale. Me alegré al llegar y ver que Johnny no estaba por ningún lado. Mi corazón empezó a latir más deprisa ante la emocionante posibilidad de que finalmente me hubiera hecho caso y estuviera en Casa con Beth y con tantos seres queridos que le estaban esperando.

Pero al cabo de unos minutos, mientras paseaba por el final de un pasillo vi a unos metros de distancia, junto a la pared trasera de la juguetería, a Johnny Johnson. Cojeaba dolorosamente, como era habitual, debido a la herida de la pierna que acabó con su vida, barriendo un montón de hojas invisibles que había junto a un riachuelo que nadie puede recordar, y mucho menos ver. Le pregunté cómo estaba, y él asintió con la cabeza sin levantar la mirada, debido a que estaba muy ocupado limpiando el rancho de Martín Murphy para tener tiempo para charlar un poco. Por puro respeto, decidí no molestarle y me fui de la juguetería.

Así pues, hasta que los espíritus del Otro Lado logren sacarlo de ahí, debo decir, no sin cierta tristeza, que si siempre habéis querido ver a un fantasma pero no sabéis dónde se puede aparecer, id a la juguetería Toys «R» Us de Sunnyvale y buscad a un hombre alto y delgado que cojea, vestido con ropa oscura, y una mirada perdida y melancólica en sus ojos. Decidle «hola» con una sonrisa comprensiva cuando os lo encontréis, y, sobre todo, acordaos de él en vuestras oraciones.

CAPÍTULO 4
Los fantasmas que te visitan

Tal como comenté en la introducción de este libro, os pedí que me contarais vuestras experiencias con fantasmas. Quedé agradecida, pero no sorprendida, de los centenares de cartas que inundaron mi oficina. Puedo sentarme todo el día en la televisión nacional e insistir en que los fantasmas son muy reales y que viven entre nosotros, aunque pueden descartarme con facilidad: al fin y al cabo soy una psíquica, y, por tanto, probablemente loca. En cambio, todos los que me habéis escrito demostráis sólo con hablar que las personas buenas, decentes, trabajadoras y que temen a Dios de «forma normal» están experimentando encuentros con fantasmas con cierta regularidad.

Si dudas de este hecho porque ninguno de tus seres queridos «normales» te ha mencionado el hecho de ver a un fantasma, formúlate esta pregunta: ¿Cuál sería tu respuesta si te contaran una historia de ese tipo? ¿Los harías sentir como necios, o quizás avergonzados, por haber propuesto algo de esa índole? Lamentablemente, esas reacciones no son infrecuentes. No paro de recibir cartas agradeciéndome por extender una invitación para hablar sobre experiencias con fantasmas porque: «nadie más me tomará en serio» o «crecí creyendo que los fantasmas y las personas que creen verlos son algo malo o tienen tratos con el demonio». Para ser honestos, cuando se cuenta una experiencia, creo que no tomarse a alguien en serio cuando te la están confiando, o juzgas una experiencia como algo malvado porque no la entiendes, es más necio y vergonzoso que cualquier historia sobre fantasmas.

Si alguno de vosotros conoce mi trabajo, o a mí personalmente, sabéis que soy una firme creyente en el valor de un escepticismo de mente abierta, probablemente porque yo misma soy una escéptica de miras amplias. Así pues, mientras lees todas estas experiencias de casi las dos mil cartas que he recibido en los últimos meses, sé escéptico sobre estos relatos siempre que seas justo. Pero no seas en absoluto escéptico sobre la sinceridad de las personas que la escriben. No sólo escriben de verdad cada palabra, sino que la mayoría empieza o acaba sus misivas con una oración que probablemente tú digas algún día cuando esperes que alguien te tome en serio. «Hubiera apostado todo mi dinero en que en toda mi vida no me pasaría algo igual.»

Mi esposo y yo no advertimos nada fuera de lo común cuando nos mudamos a nuestra casa alquilada. Y cuando empecé a oír ruidos, y creí ver a alguien por el rabillo del ojo aunque sabía que estaba sola en casa, me convencí de que era obra de mi imaginación, hasta que mi marido me confesó que también él oía ruidos. También admitió haber visto, muy de vez en cuando, una presencia en nuestro dormitorio.

Una noche, mi marido me juró que sintió la presencia de alguien tumbado junto a él en la cama, pero se asustó tanto que hasta el día de hoy prefiere dormir en el centro del lecho. Yo empecé a tener la creciente sensación de ser observada, así como una presión en los pies de la cama, lo cual me despierta de mi profundo sueño, y yo cubro mi cabeza y rezo a Dios para que me proteja a mí y a mi familia.

Poco después de ese incidente con mi esposo, me desperté cuando oí lo que parecía ser una mujer caminando por la cocina con zapatos de salón. Se lo conté a mi marido a la mañana siguiente, teniendo cuidado de no decir nada al respecto cuando nuestra hija pequeña estaba en la habitación, porque ninguno de los dos queríamos asustarla o preocuparla. Pero a última hora de ese día, me preguntó por qué estuve trajinando esa noche en la cocina andando con mis zapatos de tacón.

Al cabo de dos semanas, me encontré con un primo con el que siempre me he llevado muy bien. Me contó un sueño que había tenido, en el cual estaba en mi casa y había una mujer de pelo moreno caminando por la cocina con zapatos de talón, hasta el punto de hacer un agujero en el suelo. Él se puso a reír, pero yo no. No le había contado nada de los ruidos que mi hija y yo habíamos oído, y tampoco le conté lo del agujero que recientemente había aparecido en el suelo de la cocina, el cual íbamos a tapar.

La gota que colmó el vaso fue el día en que salí a pasear con mi madre. Insistí en apagar el televisor antes de marcharnos, así que me sorprendí cuando al volver a casa, y antes de que atravesáramos la puerta del vestíbulo, escuchamos la música a todo volumen de la cadena de música que no habíamos encendido. La música no solo era ensordecedora, sino que cuando entré en la sala de estar vi que la cadena estaba apagada. Mi madre se asustó y se marchó de inmediato, y yo dije en voz alta a quienquiera que estuviera allí que si debía recibir un mensaje, lo escucharía en nombre de Jesús, de lo contrario no. Empecé a hablar con esa presencia siempre que veía u oía algo extraño, y aunque las conversaciones nunca fueron contestadas y nunca recibí ninguna clase de mensaje (al menos que yo sepa), debo reconocer que jamás me volví a sentir amenazada por esa presencia.

Ya no vivimos en esa casa. Escuché recientemente que los actuales inquilinos de esa vivienda están teniendo experiencias extrañas en la cocina y no dejo de preguntarme quién era esa presencia y qué quería. –L. P.

La presencia era un fantasma, una mujer llamada Clara Nugent, quien fue asesinada en la cocina durante una versión anterior de esa casa décadas atrás. Encaja en la descripción de la mujer con la que soñó el primo: cabello negro, alta, un rostro largo, pálido y esbelto, una de esas personas que siempre parecen estar sometidas a más tensión de la que son capaces de aguantar. Curiosamente, llevaba tacones altos cuando murió, resbaló en el suelo de linóleo cuando sus tacones quedaron encajados en un agujero, con lo cual la mujer tropezó y eso facilitó que su atacante la apuñalara hasta matarla.

Clara Nugent es un caso clásico de un fantasma cuya muerte fue tan violenta y repentina que no tiene ni idea de que ha fallecido. Según su percepción, ella todavía sigue viva y ocupándose de sus asuntos, de modo que se siente muy confundida cuando esos intrusos se mueven por la casa ignorándola, tratándola como si ella no existiera, mientras los demás rechazan su petición de ayuda de ese hombre del que está tan justificadamente asustada. La buena noticia es que Clara Nugent ha sido recientemente abrazada por la paz eterna y segura de Casa por parte de los seres queridos que han estado observándola, de modo que probablemente los actuales y futuros inquilinos de esa vivienda se sentirán decepcionados cuando estén en la cama despiertos esperando oír los fantasmagóricos pasos con talones en el suelo de la cocina en plena noche.

En una ocasión pasé una noche en el aeropuerto internacional de Miami esperando un vuelo de conexión a Argentina. No había nadie, eran las dos y media o las tres de la madrugada; no se veía ni un alma, y todos los asientos a mi lado estaban vacíos. Yo me encontraba tan absorto con la lectura del libro que estaba leyendo que, al principio, ni siquiera advertí la presencia del hombre que se apareció de repente y se sentó a mi lado. Cuando lo vi, me sentí molesto e incómodo, preguntándome por qué insistió en sentarse a mi lado cuando había tantos asientos libres. Luego me formuló una pregunta. No recuerdo exactamente qué dijo, pero recuerdo que era de carácter personal, de modo que me levanté para marcharme y dije, antipáticamente: «¿Por qué no me deja solo?»

Su respuesta fue: «Sabes, soy el demonio», y soltó una sonrisa que me hizo estremecer. Después de recorrer unos veinte pasos, volví a mirar para asegurarme de que no me estuviera siguiendo, pero ya no estaba en al asiento. Miré por todas partes, pero había desaparecido. Eso me estremeció aún más. Aunque hubiera corrido a gran velocidad, no tenía lugar donde esconderse ni desaparecer en esos largos e interminables pasillos vacíos y resonantes.

Al cabo de veinticinco pasos, seguía incómodo con la situación. Se lo conté a mi esposa y a mi madre, pero a nadie más hasta la fecha, porque sé que usted no se reirá. He tratado mil veces de convencerme a mí mismo de que estaba durmiendo y soñando, o tan cansado por el viaje que fue todo una alucinación, pero lo cierto es que sucedió, y no lo entiendo. ¿Usted lo entiende? Gracias por su ayuda. –B. F.

Sí lo entiendo, y se trata de una experiencia fascinante. El fantasma que B. F. encontró era el de un hombre que, a finales de la década de 1950, fue condenado por el inexplicable asesinato de un niño y posteriormente trasladado por unos agentes federales a la isla Rikers cuando, a menos de un kilómetro del aeropuerto de

Miami, murió en un accidente de tráfico en la concurrida autopista de Florida. Murió convencido de que era el demonio y, en realidad, algo de ello era. Lo que resulta fascinante es que, hasta cierto punto, el hombre es consciente de que está muerto. Pero está tan convencido de que es el demonio y, a ojos de Dios, alguien que no merece su perdón, que se niega a seguir el viaje porque cree que eso supondrá la condena eterna en los fuegos oscuros del infierno. Al mismo tiempo, cree que está lo suficientemente vivo para aparecerse en el aeropuerto cuando prácticamente está vacío, y presentarse a alguien que esté solo y no suponga una amenaza, porque se considera un fugitivo que trata de evitar ser apresado.

Es decir, este fantasma es uno de los muchos que se crea el infierno en el que viven y se aferran a él, aterrorizados por el futuro desesperado y sin Dios que creen que les espera si abandonan esta lúgubre tierra. Es inevitable que este asesino acoja la luz algún día, pero no al Otro Lado, sino por la Puerta de la Izquierda y de vuelta al estado *in vitro* para otra encarnación. Puede posponerla rechazando reconocer que está muerto, pero no puede evitarla, y atravesando estos círculos oscuros es la única forma en que puede ser rescatado y llevado a Casa, donde Dios siempre le ha estado esperando.

Su historia me recuerda a un encantamiento que investigué en San Francisco hace muchos años. Los empleados y los mecenas de un magnífico museo local habían oído algunos movimientos, pasos, y sollozos, aparte de vislumbrar en ocasiones a una figura esbelta y frágil vestida con lo que parecía ser un vestido o abrigo negro, asustada, perdida, y esperando a no ser vista. Al parecer, el museo, fue el emplazamiento de un antiguo convento, y en él estaba atrapado el fantasma de una de sus residentes, una novicia de quince años cuya vida había sido tan trágica y llena de desesperación que se suicidó. Convencida de que el suicidio era un pecado mortal por el que Dios nunca la perdonaría, le dio la espalda a la luz amorosa de la Casa cuando el túnel se abrió ante ella, demasiado avergonzada de ver al Padre, apegada a la tierra y desesperadamente sola en su infierno autoimpuesto en el que, según ella, no había escapatoria.

Después de pasar varias horas con ella, finalmente pude reconducirla a casa, no con una magia sobrehumana por mi parte, sino con el solo hecho de reunirla con su poderosa fe en un Dios cuyo amor es tan sabio y reconfortante que nunca podría rechazar a un hijo suyo, aunque se haya apartado tontamente de él en numerosas ocasiones.

Después de que mi abuelo falleciera, mi madre y yo estábamos sentadas en nuestra sala de estar hablando sobre algunas cosas desagradables que habíamos descubierto de él después de su muerte, y sobre el hecho de que mostraba abiertamente su desagrado hacia mí. A medida que avanzaba la conversación, de repente apareció un color azul borroso que colmó la estancia, luego me atravesó, momento en el cual me quedé tan abrumado por una oleada de maldad y odio que pensé que entraría en un estado de shock. Mi madre, entretanto, estaba muy asustada y me preguntó qué acababa de pasar. Dijo que mis ojos siguieron algo, que luego me sobresalté como si alguien me hubiera atestado un puñetazo, que una mirada de terror invadió mi rostro, y que me torné pálida y visiblemente aturdida.

En ese momento estaba convencida, como lo estoy ahora, quince años después, de que el espíritu de mi abuelo me atacó ese día, con la intención de herirme o incluso de matarme si hubiera podido. Curiosamente, su esposa, mi abuela, que murió al cabo de unos años, también me visitó. Yo estaba en el fregadero lavando los platos de la cena cuando olí su perfume y luego sentí que me abrazaba por la espalda. La sensación fue tan cálida y reconfortante que dije en voz alta: «Gracias por el abrazo, abuela; yo también te echo de menos». –D. M.

Afortunadamente, este tipo de experiencias son muy poco frecuentes, pero ocurren, y la carta de D. M. describe perfectamente las sensaciones. Es importante señalar que no fue el espíritu del abuelo, sino el *fantasma* del abuelo, quien atacó a D. M. ese día. Ningún espíritu del Otro Lado podría suscitar emociones como «maldad» u «odio», y ese fantasma, tan codicioso, oscuro y sociópata como lo fue el abuelo en vida, simplemente aprovechó una última e infructuosa oportunidad de realizar algo que no consiguió hacer en vida: al igual que todas las entidades del Lado Oscuro, trataba de neutralizar el poder de su luz, que es su fe en Dios, su amor y su fortaleza, porque donde hay luz, la oscuridad no puede existir. Evidentemente, al abuelo no le gustaba la nieta cuando vivía. No hay nada más irritante e incluso amenazador para una entidad oscura que un espíritu de luz y centrado en Dios que pueda ver sus intenciones y se niega a ser manipulado por ella.

En cuanto a la abuela, ella *sí* era una visita del espíritu del Otro Lado, no sólo para saludarla, sino también para decirle: «No fui lo suficientemente fuerte para protegerte del abuelo cuando estaba viva, pero ahora soy muy fuerte, y jamás te volverá a causar ningún daño.» En vida, la abuela fue un caso clásico de una entidad blanca cuyo poder quedó totalmente reducido por la entidad negra a la que trataba de «cambiar» o «salvar», y «amar para extraer su máximo potencial». Pasó décadas con él creyendo que esa crueldad y frialdad eran culpa suya, no del marido, y sus frugales momentos de fingida calidez como aliento. Fue sólo después de su muerte, desde la claridad meridiana de Casa, que fue capaz de reconocer la trampa habitual en la que había caído. Ella ha sido una presencia espiritual especialmente vigilante para su nieta desde el día en que murió, para demostrar que en última instancia, universalmente, la luz de Dios tiene realmente más poder que la oscuridad, y ese abrazo era nada más y nada menos que una señal de que jamás la abandonaría.

Para que conste: hay otra razón por la cual el fantasma del abuelo nunca volverá a ser una amenaza para su nieta, aparte de la protección de la abuela. Es importante mencionarla porque saca a colación una norma del mundo del espíritu que merece la pena destacar: para una entidad que era oscura y estaba apegada a la tierra, el espíritu del abuelo realizó una travesía inusualmente rápida por la Puerta de la Izquierda y volvió a un útero. Ese viaje en «forma de herradura» puede llevar, en ocasiones, varias décadas, o incluso siglos. Pero el abuelo entró en la matriz de alguna pobre mujer que no sabía nada al respecto al cabo de unos meses de ese ataque espiritual a la nieta; cuando una entidad ha regresado a una matriz para otra encarnación, su capacidad para aparecerse en forma de espíritu o fantasma desaparece. Si un espíritu o fantasma al que te has acostumbrado deja de aparecerse, no te preocupes por él ni te sientas rechazado. Una de tantas posibilidades es que, en el preciso instante en que piensas en él, él ya no guarda recuerdos conscientes de ti; es solo un inocente y desconsolado feto que espera a nacer.

Mi hermano Mark tenía dieciocho años cuando murió. Yo tenía seis. Ahora tengo veintidós, pero a veces tengo la impresión de que ocurrió ayer, quizá porque quedaron tantas preguntas sin respuesta y me sigue pareciendo una herida sin cicatrizar. La causa de la muerte de Mark fue un único disparo en la cabeza, y se declaró oficialmente como un suicidio. Pero también habían pruebas que apuntaban al asesinato, entre las que se contaban multitud de huellas sin identificar en todo su cuerpo; pero eso nunca se investigó a fondo. Hasta el día de hoy, estoy atrapado entre la necesidad de descubrir lo que realmente ocurrió y una sensación de indefensión, como si nunca pudiera desvelar la verdad, por mucho que lo intentara.

Parte de la razón de esta determinación mía es que siento que mi hermano ha tratado de ponerse en contacto conmigo. Una noche, poco después de que muriera, me desperté y lo encontré sentado en el extremo de la cama. Me estaba mirando. Era como si tratara de decirme algo, pero yo era muy pequeño para entender lo que sucedía. Mi madre percibió su presencia en su habitación alrededor de esa misma hora, y aunque no pudo verle, estaba seguro de que se trataba de él porque pudo olerlo con total claridad.

Si pudiera decirme lo que pasó, o al menos cómo puedo ayudar a Mark a encontrar la paz, se lo agradecería enormemente. –N. S.

En primer lugar, esta muerte no fue un suicidio, sino el resultado de un asesinato totalmente fortuito. Un triste caso en el que la víctima está en el lugar incorrecto en el momento menos oportuno, y aunque el asesino, técnicamente, salió airoso de ese crimen, está cumpliendo cadena perpetua en la cárcel por otro asesinato que cometió menos de un año después, y por el que fue condenado. De modo que ya no está en las calles, sino entre rejas, y triste.

Pero aparte de esto, esta historia ejemplifica bellamente por qué no podemos hacer generalizaciones sobre la naturaleza de los fantasmas y sus motivos por quedarse rezagados. Por ejemplo, fijaos en el contraste entre el abuelo del primer relato y Mark. El abuelo estuvo apegado a la tierra durante un periodo muy breve. Aunque el hermano de Mark no tendría modo de saberlo, Mark también estuvo apegado a la tierra durante poco tiempo. Pero el abuelo, al tratarse de una entidad negra, se encaminó rápidamente hacia la Puerta de la Izquierda y volvió a encarnarse, mientras que Mark, una entidad blanca, reconoció y abrazó en seguida la luz de Dios y se dirigió a Casa, al Otro Lado. El abuelo se quedó rezagado por pura crueldad y venganza. Mientras que Mark se quedó para reconfortar a su madre y a su hermano pequeño mientras tomaba conciencia de su muerte y empezaba a entender lo que había pasado y, por último, esta historia repite una súplica que he oído tantas veces en mi vida que sería imposible contarlas; lo irónico del caso es que esta preocupación tan habitual es *una de las pocas cosas de toda la creación de Dios por la que nunca debemos preocuparnos*. Del mismo modo que N. S. quiere saber la verdad sobre la muerte de Mark para que «Mark descanse en paz», todos mis clientes me piden ayuda para asegurarse de que un ser querido fallecido ya no esté enfadado con ellos por no haberlo llamado y visitado a menudo, o que no esté resentido por alguna antigua enemistad, o herido de que no le diera tiempo de llegar al hospital para decirle adiós, o que no permanezca herido o triste como lo estuvo en vida. He escrito y hablado sobre ello extensamente con anterioridad, pero ya que surge muy a menudo, no me importa repetirme, e incluso iré más lejos y os propondré que, si nunca os creéis lo que os digo, al menos creeros esto: la culpa, la ira, el resentimiento, la tristeza, el dolor, la agitación, la depresión, la desdicha, e incluso la enfermedad, las lesiones, y cualquier otro tipo de negatividad física y emocional, son estricta y únicamente experiencias terrenales. *No existe la negatividad de ninguna clase, en ningún sentido, en el Otro Lado.*

Entiendo realmente lo difícil que es imaginarse, cuando estamos enfrascados en nuestro dolor por la pérdida de un ser querido, que ellos tampoco estén sufriendo. Pero os prometo que se trata de vuestro dolor, de nuestra frustración y sensación de «asunto inacabado» que proyectamos en ellos. Están íntegros, felices, contentos, y ocupados una vez más en Casa, esperando con ganas el volvernos a ver cuando lleguemos allí. Entretanto, tienen mucho que hacer, con toda la perspectiva de la eternidad y probablemente en las treinta o cuarenta veces más en las que tendrán que encarnarse en la tierra, y puesto que ellos mismos escribieron sus cartas detalladas para cada una de esas encarnaciones, no tienen ninguna sensación de haber dejado algo inacabado. Lo comprenden todo perfectamente, como nosotros lo entenderemos cuando nos unamos a ellos.

Así que, por favor, la próxima vez que digas, internamente o en voz alta: «Sé que este ser querido llegó al Otro Lado, pero, ¿estará bien? ¿Es feliz? ¿Estará tranquilo?» Detente, y date cuenta con absoluta certeza y la misma confianza que depositas en Dios que, con ese primer comentario, ya has respondido a todas tus preguntas.

Mi hija de trece años ve y oye fantasmas, y al parecer nuestra casa está repleta de ellos. Ojalá fuera sólo su imaginación, o una broma familiar, pero la verdad es que esos fantasmas la aterrorizan hasta el punto de que apenas soporta dormir en su habitación. Hemos tratado de quemar savia y hierbas, he rezado para que esos seres sigan su camino, y una amiga mía incluso realizó una bendición de mi casa con aceite bendito, pero los fantasmas se niegan a irse. Según mi hija, que conoce todos sus nombres y la causa de su muerte, los niños no quieren marcharse porque se sienten a gusto en esta casa, y los adultos simplemente se niegan a irse. He llamado al párroco, pero no me ha devuelto la llamada. Quizá tenga miedo de que esto arruine su reputación si corre el rumor de que me ha tomado en serio. ¿Quién sabe? Pero todo está ocurriendo muy deprisa. El otro día, uno de los fantasmas asió el brazo de mi hija porque ella no se giró para mirarlos. Mi hija y mi nieto, que también vive con nosotros, sólo quieren dormir en el comedor, porque tienen miedo. Por favor, ¿puede ayudarnos? –J. M.

Quienes no me conozcan, probablemente no sepan cuán infrecuente es que recomiende lo siguiente: en un caso como el de J. M., si es posible económicamente, sugiero que se muden a otra vivienda, y cuanto antes.

No es que J. M. o su hijo y nieto corran un gran peligro físico. Pero cuando los fantasmas de la casa superan en número a los humanos, empiezan a mostrarse abiertamente agresivos. Cuando los niños de la casa son sensibles a ser objeto de este comportamiento imprudente de otra dimensión, merece la pena valorar si a largo plazo esa tensión en tu familia no causará estragos.

Este grupo concreto de fantasmas es muy poco habitual. Hace mucho tiempo, los tres adultos que vivían en ese lugar (una mujer, su hijo, y la esposa de éste) se vieron envueltos en una especie de estafa con su hogar adoptivo. Amasaron una fortuna ofreciendo el mínimo de espacio y manutención al mayor número de niños que pudieran acoger en su casa, y les obligaron a creer que su «familia» secreta era el único lugar en el que estarían juntos y a salvo. Completamente aislados, sin poder ir a la escuela, a la iglesia, o estar con amigos, los niños no tenían nada con lo que comparar sus vidas, de modo que es de extrañar que después de su muerte se aferren a la casa, a los demás, y a los tres adultos que son la única seguridad que conocen o comprenden. Los adultos, como seres insensibles que son, no tienen ninguna prisa para seguir adelante, y como los niños tienen miedo de ir a alguna parte sin los adultos, están atrapados hasta que los espíritus del Otro Lado los rescaten y se los lleven a Casa.

Insisto: nadie cree con más convicción que yo en el poder de la oración, la magnífica brillantez de la luz blanca del Espíritu Santo, y la compasión espiritual que merece cada fantasma en su desesperada confusión de no saber que están muertos. Pero no hay ninguna casa en la que se merezca vivir cuando los fantasmas que moran en ella se niegan a marcharse e insisten en pelearse con la familia y alterar la sensación de seguridad cuando ni siquiera participan en el pago de la hipoteca.

Siempre me han gustado los muebles antiguos. No me importa que sean antigüedades verdaderas que a los astutos anticuarios e inversores les encantaría tener. Siempre que me gusten a mí y me aporten algún tipo de bienestar que indique «hogar», ya me está bien. Imagínese lo emocionada que estaba cuando una amiga mía decidió mudarse e hizo liquidación de su tienda de antigüedades. Mi adquisición preferida fue un retrato de una mujer victoriana con marco ovalado. Lucía un collar alto y la cintura muy ceñida. Tenía la mirada triste, y daba la impresión de que nunca había sonreído. Compré el retrato a muy buen precio, corrí a casa con él, y lo colgué en un sitio perfecto en la habitación de mi hijo Daniel, situada en el piso de arriba.

Al cabo de dos semanas, oí el coche de mi hija que paraba frente a nuestra casa. Entró corriendo en la cocina, volvía del instituto, y se quedó helada cuando me vio, estaba visiblemente conmocionada. Le pregunté si pasaba algo.

–¿Cómo bajaste tan deprisa? –me preguntó finalmente.

–¿A qué te refieres? Hace una hora que estoy en la cocina –le contesté.

–No, no es así. Te acabo de ver en la habitación de Daniel.

–Eso es imposible.

–¡Mama! –dijo mi hija exasperada– Estabas mirando por la ventana de Daniel mientras me acercaba a casa. Retiraste las cortinas, levantaste la mano, y me saludaste. Ahora, deja de tomarme el pelo que no es divertido. Mi hija salió corriendo y airada de la cocina mientras yo no salía de mi asombro. No sabía de qué me estaba hablando. ¿Tiene usted alguna idea al respecto? –V. S.

Esto ocurre muy a menudo con los objetos que compramos, especialmente con artículos usados y antigüedades, y créame, a nadie le gustan tanto las antigüedades y los artículos de segunda mano como a mí. Estoy segura de que si V. S. no se hubiera emocionado tanto con el encanto y el magnífico precio de este retrato victoriano, lo habría analizado y percibido que había algo desagradable en él, ya que llevaba un desagradable equipaje. En este caso, ese equipaje era el objeto del retrato. Esa persona era una mujer muy vanidosa, desagradable, y egocéntrica que encargó ese cuadro, creyendo que su belleza era tan original y exquisita que merecía la misma celebración atemporal que la Mona Lisa, la Venus de Milo, y otras geniales obras de arte que convirtieron a sus objetos en leyendas. Esta solterona, demasiado narcisista como para enamorarse de alguien que no fuera de ella misma, ha permanecido apegada en la tierra y al cuadro, siguiéndolo allí donde vaya. Espera de él la aclamación, la adoración y la retahíla de pretendientes que espera atraer con él. Su saludo a la hija de V. S. desde la ventana del piso de arriba no era muy distinto que el saludo de la reina Isabel a cualquier súbdito anónimo y leal.

Yo me desharía de ese retrato lo antes posible, y no importa que fuera una ganga. Del mismo modo que yo no viviría en una casa en la que sintiera que mi familia y yo corriéramos algún tipo de peligro espiritual, tampoco guardaría un objeto que parezca acarrear sus propios problemas, oscuridad, negatividad, o confusión. He oído todo tipo de excusas para no deshacerse de una antigüedad que inquieta a algún miembro de la familia: «¡Es tan bonita!», «¡Nos costó tan cara!», «¡Algún día va a costar una fortuna!», o «¡Es una herencia de familia!» Lo siento, pero daré la misma respuesta a cada uno de esos argumentos: «¡No vale la pena conservarla!» En lo que a mí respecta, no difiere mucho a gritar «¡entre!» cuando llaman a la puerta y no te cercioras de quien es porque, a fin de cuentas, puede ser alguien con un cheque de un millón de dólares para ti. Cierto. Pero hay las mismas probabilidades de que sea un ladrón, o un miembro no querido de tu familia proponiéndote quedarse en tu casa durante dos o tres meses. En lo concerniente a tu casa, la seguridad y la tranquilidad tuyas y de tu familia es algo sagrado. Deshacerse de intrusos, tanto si los ves como si no, independientemente del paquete valioso que traigan consigo, no merece ningún sacrificio que con el tiempo acaben contigo mientras llevas ese paquete a la parroquia más cercana o al vertedero.

Desde los cuatro años de edad, he sido sensible a los espíritus y fantasmas. Los he percibido á mi alrededor y he pasado de tenerles miedo a no temerlos en absoluto. Ahora soy una mujer de cuarenta años con un magnífico marido y seis hijos, y vivimos en una casa que adoramos en la zona de las montañas del sur en Phoenix.

A lo largo de los años, me he dado cuenta de que varios espíritus y fantasmas me seguían de un lado a otro, y estoy acostumbrada a que sucedan cosas extrañas sin sentirme amenazada. Pero en esta casa, cada noche cerramos con llave todas las puertas antes de acostarnos; por la mañana, nos las encontramos totalmente abiertas. Evidentemente, esto hace que mi familia esté en una posición insegura y muy vulnerable.

Ya he agotado mis recursos para detener esta conducta. Las pocas amistades a quienes les he contado lo sucedido no me toman en serio, de modo que no me imagino lo que diría la policía si se lo contara. Estoy realmente confundida. ¿Quién está detrás de esta conducta? ¿Por qué tratan de herirnos, y cómo puedo dejar que supongan una amenaza para las personas a las que amo? –D. L.

Esta carta es muy interesante, un magnífico ejemplo de lo fácil que es precipitarse a la conclusión más obvia y lógica y equivocarse por completo. No es más que una confusión basada en diferencias culturales.

El nombre de la fantasma es Pequeña Osa. Es una india norteamericana, y su familia y tribu ocupaban esas tierras montañosas durante muchas generaciones. Tuvo un hijo después de un embarazo muy complicado, y su madre estaba fuera con las otras mujeres de la tribu atendiendo al pequeño mientras la Pequeña Osa descansaba. Una repentina y violenta tormenta eléctrica provocó un incendió que se propagó rápidamente por la aldea, atrapando y matando a todos los residentes, incluida a la Pequeña Osa. El humo espeso la ahogó antes de que fuera alcanzada por las llamas. Así pues, según su realidad, la Pequeña Osa está viva y bien a principios de la década de 1880, recuperándose del parto, esperando a que su madre regrese con el recién nacido. Al igual que otras residentes de su pueblo, todas ellas familiares y amigos en quienes confía, la Pequeña Osa vive en un tipi. Las puertas no existen para ella, de modo que cerrarlas es inimaginable, por no decir que aterrador, porque ella estaría a un lado y su recién nacido de apenas unas horas en el otro.

Cuando percibas la presencia de un fantasma en tu casa, cuya conducta sea coherente y no tenga sentido para ti, no te hará ningún daño estudiar la historia de la región donde vives y remontarte varios siglos atrás. No leas solamente sobre las estructuras, o sobre las estructuras que sabías que existían, sino sobre la tierra en sí. Fíjate en si puede haber alguna explicación cultural y/o histórica sobre lo sucedido. Recuerda, algunos fantasmas son fáciles de tratar y pueden liberarse, o ser rescatados por los espíritus del Otro Lado, tras un periodo bastante breve de tiempo. Pero otros, como la Pequeña Osa, con su bebé «a punto» de coger en brazos e infundida de algún modo con el respeto innato que los indios profesan a la tierra, es probable que se queden aquí durante siglos, dedicándose a sus asuntos sin tener la menor idea de que pueden estar perjudicando a alguien. Cuando reces por la liberación de estos fantasmas y les alientes a seguir hacia la magnífica luz blanca de Dios, no supongas que tú y ellos compartís la misma raza, estilo de vida, o marco temporal; sobre todo, no aproveches esta oportunidad para reñirlos por su conducta. Si están asustando a tu familia, o provocan algún daño, está bien decirles que cambien de actitud siempre que les asegures que sabes que no lo están haciendo a propósito.

Básicamente, insiste en que los seres queridos a quienes desean ver, la paz y la tranquilidad que anhelan en sus corazones, así como los brazos sagrados de Dios quien los creó, están a su alcance, más allá de esa hermosa luz.

Evidentemente, el fantasma de una entidad oscura no te hará caso, y continuará con su comportamiento egoísta y detestable, con el que gracias a Dios nunca tendremos nada que ver. Pero el fantasma de una entidad blanca, como lo es la Pequeña Osa, no es muy distinta a una entidad blanca de la tierra o del Otro Lado; sólo queremos amar y ser amados por Dios y por los demás, aprender cómo amar mejor y luego, algún día, regresaremos a Casa sabiendo que lo hicimos lo mejor posible.

Eran las dos de la madrugada, y yo estaba navegando por Internet, investigando la historia de nuestra hermosa casa centenaria. Finalmente me obligué a ir a dormir, mi mente seguía muy activa, pero mi cuerpo estaba totalmente agotado. Me dormí profundamente en seguida y tuve la sensación de que, al cerrar los ojos, empecé a escuchar música. Abrí los ojos y miré el reloj. Eran las tres de la madrugada y estaba disgustada, más agotada después de una hora de sueño que antes de irme a dormir.

Me senté, tratando de localizar el origen de la música incesante, y finalmente determiné que venía de la habitación de mi hija en el piso de arriba. Eso me disgustó aún más: escuchar música a esas horas de la madrugada era intolerable. Luego empecé a caer en la cuenta de que era música de baile, que no se trataba del tipo de música que escucharía mi hija, y que además no provenía de su habitación, sino del techo de mi dormitorio.

Hice un esfuerzo consciente para asegurarme de que estaba despierta. Sí, sin duda alguna lo estaba. Incluso me pellizqué para asegurarme.

Mientras la música del salón continuaba, empecé a imaginarme a personas con vestidos elegantes, bailando con armonía. Sus voces comenzaron a fundirse con la música, y la visión se volvió cada vez más real y confusa, pero en ningún momento dudé de lo que estaba viendo u oyendo.

Miré a mi esposo, que estaba en la cama a mi lado. Dormía profundamente. Pero luego vi a dos mujeres que estaban a su lado de la cama, sosteniendo unas tazas de te en la mano. Iban elegantemente ataviadas con vestidos de noche, sus mejores joyas, y peinados caros. No pude entender exactamente lo que decían, pero me di cuenta de que estaban cotilleando, y no tuve paciencia. «¡Callaos! Estoy intentando dormir» les grité, y luego me di la vuelta, me pasé la sábana por encima de la cabeza, y volví a dormirme.

A la mañana siguiente, recordé el incidente perfectamente bien, y no podía creer lo que había hecho. Había tenido esta sorprendente, fantástica y maravillosa experiencia, y, ¿cuál fue mi reacción? ¡Les ordené que se callaran! He rezado todas las noches para tener otra oportunidad, con la promesa de que esta vez ofreceré a esos espíritus el respeto y la apreciación que se merecen, pero no ha vuelto a ocurrir. Debo añadir que esta visión, o lo que sea, no tiene nada que ver con mis investigaciones. Nuestra casa fue originariamente una cochera y una conserjería, y evidentemente no incluía una sala de bailes. ¿Quiénes eran esas hermosas personas, y por qué se presentaron en este lugar? –K. M.

En primer lugar, esta historia es otro excelente recordatorio de que no debemos tomarnos la palabra «originariamente» muy en serio. Es muy fácil olvidarnos de que el terreno sobre el que se erigen nuestras casas es mucho más antiguo que nuestros recuerdos y registros, e incluso la historia escrita sobre la región en la que vivimos también es limitada. Así pues, suponer que con nuestras investigaciones seremos expertos sobre quién «debería» aparecerse en nuestra vivienda o en los alrededores es un bonito pensamiento, pero un poco demasiado optimista para ser práctico.

Además, esta experiencia ilustra el hecho de que los fantasmas no son demasiado literales sobre los límites de la vivienda que han elegido habitar. Cuando tratas de ponerte en su lugar, lo mejor es «pensar conceptualmente». En vez de pensar, «espera, esa era la casa del conserje, no habría ningún salón de baile». Piensa: «en su día, esta casa formó parte de una finca donde se celebraban grandes bailes». Es la finca en sí, el terreno, por lo que los fantasmas sienten apego, no una habitación o un edificio concreto.

Un ejemplo perfecto de ello es Johnny Johnson, el fantasma que ocupa el Toys «R» Us en Sunnyvale, California. Creo que ya he escrito sobre él centenares de veces en mis libros anteriores, así que Brian Tart, mi editor, se va a enfadar conmigo si vuelvo a contar la historia de Johnny Johnson. Pero viene a colación mencionarlo de nuevo porque a menudo se arrodilla en una esquina del almacén. ¿Por qué? Porque, aunque para nosotros no hay nada salvo una pared, para Johnny Johnson hay un arroyo que atraviesa el rancho, donde todavía cree que trabaja a cambio de una habitación y manutención, esperando a que la mujer que ama recapacite y se dé cuenta de que ese amor es correspondido, deje a su esposo en Boston y vuelva aquí.

Una vez más, se trata de su realidad, su perspectiva, matizada por la enorme confusión de no saber tan siquiera si están muertos, lo que debemos tener en cuenta cuando tratamos de comprenderlos a ellos y a su conducta, no el mundo superficial que tendemos a creer que es lo único que existe en nuestras vidas convenientemente ajustadas al presente.

Yo tenía diez años y vivía en una casa de dos pisos en la ciudad de Jersey. En verano, me encantaba dormir en el sofá grande del comedor, algo que mi madre me permitía hacer de vez en cuando. Una noche me desperté (sé que estaba totalmente despierto) y vi a un hombre y a un niño de unos ocho o nueve años. Ambos vestían chaquetas de cuero y pantalones negros, y parecían llevar una especie de mochila colgada a sus espaldas. Les vi echando un vistazo a los objetos del comedor, pero no se llevaron nada. Se volvieron hacia mí mientras se iban, y yo fingí bostezar, aunque ellos no me hicieron caso, y se marcharon. Después de esta experiencia, los oí silbar y caminar por casa de vez en cuando. Una noche, mi madre durmió en el sofá grande del comedor, y ella oyó a alguien sacándose los zapatos, aunque no había nadie. Nunca le preguntamos al propietario, que ya es septuagenario, si conocía la historia de esta casa o la identidad de esas dos personas. ¿Podría decirme algo al respecto? –P. D.

Esta es una historia clásica de fantasmas, con una tragedia como núcleo central. Estos dos hombres eran en realidad hermanos, el «hombre» tenía diecisiete años, se llamaba Billy, y el niño tenía ocho años y se llamaba Henry. Ocurrió a principios de la década de 1930, y habían huido de la miseria y la pobreza de su hogar en una humilde granja situada a cincuenta kilómetros con la esperanza de hallar una vida mejor en otra parte. Pero el clima, la mala suerte, el precario estado de salud de Billy, y huérfanos de madre, a quien querían con locura, los acabaron por convencer de que debían regresar a casa. Varias noches después, mientras andaban por la oscura carretera vestidos de cuero negro y tratando de que alguno de los pocos coches que pasaban los subiera, fueron atropellados por un enorme sedán de color crema cuyo conductor no los había visto. El hombre se dio a la fuga. Llegaron arrastrándose hasta una pequeña casa cerca de la carretera para pedir ayuda, sin saber que estaba abandonada, y allí murieron los dos antes de alcanzar la puerta. Cuando hallaron sus cuerpos estaban irreconocibles, y fueron enterrados en tumbas anónimas en un cementerio para pobres a varios kilómetros de distancia.

La pequeña casa abandonada fue derruida en poco tiempo y en su lugar se erigió el edificio de dos pisos que hay en la actualidad, pero los hermanos siguieron refugiándose en ella, heridos y cansados, pero sin tener ni idea de que sus heridas eran mortales. No querían causar ningún mal a nadie, simplemente buscaban ayuda y un lugar donde descansar mientras están perpetuamente de camino a casa a un lugar que ya no existe.

Prometí a la actriz que me contó esta historia que, si me la escribía, nunca revelaría su nombre, el nombre de las personas implicadas en ella, o el título de la película en cuestión. Ella cumplió su parte de la promesa, así que yo cumpliré la mía.

Estábamos filmando a las afueras de París, en un hermoso y antiguo *château* cerca de Versailles. Casi desde la primera noche, las cosas parecieron ir mal. El grupo normalmente bien avenido empezó a mantener discusiones, algunas de ellas bastante acaloradas. Al principio, lo atribuí al apretado horario que teníamos. En nuestra primera noche allí, mientras me duchaba, se apagaron las luces. La electricidad francesa, pensé. Salí de la bañera y volví a encender las luces. Tan pronto como volví a estar en la bañera, volvieron a apagarse. A primera hora de la mañana siguiente, percibí un vendaval en la habitación, aunque las ventanas estaban herméticamente cerradas. Las cortinas ondeaban y daban contra la pared, a pesar de que no estaban cerca de un calefactor.

A la noche siguiente, la conversación durante la cena fue más acalorada todavía. Mi ayudante y la maquilladora tuvieron una fuerte discusión. Para arreglar las cosas, pedí que fuera a la habitación de la maquilladora y le pidiera disculpas. Él accedió. Ella abrió la puerta totalmente desnuda y empezó a charlar un buen rato como si estuviera totalmente vestida, mientras se untaba todo el cuerpo con crema. Él se disculpó con rapidez y se marchó. Al cabo de tres días, ¡la maquilladora lo acusó de violación! (Es importante que sepa que el asistente actúa para el otro equipo.) Esa misma noche, mi compañero de reparto, después de meses de una relación profesional totalmente cordial, ¡trató de meterme la lengua hasta la garganta! Él se quedó tan sorprendido como yo y se disculpó sinceramente. A la mañana siguiente, ocurrió lo mismo con las cortinas, y esta vez mi guión decidió caerse al suelo por sí solo. Mientras nos marchábamos del *château*, tuve muchas ganas de decirles a los propietarios, una pareja joven, que agradecíamos mucho su amabilidad, ya que ninguno de esos extraños incidentes eran culpa suya, de modo que le pedí a mi chofer Jean-Claude que entrara en la casa y les comunicara todo eso con su hermoso y auténtico francés. Cuando regresó al coche, parecía confundido. La pareja no sólo estaba agradecida, sino conmovida por el cumplido, y nos suplicó que comunicáramos a todo el equipo que habían disfrutado de nuestra estancia en el castillo. Al parecer estaban entusiasmados, porque el lugar era célebre por sus fantasmas y nadie de la región se atrevía a ir a comer. –Anónimo.

He incluido esta historia en medio de los relatos sobre fantasmas por una razón. En primer lugar, quería destacar que si te encontraras en la misma situación en la que se encontraron estos actores, donde las personas y los objetos no se comportan de forma lógica, podrías fácilmente haber supuesto que se trataba de un encantamiento. Pero quería que os dierais cuenta de que nadie vio en ningún momento a un fantasma, una entidad, o una energía de ninguna clase, incluida esta actriz, quien sé que es increíblemente sensible al mundo del espíritu aparte de espiritualmente dotada en general. Me comentó que, en un par de veces, tuvo la impresión de que había alguien involucrado en esas cosas, y que ese «alguien» era un niño pequeño; pero la actriz nunca lo vio, y debido al fenómeno que se estaba produciendo, creyó que ese «alguien» era únicamente el resultado de unos días confusos, altamente emocionales y turbulentos.

En ocasiones, creer que hay un «alguien» aporta cierto alivio porque si puedes «encontrarlo», tal vez puedas perseguirlo o destruirlo. Pero si no hay nadie, ni siquiera sabes quién o qué es tu enemigo, sólo sabes que pasa algo inquietante alrededor tuyo, no entiendes de qué se trata, e ignoras cómo detenerlo.

En este caso, como probablemente habrás reconocido después de leer el capítulo 2, los inquilinos e invitados de este *château* fueron las víctimas de un caso típico de huella. Cuando hay una falta de entidades visibles o audibles, las señales de «oleadas de energía», como las luces parpadeantes o los objetos inanimados que parecen tener vida propia, así como una respuesta emocional abrumadora e incontrolada (positiva o negativa) que parece impregnar el ambiente y a todos sus moradores, podríamos afirmar sin temor a equivocarnos que se trata de una «huella», y que cuanta más tolerancia y compasión puedas ofrecer a los demás cuando estás inmersa en una huelle negativa como la del *château*, más amigos seréis cuando os alejéis de la influencia de la huella y todo recobre la normalidad.

Resulta que este *château* está situado en el terreno que, en su día, fue un burdel muy exclusivo, caro y discreto. La clientela eran los oficiales de muy alto grado del ejército francés, hombres poderosos del gobierno, y otros caballeros de influencia y enorme fortuna. Las mujeres que vivían y trabajaban en él fueron escogidas por la *madame* por su belleza, discreción, y falta de lazos familiares que compitieran por su atención y lealtad al burdel. Como tenían muchas posibilidades de ganar dinero y una proximidad aislada, las mujeres se volvían enormemente celosas y rencorosas, algo que su *madame* alentaba, pensando que eso favorecía un ambiente que casi crepitaba de todo tipo de emociones desde el preciso instante en que los clientes privilegiados de todo el mundo cruzaban la entrada privada brillantemente oculta. En ese burdel ocurrió de todo: desde chantajes a abortos desesperados e inseguros o varias «muertes accidentales» de algunas de las mujeres menos discretas y más ambiciosas, sobre todo en las décadas más explosivas de su existencia. Si la ira involuntaria y la conducta lasciva siguen influenciando a los invitados en la actualidad, no es en absoluto sorprendente y, sin duda, no es su culpa.

Estaba recibiendo un maravilloso masaje terapéutico de un masajista que cree mucho en la importancia del flujo energético para identificar y aliviar zonas de tensión. Yo estaba tumbada con la espalda sobre la camilla, con los ojos cerrados y totalmente relajada, cuando oí un ruido fuera de su apartamento. Luego percibí una presencia dentro del apartamento, aunque sabía que la puerta estaba cerrada. Seguía con los ojos cerrados, pero podía «ver» esta presencia en el apartamento, y finalmente le pregunté al masajista:

–Jimmy, ¿hay alguien en el apartamento?

–Tú lo has dicho –me contestó sin inmutarse.

Fue una experiencia totalmente nueva para mí. Estaba segura de lo que parecía estar ocurriendo, sólo que no las tenía todas si lo pronunciaba en voz alta.

–Bueno, tengo la impresión de que hay un hombre en tu puerta.

–¿Dentro o fuera del apartamento?

–Está dentro –le contesté.

Sentí que las manos del masajista titubeaban en mis hombros por un instante, luego continuó, con fuerza como siempre, y me pidió que describiera a ese hombre. Yo no había abierto los ojos, y tampoco fue necesario. El hombre estaba de pie, había una luz detrás suyo, de modo que su rostro quedaba a la sombra. Supe que era alto, moreno, y relativamente joven, tal vez se acercaba a los cuarenta años. Describí su ropa y luego añadí que sus brazos estaban llenos de papeles enrollados, como si fueran papiros o mapas.

–¿Podrían ser dibujos? ¿Patrones de moda? –preguntó Jimmy.

–Sí –contesté, convencida de que eso era exactamente lo que llevaba. Están enrollados como si fueran cianotipos, y los lleva dentro de una bolsa marrón de supermercado.

Nos quedamos en silencio durante un buen rato, en el cual admito que me quedé un poco nerviosa. Tal como he dicho antes, nunca me había pasado algo así, y no soy una ingenua adolescente, sino una «mujer mayor y casada» con dos hijos a punto de ingresar en la universidad. Después, cuando pensé que ya estaría volviendo en mis cabales, ocurrió lo contrario: me di cuenta de que este hombre se estaba comunicando conmigo en silencio.

–Jimmy –comenté al cabo de uno o dos minutos–. Sé lo que quiere. Él no sabía que yo estaría aquí, sabe que soy consciente de su presencia, y quiere saber si le dejo pasar. Se siente muy incómodo de que yo esté aquí.

Jimmy respiró hondo, y dijo, casi para sus adentros:

–Eso nunca lo ha detenido antes.

Ahora sí que no entendía nada, y con esas palabras, el masaje terminó. Abrí los ojos y vi cómo Jimmy abandonaba la estancia, atravesando el espacio donde estaba la presencia. Mientras él avanzaba, ésta pareció desaparecer.

Me vestí rápidamente mientras Jimmy abandonó la habitación, y cuando regresó al cabo de unos minutos, me comentó amablemente:

–Creo que te debo una explicación.

Empezó a contarme que ese joven era un antiguo amante suyo, que trabajaba como diseñador de moda. Dos años después de una ruptura dolorosa y traumática, el joven llamó a Jimmy para decirle que estaba muy enfermo y necesitaba ayuda. Jimmy se lo trajo a su casa y se ocupó de él hasta que murió; desde entonces empezó a visitarlo, a veces sólo para gastarle bromas inofensivas como reordenar las estanterías, pero en otras molestaba deliberadamente a Jimmy durante sus citas. Era la primera persona, aparte de Jimmy, a quien se había revelado, de modo que el masajista nunca había hablado de estas visitas con anterioridad, y esperaba que yo no me escandalizara por ello.

–No te preocupes, volveré –le aseguré–. Pero, si tengo que serte honesta, preferiría que de ahora en adelante tus amigos sólo vengan a verte a ti.

He vuelto a este masajista en varias ocasiones. Nunca volví a percibir la presencia de ese joven, aunque sí tuve una increíble experiencia con una luz blanca que percibí una visión con los ojos cerrados, y Jimmy también la vio. –H. S.

Quiero dejar bien claro que conozco a esta mujer. No porque sea psíquica, sino porque es amiga mía, y sé lo que ha tenido que pasar estos últimos años. En un periodo de tiempo relativamente breve, y sin previo aviso, H. S. perdió a sus padres, y mientras se estaba recuperando de esas muertes, empezó a percibir proféticamente la dolencia coronaria de su hermana que surgiría repentina e irreversiblemente al cabo de unos años. De modo que, cuando oí la experiencia de H. S. en el apartamento de su masajista, quise incluirla en este libro por la sutil realidad espiritual que ilustra.

H. S. me comentó en más de una ocasión que nunca le había ocurrido nada parecido a su encuentro con ese joven, un fantasma que no tenía ninguna relación con ella. Muchos clientes me han contado historias parecidas de su primer encuentro con un visitante del más allá, o al menos un crecimiento espiritual espectacular, que ocurre al estar cerca de una enfermedad grave o la muerte de un ser querido. Os garantizo que el momento de esa experiencia no fue casual. A primera vista, puede parecer que haya cierta conexión con nuestro miedo predecible a la muerte y un recordatorio de que debemos poner en orden nuestra vida espiritual, algo que en teoría podría hacernos más conscientes del mundo del espíritu en una especie de reacción instintiva de obediencia. Pero la explicación verdadera es mucho más interesante y reconfortante que eso.

No dudes ni por un instante de que el Otro Lado no es sólo el lugar donde la mayoría de nosotros se dirige cuando dejamos la tierra, sino que también es el lugar que abandonamos para venir en esta encarnación. Es nuestra verdadera Casa, más familiar y querida para nosotros de lo que pueda ser la tierra, sagrada, alegre y exquisita. En el fondo de nuestras almas anhelamos estar en ella desde el momento en el que nos introducimos en un cuerpo humano hasta que nos liberamos de él una vez más. En el transcurso de nuestra existencia eterna, pasamos infinitamente más tiempo en el mundo espiritual el Otro Lado que el que pasamos en el mundo humano en la tierra. Con esa premisa, puedes discutir todo lo que quieras y prometer que, si eso fuera verdad, evidentemente lo recordarías.

Pero no me negaréis que tampoco recordáis haber nacido, y obviamente no trataréis de convencerme de que eso no ocurrió.

Cuando nos encontramos en presencia de un ser querido que está gravemente enfermo, o cuando un ser querido nos abandona y pasa al Otro Lado o allí donde su viaje espiritual los lleve, nuestras mentes finitas y estrechas de miras reaccionarán probablemente con algunas punzadas de temor; pero la reacción mucho más dramática, turbulenta y vasta será un torrente confuso y precipitado de los recuerdos de nuestro propio espíritu. Es posible que ni siquiera nos demos cuenta de ello conscientemente. En realidad, casi seguro que no. Pero cuando nuestros espíritus reconocen que alguien cercano a nosotros ha ido a un Hogar que echamos mucho de menos, o van a ir allí en breve, eso despierta la parte espiritual en nosotros, la abre, la vuelve más sensible y vulnerable. Quizá seamos conscientes de ver y escuchar espíritus y fantasmas por primera vez, ya que nuestro espíritu se vuelve más expuesto gracias a sus recuerdos. Nuestros sueños pueden contener más imágenes del Otro Lado de lo que jamás hayamos recordado que contengan, o podemos viajar astralmente allí durante el sueño muy a menudo.

Una analogía práctica sería la de un grupo de familiares y amigos que viajan hasta tu apreciada ciudad natal que queda lejos y no has visto en muchos años, pero que por alguna razón nunca pudiste unirte a ellos. ¿Acaso no sería muy natural que tu añoranza aumentase con sus planes de viaje, que tus imágenes de casa se intensifiquen, y que te vengan a la memoria más recuerdos de lo habitual, que se te parte el corazón por las circunstancias y la distancia que te ha separado de la familiaridad que provocó ese confort? Amplía esos sentimientos por mil y se parecerá a lo que ocurre en nuestras mentes espirituales cuando un ser querido se prepara para ir a Casa o inicia esa viaje sagrado y sabemos que todavía no es momento para unirnos a él. Por tanto, aunque no cabe la menor duda de que la enfermedad grave o el fallecimiento de un ser querido son momentos difíciles y emocionalmente indescriptibles, espero que en esos instantes poco habituales cuando puedes percibir algo aparte de las ataduras de tu dolor y de tus sentimientos de pérdida, seas más consciente de que tu alma está continuamente activa, alerta, e incluso más receptiva de lo habitual, ya que te proporciona una mirada nítida y fascinante a otras dimensiones donde los fantasmas confundidos se quedan en tierra y los espíritus ascienden. Algunos científicos y psiquiatras lo denominan «histeria por fallecimiento». No tengo la menor idea de por qué esa histeria de H. S. le inspiraría a percibir y ver al fantasma del amante fallecido de su masajista, alguien de quien nunca había oído hablar hasta poderlo ver y describirlo. Prefiero mi explicación: Dios nos prometió vidas eternas, y en ocasiones, cuando se acerca el momento de la muerte, encuentra el modo de agraciarnos con recordatorios de esa promesa sagrada.

Mis abuelos compraron una casita blanca en los bosques de Maryland a principios de la década de 1950. La familia que había vivido antes en esa casa tuvo una trágica existencia. El padre era alcohólico y maltrataba a su esposa e hijos. Según la policía y los periódicos, un día el padre se volvió especialmente violento y empezó a perseguir a su mujer y a sus dos hijos con una arma. La esposa y uno de los hijos consiguieron huir de la casa. El otro hijo, Richard, no tuvo tanta suerte y, en un arrebato de desesperación mientras su padre le perseguía, se introdujo en un conducto de la lavandería para esconderse en él. Trágicamente, la escotilla de ese conducto se abrió, y Richard, de ocho años de edad, cayó por el hueco tres pisos hasta el sótano; murió en el acto cuando su cabeza dio contra el suelo de cemento.

Desde entonces, Richard ha estado vagando por la casa, según pueden confirmar mis abuelos y toda nuestra familia. En realidad, desde que era un niño, cuando nos sentábamos para celebrar la cena de Navidad, hacíamos una reverencia a Dios y le pedíamos que bendijera a Richard al igual que nosotros, como si fuera uno de los nuestros. Nunca tuvimos la menor duda de que Richard moraba en la casa, y creo que todos nosotros creíamos que podíamos devolverle el amor que se merecía y que la familia de Richard no le proporcionó.

A Richard le gusta tirar los objetos por ninguna razón concreta, una y otra vez, hasta que finalmente nos damos cuenta y no hay forma de hallar una «explicación razonable» para ello, por mucho que nos esforcemos. Abre las ventanas que sabemos que están cerradas, e incluso nos deja sentarnos para observar cómo abre, varios centímetros, una ventana doble completamente cerrada. Si hay una explicación «normal» para que eso ocurra, todavía no hemos averiguado cuál es.

Un día, nuestra madre estaba colgando unas cortinas en el comedor. No importaba lo firme que pegaba un extremo de la barra en la pared, cuando se disponía a pegar el otro, el primero se salía. Eso es lo que ocurrió durante más de una hora hasta que, totalmente abatida, mi madre gritó: «¡Richard, basta ya!». La barra no volvió a caerse.

Algunas de las anécdotas más espectaculares con Richard sucedieron cuando yo era pequeño. Yo solía jugar con él y pasaba muchas horas hablándole; puesto que él llevaba el pelo largo, al principio yo creía que se trataba de una niña. Mi madre supuso al principio que se trataba de un compañero de juegos imaginario, hasta que él me reveló que era un niño y que se llamaba Richard; a partir de entonces, mi madre empezó a tomarme más en serio. Pero seguía sin preguntarse por qué ningún otro miembro de la familia podía verle, especialmente mi hermano menor Erik. Por lo que mi madre me cuenta, yo respondí que «a Richard no le gusta Erik». Ahora desearía poder recordar de qué hablábamos Richard y yo.

Sin embargo, el día memorable en el que otros miembros de la familia vieron a Richard ocurrió cuando algunos de mis primos estaban en casa, jugando en el patio. Miraron hacia la casa, y pensaron que yo estaba de pie en la puerta de atrás observándoles. Ellos «me» llamaron para que me uniera en sus juegos, pero «yo» sólo les sonreí y les saludé con la mano. En ese momento, mi tío salió al patio, atravesando la puerta de atrás y lo que mis primos creían que era «yo». Empezaron a chillar, aterrorizados, y la figura de Richard desapareció de inmediato del umbral de la puerta mientras mi tío se quedaba mirando a los niños con perplejidad, preguntándose a qué se debía tanto griterío.

Sé lo descabellado que suena todo esto, pero nosotros somos una familia cristiana sana, normal y trabajadora, y no tenemos nada que ganar con inventarnos historias de fantasmas. Ni siquiera estoy seguro de por qué me entraron ganas de escribirle. No es que necesitemos que nos digan que Richard es real, porque lo es; es tan real como lo somos nosotros, y nadie podría convencernos de lo contrario. Me imagino que únicamente quería decirles a las personas que creen que los fantasmas son imaginarios, o que son malos, que el que vive con nosotros es un niño dulce, juguetón e inofensivo que nunca debió morir tan joven. Nosotros lo queremos, y estamos encantados de que se sienta a gusto entre nosotros; puede quedarse en nuestra casa tanto como quiera. –G. M.

Este relato es conmovedor y al mismo tiempo sorprendente y, para ser justos, la carta fue enviada por la novia de G. M. Esto es escrita de una forma un poco confusa, y yo quería que fuera lo más sencilla posible para que reflejara los puntos más importantes que ilustra con tanta elocuencia.

Este es un caso en el que la combinación de una muerte muy repentina y traumática y el terror impidieron que este pequeño se diera cuenta de que estaba muerto. En este capítulo, hemos incluido casos en los que los espíritus permanecen ligados a la tierra porque temen haber hecho algo que Dios no les perdonará. En cambio Richard, de ocho años de edad, permaneció pegado a la tierra porque temía que si salía de las sombras y se dirigía a la luz blanca que se abría ante él, su padre podría verle y acabar con él de una vez por todas. De modo que no paró de esconderse desde el principio, y no se sentía más solo, asustado o infeliz de lo que había estado en vida. Se atrevió a salir unas cuantas veces cuando la pequeña casa quedaba en silencio durante un rato, pero lo que realmente captó su curiosidad de un modo irresistible eran los sonidos que nunca había oído con anterioridad: risas, voces plácidas y amorosas, palabras amables, oraciones, y niños que jugaban sin que los castigaran. Cuando, finalmente, se dio tímidamente a conocer, se sorprendió gratamente de descubrir que había un niño que lo veía, le aceptaba, y cuidaba realmente de él. A medida que pasaba el tiempo, ocurrió un milagro y esta asombrosa familia que nunca gritaba ni arrojaba objetos, ni se sentía aterrorizada ni era maltratada y se quería, empezó a sentir amor hacia ese niño y hacerle sentir seguro por primera vez en su corta vida; y cuando él escuchaba que esas personas le incluían en sus oraciones, olvidaba todo lo malo que le había sucedido y se sentía el niño más afortunado del mundo.

La situación entre esta tierna y amorosa familia y Richard no es infrecuente entre este tipo de personas y un fantasma inofensivo e incluso juguetón al que sienten como una presencia cercana a ellos. Es una extraña moneda de doble cara. Por un lado, mostrar compasión y tolerancia por la situación confusa y difícil de un fantasma es un gesto admirable, especialmente si ese fantasma no es agresivo ni aterra a propósito a los miembros de la familia, y especialmente si ese fantasma es un niño. Cuanta más compasión sienta un fantasma de una persona o familia, más confianza siente éste hacia ellos y al final el fantasma tiene más probabilidades de ser disuadido para dirigirse hacia la luz.

Por otro lado, si un fantasma se siente muy cómodo en el lugar donde está, es muy posible que no tenga ninguna motivación para abandonar a la persona o a la familia para encaminarse hacia la luz o a otro lugar, y eso es exactamente lo que ocurre en el caso de un niño de la edad de Richard. No existe ninguna regla estricta al respecto, pero muy a menudo los niños de cinco años o menos poseen recuerdos muy vívidos de sus vidas pasadas y sus vidas en el Otro Lado, y pueden volver a Casa en un abrir y cerrar de ojos cuando fallecen tan pequeños porque recuerdan la muerte y la dicha de su destino sagrado como experiencias conocidas por las que ya han pasado en muchas ocasiones. Viajan astralmente con regularidad a sus vidas pasadas y al Otro Lado mientras duermen, y establecen fácilmente un contacto consciente con la conciencia de todo su espíritu cuando están despiertos. Pregunta de pasada a un niño de cinco años, o menos, algo como: «¿Quién eras antes de esta vida?» o «¿Cuántas otras madres has tenido?» o «¿Qué tipo de trabajo desempeñas en el Otro Lado?» o, incluso, «¿Cómo terminó tu vida la última vez que estuviste en la Tierra?» Es muy posible que, a menos que el niño se sienta cohibido de responder, o tenga miedo de que sus respuestas no sean aceptadas como ciertas, contesta de un modo fascinante y sorprendentemente complejo. Explora los detalles de sus «compañeros de juego» imaginarios y posiblemente descubras que en realidad son fantasmas, espíritus visitantes, o Guías Espirituales. Pídeles a los niños muy pequeños que te relaten sus sueños, y posiblemente te narren descripciones exquisitamente sencillas de viajes astrales a los espléndidos edificios, jardines, paisajes y residentes de Casa.

Sin embargo, lamentablemente, a medida que nos hacemos mayores nuestros recuerdos conscientes del Otro Lado y de nuestras vidas anteriores empiezan a desvanecerse, y nos convertimos en más parte de este mundo que del otro. Al fin y al cabo, venimos a la tierra para el crecimiento y creciente sabiduría de nuestros espíritus en su viaje eterno, y cuanto más nos preocupemos por el estado de dicha que nos perdemos de vuelta a Casa, más tiempo no logramos ocuparnos de lo que tenemos que realizar en este mundo. Así pues, como norma general, a la edad de seis o siete años, o a los ocho años como Richard, empezamos a desarrollar una amnesia consciente de ese lugar sagrado y perfecto del que provenimos, que es donde regresaremos de nuevo tan pronto como este campo de entrenamiento que llamamos «vida» se termine; cuando eso ocurre, nos empezamos a aferrar comprensiblemente a lo que hallamos en la tierra como si fuera todo lo que conociéramos y confiáramos para nuestra supervivencia.

Por ese motivo estoy muy emocionada y preocupada al mismo tiempo de que la familia de G. M. entrara en escena. Es una experiencia maravillosa para cualquier niño, aunque se trate de un fantasma, experimentar el amor incondicional, ser abrazado y querido, saber qué es la confianza, y ver a un hogar unido por el amor en vez de las amenazas de miedo y violencia. Sin embargo, al mismo tiempo, todas esas cualidades amorosas y positivas de la familia de G. M. están reteniendo inconscientemente a Richard de su estado de dicha. Al igual que cualquier otro fantasma, no tiene ni idea de que está muerto, ni que la felicidad que está sintiendo con su familia solamente es un atisbo de la dicha eterna existente en el Otro Lado.

Recomiendo a la familia de G. M. lo mismo que recomendaría a todas aquellas personas que tengan un fantasma al que hayan tomado afecto y, por el número de personas que me han escrito relatándome esa misma situación, sé que sois muchos. Podéis emplear el mismo amor y confianza que está reteniendo a este fantasma, siendo conscientes de vuestra cariñosa aceptación, para enviarlos hacia la luz y a un lugar mucho más pacífico de lo que aquí en la tierra podemos esperar ofrecerles. Precisamente porque tenéis una credibilidad en ellos que no tiene nadie más, podéis revelarles que deben escuchar una magnífica noticia: que han abandonado los cuerpos que dejaron de serles de utilidad, y que ahora son libres para adentrarse en el túnel que les conducirá a la luz de la puerta abierta hasta su verdadera Casa; allí encontrarán a todas las personas que han amado, emocionadas por la presencia inmediata de Dios, a la espera de recibirlos. Tú y esas personas os echaréis de menos, evidentemente, pero tienen una labor a realizar al Otro Lado y tú todavía tienes cosas que hacer aquí. En un abrir y cerrar de ojos, con toda la eternidad que te espera, volverás a estar de nuevo en Casa, y puedes estar seguro de que esas personas serán las primeras en recibirte cuando llegues allí. Esos fantasmas te creerán, principalmente por dos razones. La primera es que te has ganado su confianza en el periodo de tiempo que habéis pasado juntos. En segundo lugar, simplemente, les estás diciendo la verdad, y el alma siempre reconoce la verdad cuando la oye, y aunque les cueste bastante superar sus temores, al final partirán, y tú habrás efectuado el acto más amoroso y altruista que un espíritu puede hacer para otro: enviarlo a los brazos de Dios con amor, paz, felicidad, y sin resquemores ni tener la sensación de algo inacabado, como si al marchar dejaran a alguien en la estacada. Dios te agradecerá infinitamente el haber ayudado a uno de sus hijos apegados a la tierra a encontrar su camino a Casa; no lo dudes ni por un instante.

Por cierto, para quienes os lo estéis preguntando, no me cansaré de repetirlo: que no os quepa la menor duda de que el padre de Richard no recibió el castigo que mereció por haber aterrorizado durante tantos a años a su familia, lo que provocó la muerte de un niño inocente. Es un hecho, y una verdad universal e incuestionable, que cualquier persona que dañe a un niño, a un animal, o a una persona anciana incapaz de defenderse, o permite que esos seres indefensos sufran algún daño, se enfrentará a consecuencias más siniestras que cualquier dolor que jamás soñaron en infligir, y durante más vidas de las que creyeron librarse. No puedo entrar en más detalles al respecto porque la naturaleza de esas consecuencias no son asunto mío. Tampoco son una elección de Dios. No olvidéis que las personas que no llevan a Dios en su interior nunca lo son porque Dios les haya dado la espalda, sino porque ellos se han apartado de Dios, lo cual les impide recibir toda su gracia, perdón, y poder.

Así pues, no os frustréis pensando que alguien ha salido bien parado de haber cometido un acto indigno contra un niño, un animal, o un anciano. En esta vida, o en las siguientes, no podrán salir airosos de ese acto. Las cosas no funcionan así.

Evidentemente, también hay esos otros visitantes que no son fantasmas, ni desconocidos, sino que son seres tan familiares que casi nos asusta creer que los hemos visto o hemos olido su cuerpo, porque imaginarse algo así parecería una broma de mal gusto. Yo podría deciros, una y otra vez, capítulo tras otro, que tus seres queridos y Espíritus Guías te visitan desde el Otro Lado todo el tiempo de distintas maneras; eso no es algo que sólo les pasa a los «excéntricos psíquicos». Sin embargo, como no puedo ser tan elocuente como vosotros en las cartas que me enviáis, me sentaré a descansar mientras vosotros os intercambiáis vuestras maravillosas historias.

CAPÍTULO 5
Los espíritus que te visitan

Mi marido falleció en enero del año 2000. Murió en casa a las cuatro de la madrugada. Una semana después del funeral, empezaron a pasar cosas extrañas en casa. Al menos una vez por semana empezaba a despertarme a las cuatro de la madrugada debido a que percibía que él me estaba llamando por mi nombre. Una noche, juro que alguien estaba zarandeando mi cama con tanta fuerza que tuve que levantarme para detenerla, y cuando lo hice, escuché a alguien que trataba de entrar en casa por la puerta de atrás. Sin embargo, esa persona o personas se fueron cuando se dieron cuenta de que les había sorprendido. Tuve la sensación de que mi marido estaba allí protegiéndome, zarandeando la cama para avisarme.

En algunas ocasiones, me despierto y lo veo de pie en la puerta de entrada al dormitorio, y mi hija y yo le oímos caminando por el piso de arriba y subir y bajar por las escaleras todo el tiempo. El comedor se torna frío sin razón aparente, y en ese momento percibo la loción de afeitado que solía utilizar; o la luz del vestíbulo se enciende en plena noche, y sé perfectamente bien que la apagué antes de acostarme.

En cierto sentido, me encanta que mi marido siga aquí conmigo, pero también deseo que descanse en paz. Era muy buena persona, y espero que usted pueda ofrecerme alguna pista de por qué sigue anclado en esta tierra. –C. T.

No dudo ni por un instante de que hay lectores que se han estado preguntado todo este tiempo: «¿A quién le importan las diferencias entre un fantasma y un espíritu?» Pues bien, C. T. y muchas otras personas a quienes les importan sus seres queridos fallecidos sí les preocupa esa diferencia, y en el caso de C. T., no tiene razón alguna por la que preocuparse. Su esposo *ha seguido adelante*. Es un espíritu que la visita del Otro Lado, no un fantasma que no es capaz de descansar en paz, y él viene para protegerla, y para asegurarle de que no sólo está bien, sino que está vivo, gozando de una vida eterna tal como Dios prometió. El olor a loción de afeitado es una magnífica pista. A los espíritus les encanta utilizar fragancias reconocibles como muestra de que están cerca; sin embargo, nunca he oído que los fantasmas huelan, a menos que se trate de un olor desagradable. Despertar a C. T. pronunciando su nombre a las cuatro de la madrugada es algo muy típico de los espíritus, no tanto de los fantasmas. En primer lugar, se trata de una referencia preciosa a la hora del fallecimiento del marido, y lo que es más importante (como ya mencioné en mi primer capítulo): las horas anteriores al amanecer son muy apropiadas para la actividad de los espíritus.

Básicamente, lo más importante fue la simple mención de que el marido de C. T. la despertara para que lo viese en la puerta de la habitación. Espero que volváis al capítulo sobre historias de fantasmas y os deis cuenta de que nadie mencionó reconocer la forma física de la persona que los estaba acechando. Incluso aquela mujer que vivió la horrible experiencia con el fantasma de su abuelo pasando a través suyo, en realidad nunca vio que ese fantasma se materializara. Si ves una forma que se materializa, y la forma es de un ser querido fallecido, puedo decir con toda seguridad que en 999 de cada 1.000 casos estás viendo un espíritu visitante del Otro Lado y no un fantasma. Si esto ocurre, no es necesario sufrir ninguna preocupación innecesaria ni dolor por ellos. Puedes estar seguro de que simplemente hacen lo que pueden para hacerte saber que están por ahí protegiéndote y probablemente planificando una gran reunión cuando volváis a estar juntos en Casa. Pero, hasta que llegue ese momento, desean que estés tan ocupado y feliz como ellos lo están en las vidas que han adoptado en el Otro Lado. Si no es así, no les harás ni a su recuerdo ni a ti mismo ningún servicio de utilidad.

He estado casada con un hombre durante once años, y de repente empecé a recelar mucho de él. No puedo explicar esa sensación más allá del instinto, sentía una especie de corrosión y mareo en el fondo de mi estómago, y sabía que había algo que no funcionaba bien entre nosotros. Jamás había seguido a mi marido ni había registrado sus efectos personales, pero al final, un día escudriñé todo lo que pude encontrar: cajones, su vehículo, todo. Lo que encontré era peor de lo que yo había imaginado. No sólo encontré los números de teléfono de varias chicas, sino también utensilios para drogarse, una pistola, e incluso una orden de alejamiento. Ahora estaba decidida a hallar la verdad, de modo que coloqué una grabadora en el garaje donde él y sus amigos solían pasar sus horas de ocio, con la esperanza de que hablaran de lo que mi marido se traía entre manos. Coloqué una grabadora de última generación, recién comprada, y oculté el aparato en un lugar ideal cerca de su banco de trabajo.

Cuando finalmente escuché la grabación, sólo oí el traqueteo de las herramientas contra el metal, cuando evidentemente trabajaba en algo. Rebobiné la cinta, preparada para volverla a escuchar, cuando algo me instó a volver a pasar una parte. Esta vez, tan claro como la luz del día, escuché el susurro de una mujer que iba y venía, y decía una y otra vez: «Pornografía, pornografía, pornografía». Se me pusieron los pelos de punta. Cada vez que escuchaba la grabación, la voz parecía más alta. Levanté la vista, sintiéndome completamente desolada, y pregunté: «¿De acuerdo, Dios mío, que quieres que haga con esto?»

No sabía a quien acudir. Llamé a mi hermana. Ella ni siquiera oyó la voz por teléfono. Se lo mostré a mi pastor, quien no tenía ni idea de qué decirme. Finalmente, decidí enfrentarme a mi marido con la verdad. Él se enfadó muchísimo, como probablemente también lo estaría yo si alguien hubiera tratado de grabarme sin mi conocimiento. Cuando escuchó la voz de esa mujer y sus palabras, perdió totalmente el control. Cogió el martillo y empezó a golpear la grabadora. Luego gritó: «¡No estoy poseído!» (Nunca sugerí que lo estuviera, y no tengo la menor idea de por qué pronunció esa palabra.) Esa misma noche, me amenazó de muerte delante de nuestros tres hijos. Eso fue el 2 de julio de 2001. No he hablado con él desde ese día.

Me llevé a los niños para vivir en un refugio para madres durante tres meses, y luego reuní el valor suficiente para llamar a la policía. Me dirigieron al detective que había estado investigando a mi marido desde 1998. Le pregunté si la investigación tenía algo que ver con drogas.

–No –me contestó.

–¿Armas? –insistí yo.

–No.

–¿Pornografía? –Pregunté finalmente.

Él se quedó mirando al otro detective y después contestó:

–Podría tener algo que ver con pornografía.

Una vez más, se me pusieron los pelos de punta. El detective me reveló que mi marido era sumamente peligroso. Después, me enteré de que había estado traficando con drogas, maltratando y violando a mujeres y chicas. Todavía sigue suelto. Las mujeres afectadas tienen demasiado miedo para testificar contra él.

Estoy profundamente agradecida a la «voz fantasmal» de esa cinta. En ocasiones, Dios nos protege de forma extraña. Todo lo que ocurre no es por casualidad. También pienso que Dios nunca nos da una carga que finalmente no podamos soportar. –R. S.

Dejemos claro esto desde el principio: siete meses después de la publicación de este libro, este hombre *estará* entre rejas, que es el lugar al que pertenece, y yo quiero ser entre las primeras en enterarse de ello cuando ocurra.

Esta es una de mis nuevas historias preferidas, básicamente por un par de razones. La primera es que esta mujer adoptó una postura firme, e incuestionable con su esposo cuando la amenazó de muerte delante de sus tres hijos. No importa que sólo sea una amenaza verbal. No importa que se produjera en el transcurso de una acalorada discusión y que él probablemente estaría muy «alterado» o cualquier otra excusa barata. Sigue siendo un maltrato, y sigue siendo un acto violento. Ningún hijo debe presenciar un acto violento de un progenitor contra otro, y menos aún transmitirles el mensaje de que la violencia en una relación es un acto aceptable. Fijaos en si los siguientes comentarios os resultan familiares: «Se lo he dicho en una ocasión, y se lo he dicho mil veces, que esa conducta es inaceptable, y no la voy a tolerar». Siento deciros que si tienes que repetirle a alguien mil veces que su conducta es inaceptable, es que la estás soportando, y si crees que un niño no se da cuenta de ello, estás muy equivocado. R. S. hizo lo que sinceramente desearía que más mujeres aprendieran a hacer: antepuso su función de madre a la de esposa, y se marchó con sus hijos a un lugar que les aportara seguridad. Aplaudo a esta mujer, y a las personas (hombres o mujeres) que en una situación similar tienen el valor y el altruismo de comportarse así, porque sé que muchas personas toman esa decisión difícil y dolorosa cada día. También sé de primera mano que, probablemente, sea lo más importante que hagáis en esta vida.

En cuanto a la «voz fantasmal» de la grabadora, repitiendo la palabra «pornografía» una y otra vez, debo decir que no se trataba de un fantasma. Era el Espíritu Guía de R. S., llamado Glenda. Glenda ayudó a R. S. a darse cuenta de que algo no iba bien, algo que hacen todos los Espíritus Guías para asegurarse de que nos demos cuenta de algo. En este caso, ayudó a R. S. a tener la idea de colocar una grabadora, algo que R. S. reconoció no haber hecho nunca. Espero que este relato os recuerde que colocar una grabadora mientras duermes, especialmente entre las horas de mayor actividad de los espíritus, entre las 3:30 y las 6:00 de la madrugada, no es una mala idea. Para el mundo del espíritu, los aparatos eléctricos y las superficies magnéticas como las cintas de audio son buenos conductores para transmitir su energía cuando tratan de comunicarse con nuestra dimensión.

Cada vez que recomiendo a alguien activar la grabadora en su dormitorio, me miran con curiosidad y me preguntan por qué. Luego se inclinan hacia delante, como si estuviera a punto de revelar un siniestro secreto sobre el mundo sobrenatural, algún efecto extraño que podría desatarse por la combinación de un espíritu, una grabadora, y una persona que duerme en la misma habitación. Quizá os decepcione saberlo, pero la razón es que, si roncas o hablas en sueños, podrías ahuyentar a las voces de los espíritus que traten de comunicarse contigo, y acabar con una grabación que ni tú ni nadie desea escuchar. Además, muchas personas reaccionan de forma absurda, pero habitual en contra de colocar una cinta en el dormitorio, puesto que se sienten obligados a levantarse cada pocos minutos para comprobar que todavía funciona o que apretó los botones correctos, de manera que se malgastan toda una noche de sueño reparador. También es cierto que, cuando estás profundamente dormido, el «clic» de una grabadora cuando termina una cara seguramente no sólo te despertará, sino que te levantará sobresaltada sin ninguna razón aparente. ¿Por qué pasar por ese mal trago?

Coloca una grabadora en otra habitación de la casa, la estancia más tranquila que tengas, y donde menos posibilidades haya de registrar «sonidos de espíritus», para luego darte cuenta de que sólo era el horno o tu perrito peleándose con un cojín del sillón. No hay ninguna garantía de que obtengas resultados tan espectaculares como los que experimentó R. S. No es seguro de que en la grabación se registren resultados claramente audibles.

Pero hay una forma de no escuchar nunca el sonido de tu Espíritu Guía en una cinta, o de cualquier otro espíritu que te visite cuando estés dormido, y es no darles la oportunidad de grabarlos.

Hacedme un favor de justicia: si y cuando este tema surja en una conversación, recordad que habéis perdido el derecho a decir: «Eso es ridículo.» Lo más lejos que podéis ir y seguir siendo sinceros es: «No lo sabía; nunca me he molestado en intentarlo.»

Yo era una adolescente cuando vi por primera vez a mi abuelo fallecido en un espejo. Sabía que estaba allí para saludarme y decirme que me quería, y yo me sentí muy reconfortada. Posteriormente, cuando tenía treinta y tantos años y atravesaba dificultades en mi matrimonio, apareció mi abuela fallecida; estaba sentada en unos escalones que había cerca de mí, y me garantizó que mi marido y yo resolveríamos nuestros problemas. Así ocurrió, y nuestro matrimonio de veintidós años es más fuerte que nunca.

Le escribo porque fui adoptada de nacimiento y estoy desesperada por encontrar a mi madre biológica. Recientemente tuve un sueño en el que se me vino a la cabeza el nombre de Peggy Wilson. El contacto con mis abuelos fallecidos me hace pensar que tal vez debería tomarme en serio este nombre. Por otro lado, le he oído comentar en numerosas ocasiones que usted no es psíquica en sí, entonces, ¿por qué debería serlo yo? Mis padres adoptivos ignoran la identidad de mi madre biológica, pero recuerdan vagamente el apellido de «Simmon». Si puede decirme un nombre o un lugar donde iniciar mi búsqueda, le estaré muy agradecida. Gracias por su tiempo. –G. V.

Lo reconozco, el segundo párrafo de esa carta no forma parte del tema de los espíritus, ni de la temática de este libro, pero el nombre de la madre biológica de G. V. fue Nancy Simmon, y ha fallecido. Estoy seguro de que mis lectores perdonarán este breve desvío para facilitar esta información.

Ahora bien, el primer párrafo de la carta de G. V. es un magnífico recordatorio de que, aunque no podamos verlos, oírlos, ni
percibirlos, nuestros Espíritus Guías y seres queridos fallecidos
del Otro Lado nos prestan una atención especial cuando atravesamos momentos difíciles.

Esto es un hecho, y por muy duro que re-
sulte recordar en momentos de depresión o tensión, descubrirás
que es un ejercicio muy reconfortante empezar con la suposición
de estar rodeado de la ayuda de los espíritus, y luego anota cada
señal que percibas de la posible presencia del mundo del espíritu,
aunque no estés seguro de lo que es, aunque tu actitud sea escéptica, aunque te sientas un idiota y escondas esa lista de señales a los
demás. Cada vez que el teléfono suene y nadie conteste, cada vez
que te encuentres monedas en lugares insospechados, cada vez
que estés seguro de ver a alguien o algo detrás de tu espejo, pero al
darte la vuelta no haya nada, cada vez que sientas un suave aliento
detrás del cuello, pero te acabas por convencer de que es imaginario, cada vez que tu televisor parezca cambiar de canal por sí solo
o uno de tus relojes o aparatos empiece a cobrar vida propia, cada
vez que un objeto desaparezca de un lugar del que estabas seguro
que lo habías colocado y vuelve a aparecer posteriormente en ese
mismo lugar, cada vez que veas una sombra «imaginaria» o escuches una voz «fantasmagórica» susurrando tu nombre, simplemente escríbelo y deja ese papel en un cajón o en otro lugar inal-
canzable. Posteriormente, cuando hayas pasado ese momento
difícil o esa ansiedad se haya aplacado, saca la lista, o los trozos
de papel recopilados, y fíjate en cuántas señales, o al menos posibles señales, recibiste del mundo del espíritu para tranquilizarte
de que no estabas afrontando solo esa dificultad.

Por cierto, no te desanimes si al principio no apuntas todas
esas señales. No es en absoluto fácil cuando te embriagan la depresión o la ansiedad, y es todo un desafío cuando te enfrentas a
algo desconocido. Sin embargo, descubrirás que cuanto más te re-
cuerdes a ti mismo que debes mantener los ojos, los oídos, y la
mente abierta, más señales percibirás; y cuantas más percibas,
mejorará tu capacidad de ser sensitivo a las señales que los espíritus nos proporcionan todo el tiempo para transmitir el mensaje
más importante que cabe esperar de ellos:

«Dios cumple Sus promesas. Realmente somos eternos, y la
muerte no existe.»

Un día, sentado en mi habitación cuando tenía cuatro años, se me apareció un espíritu mujer. Estaba suspendida sobre el suelo, y me extendía sus brazos como si me conociera desde hacía años. Yo no estaba asustado. En realidad, incluso tuve la sensación de que la conocía desde hacía años. Me comentó que se llamaba Jennifer y que era mi hermana, aunque había muerto. Me prometió que siempre estaría a mi lado para protegerme. Curiosamente, había tenido unos sueños muy extraños la semana anterior, pero ese fue mi primer encuentro de vigilia con un espíritu. Me sorprendió lo cómodo que me sentía hablando con ella.

Al cabo de unos días, mi madre y yo estábamos paseando, señalamos hacia el cielo y comenté: «Mamá, ¿allí es donde ahora vive mi hermana?» Mi madre pareció sorprenderse e hizo un esfuerzo por contener las lágrimas. Después, me preguntó de dónde había sacado esa idea. Yo no le contesté, y ella no me volvió a hablar del tema.

Finalmente, le conté a mi padre la experiencia cuando tenía cuatro años. Me preguntó qué aspecto tenía el espíritu. Le respondí que parecía una adolescente, una joven muy hermosa con el pelo largo. Me formuló muchas preguntas sin contestar ninguna de las mías. Yo estaba cada vez más frustrado, porque era como si yo hubiera descubierto algo pero nadie me confirmase que Jennifer, quien se había aparecido en mi habitación y extendido los brazos de niña, era una persona real y no sólo una de esas cosas de «mayores» que pertenecen a la categoría de «eso no es asunto tuyo».

Pasaron otros siete años de silencio respecto a Jennifer, siete años en los que yo me sentí muy solo y como si fuera una extraño en mi propia familia. Un día, mi padre y yo estábamos juntos en su lugar de trabajo y, de repente, se vino abajo y me reveló: «Hijo, habrías tenido una hermana, pero desgraciadamente fue mortinata.»

Fue como si el pasado, el presente y el futuro encajaran gracias a esa sencilla afirmación. A partir de ese momento, supe con absoluta certeza que yo no *tenía* una hermana, sino que *tengo* una hermana que me observa cada minuto. Es triste que otros miembros de mi familia se nieguen a hablar de ello o no la vean como a un ser real. No saben lo que se están perdiendo. También es triste que tantas personas, en términos generales, teman la idea de que existan visitantes del Otro Lado, o se nieguen a creer que son reales, puesto que esos seres aportan mucha paz, consuelo, y protección si lo aceptamos en vez de darles la espalda. Gracias por dejarme contar mi historia. –W. B.

Hay varias cuestiones que me gustaría remarcar sobre la experiencia de W. B., empezando por su observación casi de pasada de que la primera vez que este espíritu le visitó «estaba suspendida sobre el suelo». Como recordaréis, en el capítulo 1 de este libro, y en otras muchas obras anteriores, os comenté que el Otro Lado no es un lugar lejano y distante más allá de la luna y las estrellas, sino que está a un metro sobre el nivel de la tierra. Una de las formas más rápidas y fáciles de distinguir cuándo estamos viendo un espíritu en vez de un fantasma es que el espíritu parecerá estar «flotando por encima del suelo», mientras que un fantasma parecerá operar al mismo nivel que nosotros.

Lo que ocurre, como ya expliqué con anterioridad, es que el espíritu se mueve a su nivel, a un metro de altura de nuestro nivel, y por eso tenemos la sensación de que los espíritus flotan. W. B. tenía cuatro años cuando vio el espíritu de su hermana, y añadió que estaba flotando. No cabe la menor duda de que los niños de cuatro años, como todos los niños, tienen los sentidos más abiertos y desarrollados hacia el mundo del espíritu, y todavía no se les ha enseñado que «no deben» ver ni oír nada que no exista en esta tierra. Es imposible que un niño de esa edad sea lo suficientemente entendido o listo como para inventarse que se le apareció una hermana en forma de espíritu, y menos aún añadir un detalle como el hecho de que estaba flotando.

También está la cuestión de cómo es posible que este niño llegara a descubrir que había tenido una hermana, a menos que lo supiera por ella. Sospecho que en algunas situaciones, como seguramente sospecharíais vosotros, ese conocimiento le vendría dado por escuchar a escondidas y luego atar cabos. Pero en esa familia en concreto, donde el tema de la hermana mortinata era tabú, es más que probable que cualquier indicio de su existencia hubiera sido enterrado o destruido. No creo que ninguno de los adultos de esa familia hubiera pronunciado una palabra al respecto si W. B. no hubiera acuciado a sus padres con frases como: «Sé que tuve una hermana, así que empezamos la conversación a partir de ahí.» Una vez más, si descartamos las posibilidades más evidentes, ¿cómo ese niño de cuatro años pudo desenterrar ese secreto tan bien guardado, a no ser que entablara contacto con ese mismo secreto? Lo que quiero decir, como probablemente habréis adivinado, es que cuando lees o escuchas una historia como esta, puedes traicionarte si limitas tu reacción a decidir simplemente si crees en ella o no. Cuando abordes una cuestión relativa a tus creencias, ¡*piensa!*

Avanza paso a paso, fíjate en lo que une y lo que no, y lo que tiene sentido y lo que no, y cuando, como en la historia de W. B., lo más razonable es que se trate de la visita de un espíritu, intenta devolverle a tu mente la gloriosa y sagrada apertura infantil, y prométete a ti mismo y a los espíritus que te rodean que nadie va a volverte a decir lo que «se supone que debes» ver y desposeerte por ello del alivio, la paz y la sabiduría que te podrías estar perdiendo.

Crecí en una granja que pertenece a mi familia desde hace más de un siglo. Siempre me he sentido especialmente afín al lado paterno de mi familia y me fascinan los relatos sobre cómo mi bisabuelo Henry vino de Dinamarca para crear su rancho de Nebraska.

Nuestra víspera de la festividad del Cuatro de Julio (luego explicaré porque detallo esta fecha), cuando yo tenía once años de edad, tuve una de esas pesadillas de precipitarse al suelo que sé que todo el mundo tiene. Caí rápidamente, con un «aterrizaje duro» que me despertó de un salto. Yacía sobre mi espalda, respirando pesadamente por el sobresalto, y traté de calmarme observando el cielo que relucía de blanco por la luz de la luna llena que se filtraba desde el exterior por la ventana abierta. Finalmente, poco a poco, mis ojos pasaron a observar la puerta de mi dormitorio. ¡Lo último que esperaba es que alguien estuviera allí contemplando la estancia! Todo lo que puedo recordar entre la penumbrosa luz de luna era un hombre con gafas pequeñas, una frente alta, una mandíbula prominente, un sombrero de paja, y vestido con un guardapolvo. Me miraba fijamente, y yo estaba aterrorizado. Llamé a mi padre a gritos, y en ese momento el hombre del umbral se volvió hacia la dirección del dormitorio de mi padre y se desintegró en un millón de diminutos pedazos, de manera que cuando mi padre llegó, el hombre había desaparecido.

Al día siguiente, cuando describí al hombre lo mejor que pude, especialmente la forma de su mandíbula y la frente alta, mi padre comentó: «Por lo que cuentas, parece el abuelo Henry. ¿Sabes? El Cuatro de Julio era su fiesta preferida.» Eso fue toda una revelación para mí. Nadie me lo había contado antes. Años después, vi un retrato de mi bisabuelo Henry. Me sorprendió lo idéntica que era la fotografía al rostro que había visto en el umbral de mi dormitorio esa lejana noche de verano. Sólo pude verle unos instantes antes de que desapareciera, pero fue una imagen que nunca olvidaré y, lo que es más importante, una visión fugaz que se confirmó cuando hablé de ello con mi padre al día siguiente. Mis recuerdos no se fueron amoldando con el paso de los años. Esa persona era él. No necesito que nadie me lo confirme. Ya estoy convencido de ello.

Lo más curioso de este caso es que no parece haber ninguna relación entre la aparición de mi bisabuelo Henry esa noche y el sueño de caída que tuve poco antes de verle. ¿Existe alguna relación? Si es así, ¿cuál es? –N. W.

Suele existir una relación entre los «sueños de caída» y las visitas de espíritus, incluso cuando, como en el caso de N. W., el orden exacto de sucesos es un poco confuso. Para entender dicha relación, debes entender qué son realmente los «sueños de caída», y en vez de suponer que todos y cada uno de vosotros ha leído mi libro *Interpreta tus sueños*, os daré una explicación abreviada sobre el tema.

Muchos de nuestros «sueños» son en realidad viajes astrales, en los que nuestros espíritus se aprovechan del hecho de que nuestras mentes conscientes no interfieren y permiten que nuestros cuerpos realicen viajes para visitar a amigos y lugares que echan de menos en el Otro Lado, aquí en la tierra, o de vidas pasadas. Estos viajes son tan reales como cualquier viaje que realice nuestro cuerpo y mente en estado de vigilia, sólo que ocurren de forma mucho más rápida, eficaz, e increíblemente económica. En su mayoría, nuestras mentes conscientes son totalmente ajenas a las incursiones de nuestros espíritus y sus reentradas a nuestros cuerpos; vemos esos viajes como «sueños en los que volábamos» y «sueños» sobre personas, estén vivas o muertas, con quien en realidad pasamos tiempo mientras esos patosos vehículos donde moran nuestros espíritus residen en la tierra roncando y babeando toda la noche. No obstante, de vez en cuando nuestras mentes conscientes se dan levemente cuenta de lo que sucede cuando nuestros espíritus descienden a nuestros cuerpos, y en esas ocasiones es cuando se producen los horribles sueños de «caída». Si se le deja seguir su instinto natural, el espíritu sabe exactamente cómo entrar y salir de un cuerpo de forma suave y discreta, puesto que lo ha hecho infinidad de veces durante incontables encarnaciones aquí en la tierra.

Pero si la mente consciente se involucra, se produce repentinamente un momento de pánico, una sensación de peligro que informa: «Sí, está pasando algo malo; mi cuerpo está aquí, mi espíritu está allí, ¡creo que eso significa que estoy muerto!» y el espíritu debe realizar una reentrada mucho menos ceremoniosa, la diferencia entre regresar zambulléndose suavemente sin apenas causar el menor roce, o volver de un tirón de un sonoro planchazo. Es un movimiento violento, desconcertante, y no es de extrañar que después nos despertemos un poco asustados, confundidos, e incapaces de recordar el orden exacto de los recientes acontecimientos.

En esta historia, Henry y N. W. son viejos amigos de vidas anteriores tanto aquí como en el Otro Lado, y N. W. estaba visitando astralmente a Henry mientras dormía y se despertó de repente, posiblemente por algún ruido procedente del dormitorio contiguo de su padre, o por la brillante luz de luna que se filtraba por la ventana, puesto que esa luz y el grito que despertó al padre se superpusieron a la visión del bisabuelo Henry de pie en el umbral, una imagen que después se desintegró. Es decir, las imágenes que N. W. recordó posteriormente tienen sentido, sólo que están mezcladas y no siguen una secuencia lógica como ocurre tan a menudo como resultado de un «sueño de caída». En esos casos, el espíritu efectúa una reentrada segura pero más rápida en el cuerpo después de un viaje astral de lo que nuestras mentes conscientes pueden aceptar.

Me gustaría relatarle mi primer encuentro con un espíritu. Era varón, y estaba como suspendido en el aire, ya que sus pies no tocaban el suelo. Yo tenía trece años, y pasaba mucho tiempo sola en casa, ya que mis padres trabajaban. Este espíritu entró en nuestra vivienda en varias ocasiones, y cuando lo hacía la radio o la televisión se encendían. A mí siempre se me ponían los pelos de punta.

La última vez que apareció en nuestra casa fue el día en que nació mi hermana. Nació con un agujero en el corazón. (Ahora está bien, es una persona llena de vida, gracias a Dios).

Yo sabía que mis padres estaban muy preocupados, de modo que yo me quedé en la cocina, decorando la casa y preparando una tarta con la intención de animarlos un poco y transmitirles que yo sabía que mi hermana iba a recuperarse. De repente, un viejo transistor que había en el mostrador de la cocina empezó a funcionar. Ya fue bastante sorprendente que empezara a sonar sin que yo lo tocara, pero lo que realmente me asustó fue que me fijé en el enchufe de la pared y ni siquiera estaba conectado. Eso me puso los pelos de punta, y tuve que salir a tomar el aire.

Al cabo de un mes, recibimos una carta informándonos de que nuestro antiguo vecino desde hacía años, un médico que en realidad construyó nuestra casa, la adoraba, y pasó mucho tiempo reflexionando en ella durante su larga enfermedad, había muerto.

Murió el mismo día que nació mi hermana, y el transistor que empezó a funcionar ese mismo día sin ser activado ni enchufado, fue el último suceso extraño que ocurrió en esa casa.

Me cuesta creer que se daba a él, pero también me cuesta creer que no lo fuera. Supongo que me encantaría saber la verdad. –B. U.

En la década de 1960, mi familia vivía en una casa calentada por una estufa de carbón. Una noche, nos despertó a todos porque escuchamos un sonido muy parecido a una explosión de un horno, como si se hubiera quedado encendido mucho tiempo. Oí que mi padre se levantaba, y yo miré la hora en el reloj mientras me levantaba para ayudarle. Eran las 3:01 de la madrugada. Papá comprobó la tapa de la estufa, y estaba en orden. Miró en el interior de la puerta del horno, esperando ver un infierno en llamas por el rugido ensordecedor que parecía provenir del calefactor. Sin embargo, el fuego ardía de un modo normal e inofensivo. Comprobó los cables y no detectó ningún problema. Hizo todo lo que había que hacer, pero ese estallido seguía viniendo de la misma estufa que habíamos utilizado cada noche, día tras día, sin que nada de eso ocurriera con anterioridad.

Al cabo de unas horas, seguíamos intentando descubrir lo ocurrido cuando mi tía llamó desde Idaho. Al parecer, la serrería en la que mi tío trabajaba se había quemado, y en ella murieron mi tío y el resto de personas que había en ella. Los primeros coches de bomberos llegaron al incendio a las 2:59

de la madrugada. Apuesto a que no se sorprenderá si le digo que jamás volvimos a tener problemas con esa estufa. Que mi tío descanse en paz. –D. W.

Estoy segura de que es muy evidente el motivo por el cual coloco juntas estas cartas; siento casi un deseo de que estas dos personas empiecen a escribirse, porque ambas experimentaron el mismo fenómeno misterioso. En ambos casos, sus experiencias son todavía más creíbles porque desconocían esos fallecimientos. Por tanto, no tenían razón alguna para empezar a interpretar, consciente o inconscientemente, cualquier ruido o suceso extraño. No creían que debido a las circunstancias, se iban a producir sucesos «inexplicables». En cambio, experimentaron sucesos que no podían explicar, los superaron como mejor pudieron, y luego siguieron con su vida. Cuando recibieron noticias que se correspondían exactamente con el momento de esas experiencias inexplicables, cada una de esas personas fue lo suficientemente espiritual, sensibles, abierta, e inteligente para considerar como cierta la posibilidad de que el mundo del espíritu fuera la explicación. Y así es.

La energía liberada cuando el espíritu abandona el cuerpo cuando éste fallece es una energía poderosa. No sorprende que pueda ser capaz de accionar aparatos que dependen de fuentes de energía, como la electricidad y el calor, para su funcionamiento. En realidad, un espíritu recién liberado buscará con agrado dar a conocer su presencia de forma sencilla.

Luego está la cuestión que confunde a la mayoría de personas y, debo admitir que yo tampoco la acabo de exntender, puesto que incluye nociones de física, y sólo escribir esa palabra ya me aturde. La pregunta es una versión de: «¿Así que en vez de abandonar su cuerpo y de pasar al Otro Lado, ese espíritu del primer hombre abandonó su cuerpo y se dirigió a la casa que construyó porque le gustaba mucho?» o «Pongamos las cosas en claro: ¿En vez de encaminarse directamente al túnel hacia la luz después de abandonar el cuerpo, el espíritu del tío decidió detenerse por un momento y jugar con la estufa de carbón de sus parientes? ¿No parece un poco trivial?»

Aunque yo no puedo ofrecer la brillante objetividad científica de un físico, puedo deciros lo que sé que es cierto y cómo sé que es cierto. Lo sé por formular, desde hace casi sesenta años, interminables preguntas a mi Espíritu Guía, Francine; lo sé por mis propias experiencias con viajes astrales y experiencias de esa misma índole de miles de compañeros, clientes, familiares, y personal; lo sé por haber leído miles de libros sobre el mundo del espíritu en todos sus distintos aspectos y variaciones; lo sé por haber estudiado todas las obras más importantes de las principales religiones del mundo, incluidas veintiséis versiones de la Biblia; lo sé por las conversaciones que he mantenido con espíritus en mis sesenta y seis años de vida como psíquica. En el preciso instante en que un espíritu se libera del cuerpo de una vez por todas, nuestras leyes y limitaciones de espacio, tiempo, física, gravedad, y todos los criterios que utilizamos para medir lo «posible» y lo «imposible» dejan de existir. En el mundo del espíritu, donde la eternidad es una realidad, no hay algo como «pasado, presente, y futuro». Sólo hay un «ahora». En el mundo del espíritu, nunca escuchas la queja terrenal tan habitual: «No puedo estar en dos sitios a la vez.» Los espíritus sí pueden. Pueden estar en dos sitios que descen al mismo tiempo. Viajar a esos lugares no es ni pesado ni largo, puesto que se carece de cuerpo y de equipaje; en cuanto al viaje en sí, sólo es una cuestión de pensar en ese lugar y... voilà: están allí. Es así de incomprensible y sencillo. También os diré lo que es: es un acto tan conocido por nuestros espíritus como lo es el alfabeto para nuestras mentes conscientes. Nos cuesta mucho trabajo recordarlo, porque parte de nuestra labor aquí en la tierra es vivir según las limitaciones de la «casa» y aprovecharlas al máximo. Pero cuando volvemos a ser espíritus, seremos tan libres como el constructor de la primera historia o el tío de la segunda: no es que seamos dirigidos felizmente hacia la luz de camino a Casa o visitemos lugares terrenales que echaremos de menos. Nos detenemos para despedirnos de personas y lugares queridos en la toierra sin interrumpir nuestro viaje sagrado hacia el restablecimiento de nuestras vidas en el Otro Lado.

En los últimos años, me ha estado siguiendo un hombre. Normalmente está dentro de mi casa, pero también me sigue con frecuencia. Al principio pensé que simplemente era objeto de mi imaginación, hasta que una de mis amigas también lo vio, y me confirmó exactamente su aspecto: no llegaba a metro ochenta de altura, parecía ir vestido con un abrigo negro, quizá un abrigo tres cuartos; normalmente escondía las manos en los bolsillos, y era difícil verle la cara y los pies. No puedo decir que me sintiera amenazada por él, aunque al principio sí me sentía un poco incómoda. Al cabo de un tiempo me acostumbré a su presencia, y durante una larga temporada no se dejó ver tanto. Después, me mudé a vivir en casa de una amiga, y resultó ser alguien del que hubiera sido mejor mantenerme lejos. Tan pronto como me trasladé a casa de esa supuesta amiga, el hombre del abrigo negro empezó a aparecerse con más frecuencia. Una noche, me desperté demasiado asustada como para poder moverme o hablar, y sabía que ese hombre estaba en la habitación conmigo. Finalmente, me obligué a echar un vistazo a la estancia y allí estaba, sentado en una silla que había junto a la cama. No estoy segura de cómo explicar mi reacción, pero al verle allí me sobresalté y tranquilicé al mismo tiempo, como si tuviera la sensación de que, fuera quien fuera ese ser, debía estar allí.

Esa misma semana, mi compañera de piso y yo tuvimos una fuerte discusión, y acabé por irme de esa casa. Fue una buena opción y un alivio alejarme de esa persona que en realidad no era una amiga, según averigüé posteriormente. Desde entonces, no he vuelto a ver al hombre de negro.

¿Quién era esa persona? ¿Se ha marchado? ¿Estaba de algún modo relacionado con mi compañera de piso? Gracias por identificarlo. –D. H.

Éste es un buen ejercicio para las personas con la capacidad de ver espíritus. Formúlate las siguientes preguntas y fíjate en si no puedes identificar el espíritu por ti mismo sin necesitarme a mí.

Cuando empezaste a percibir ese espíritu por primera vez, ¿te pareció que estaba junto a ti, o alrededor tuyo?

Si tuviste la sensación de que estaba a tu lado, ¿era alguien a quien reconociste, por ejemplo un familiar o amigo fallecido, o alguien desconocido?

Una vez pasada la inquietud general de tener a un espíritu visible alrededor tuyo, ¿resultaba peligroso, o parecía albergar buenas intenciones?

Cuando te encontrabas en momentos de tensión o de posible peligro, ¿ese espíritu se aparecía con mayor o menor frecuencia?

Asimismo, cuando tu vida marchaba sobre ruedas, ¿ese espíritu se aparecía con mayor o menor frecuencia?

En el caso de D. H., y posiblemente en el tuyo, el espíritu que empezó a aparecerse estaba unido a ella, y no era alguien conocido; no había conocido a esa persona a lo largo de su vida. No parecía causarle ningún daño, pero se sentía incómoda porque no estaba acostumbrada a tener un espíritu a su lado. Tan pronto como se mudó con la otra persona que, según ella misma reconoce, debería haber evitado, este espíritu (el hombre del abrigo corto negro), comenzó a aparecerse con mayor frecuencia; cuando ella se marchó y huyó del posible peligro y tensión, el hombre prácticamente desapareció. Se trata de una magnífica descripción de lo que es un Espíritu Guía y cómo trabajan. A partir de ahora, D. H., podrás llamarlo con su nombre de pila, que es Aaron.

Yo tenía veintiún años de edad, probablemente mayor que muchas personas cuando «juegan» con un tablero Ouija por vez primera.

Pasé el fin de semana con la hermana de mi novio y un grupo de amigos cuando alguien sacó el tablero y empecé a sentir curiosidad por él. Imagine mi sorpresa cuando no sólo un encantador espíritu llamado Loren empezó a hablarnos a través del tablero sobre la historia de la casa de mis padres en Rhode Island; parte de esa información fue cierta, incluso creo que llegué a ver a Loren moviéndose rápidamente entre las puertas francesas, tenía el pelo rubio, vestía un abrigo rojo oscuro o una especie de capa. Al final de la sesión, el cursor Ouija se movía prácticamente solo, sin apenas tocarlo, pero Loren empezó a comportarse mal y me acusó de robar una pulsera de mi amiga, algo que no era cierto. Fue una experiencia muy vergonzosa delante de todas esas personas que no conocía bien. Tal vez suene raro que algo como eso llegara a inquietarme, pero no entiendo por qué ocurrió y por qué ese espíritu tan amable se volvió tan antipático. –M. B. S.

Esa es probablemente una de las treinta cartas que recibí sobre los tableros Ouija. Algunas personas relatan experiencias magníficas con ellos, otras son aterradoras, y algunas son confusas, como la que cuenta M. B. S.

Escuchad lo que debo decir sobre los tableros Ouija: deshaceros de ellos. Punto. No porque sean malos; no porque no funcionen. Si alguna vez los has utilizado, sabes que es muy posible que el cursor empiece a moverse, que se deletreen algunas palabras, que se respondan algunas preguntas sencillas, y que obtengas todo tipo de respuestas sorprendentes. Deseo que os deshagáis de los tableros Ouija que tengáis en casa porque utilizar ese instrumento es lo mismo que abrir tu puerta de par en par para que entre cualquier persona. Sin molestarse en descubrir quienes son, de dónde vienen, qué quieren, por qué han venido, si son peligrosos o no, si son psicológicamente estables, cuánto tiempo piensan quedarse, etcétera. Sólo los invitas a quedarse. Pero luego llegan las sorpresas cuando las cosas no marchan bien.

Te preguntarás por qué las cosas pueden ir mal si todos los espíritus del Otro Lado con quienes tratas de contactar son felices, amorosos y pacíficos. Ése es precisamente el problema. Es cierto que todos los espíritus del Otro Lado que, como ya he comentado, son oportunistas y buscan energía a la cual unirse, incluida la tuya, con la intención de comunicarse. Pero, evidentemente, los fantasmas, confundidos y en ocasiones desviados, también son oportunistas. Tienen sus propios planes, y a menudo buscan la manera de asustar o de ahuyentar a intrusos. Las entidades oscuras que atraviesan la Puerta Izquierda o que viajan astralmente por la tierra también pueden aprovechar una oportunidad de quedarse un rato. Tu energía, convenientemente localizada en un trozo de plástico, preparado para moverse sobre un tablero con letras, es una alfombrilla indiscriminada de bienvenida, un micrófono de todas esas voces sin garantía de que tú distingas las buenas de las malas, un mensaje lleno de amor o simplemente un mensaje transmitido con voz melódica y dulce que realmente quiere herirte.

A todos esas personas que me han escrito sobre experiencias con tableros Ouija, no dudo ni por un instante que vuestra intención era sincera. No es que no os tome en serio, pero abordar más detalles sobre esta cuestión es como tratar de analizar los pensamientos y la conducta de una entidad que pudo haber sido, o no, un mentiroso patológico y/o un psicópata.

Merece la pena repetir, con ahínco: *deshaceos de los tableros Ouija*.

Desde que mi hija tenía ocho años, sufría lo que los médicos y especialistas llamaban «terrores nocturnos». La niña se despertaba, pero parecía mantener una conversación con alguien o algo en estado de sueño. Algunos de sus «sueños» la aterrorizaban, pero no había manera de despertarla. Ella me llamaba a gritos y me instaba a «dejarlos marchar». Esos episodios duraban desde unos cuantos segundos hasta quince minutos a lo largo de toda la noche. Una mañana, después de sufrir una noche especialmente difícil, llamé a mi iglesia y a un psiquiatra, sin estar segura de a quién recurrir. La iglesia me recomendó al psiquiatra, y la psiquiatra (una mujer) consideró que mi hija era perfectamente normal, que sólo sufría «terrores nocturnos». Le hicieron unas pruebas para asegurarse de que no padecía esquizofrenia ni bipolaridad ni ninguna enfermedad mental de causa química, pero los resultados fueron normales. Las pruebas en sí parecían asustarle tanto como los «sueños», lo cual me volvió más desesperada para hallar respuestas.

Cuando la niña tenía cuatro años, escuchaba voces y lloraba, y me decía que detuviera esas voces. Yo le preguntaba qué decían esas voces, y ella me contestaba que no lo sabía o que no quería hablar de ello. Una vez más, los psiquiatras dijeron que la niña era normal, y que las voces que escuchaba eran sus pensamientos que no entendía o que no tenía las palabras adecuadas para transmitirlos.

Ahora tiene siete años, y ayer me comentó que si estaba bien volar en sueños. Yo le pregunté si eso le ocurría a ella, y me contestó que no, que sólo quería preguntarme si estaba bien. Yo la tranquilicé, diciendo que los sueños son normales, y que algunas personas vuelan en sueños y otras nadan, o hacen otras cosas que normalmente no realizan cuando están despiertos.

La niña pareció reflexionar un rato, y finalmente afirmó: «Mamá, yo vuelo mucho en mis sueños, y me encanta. Me hace estar contenta, y desearía poder volar en la vida real.»

Estoy convencida de que mi hija está experimentando algo que yo no alcanzo a comprender, pero creo que usted podría ayudarme en este sentido. –J. L.

En esta carta aparecen tantos temas que es difícil saber por dónde hay que empezar. Estoy segura de que una de las numerosas razones por la cual reaccioné tan vehemente a ella es porque si yo hubiera sido la primera psíquica de la familia, si no contara con trescientos años de antepasados míos que han sido psíquicos y una abuela psíquica en casa para explicarme las cosas con serenidad desde mi niñez, la infancia que se describe en esta carta podría fácilmente haber sido la mía.

Para los niños, es tan natural ser psíquico, estar en sintonía con el mundo del espíritu, como lo es respirar. El mundo del espíritu del Otro Lado (o, en muy pocas ocasiones, de la Puerta de la Izquierda) es el lugar de donde acaban de venir. Todavía están haciendo la transición de esa dimensión a esta, de modo que ver y escuchar ambos mundos es algo normal que no consideran artificial o extraño a menos que se les acompleje por ello. Es muy importante que no acomplejéis a vuestros hijos por ello. Si el niño te dice que está hablando con alguien a quien no ves ni escuchas, no supongas que tienes razón y riñas al pequeño por inventarse cosas. Creedme: que alguien te diga que te estás inventando algo cuando sabes perfectamente que no es así, es un mensaje muy confuso y desalentador, aunque «sólo seas un niño». Como ya he comentado con anterioridad, yo tuve suerte de que mi abuela Ada viviera entre nosotros. Ella no sólo sabía que no me lo estaba inventando, sino que podía oír y escuchar lo mismo, y luego me lo explicaba. Pero de vez en cuando mi abuela no estaba en casa, y mi madre hacía todo lo posible para que yo sólo fuera una niña normal, aunque no se supiera exactamente qué era «ser normal».

Los niños muy pequeños deben abordar una serie de cuestiones, y para algunos es más difícil que otros. La transición de la libertad de la vida del espíritu a las limitaciones de morar en un cuerpo humano puede ser aterradora e irritante. Saber que has dejado a muchos amigos en la belleza perfecta y exquisita del Otro Lado para vivir entre estos extraños en un lugar imperfecto llamado tierra, aunque fuera tu elección, puede ser desconcertante.

Cuando eres tan joven como la niña del relato, tu vida más reciente en la tierra, es decir, la última vez que tu espíritu residió en un cuerpo humano, es un recuerdo muy reciente y, según como fuera la vida anterior, no necesariamente un recuerdo feliz. Lindsay y yo escribimos un libro titulado *Recupera tu pasado, sana tu futuro*, que trata de un fenómeno llamado memoria celular. Simplificando bastante los rudimentos de este concepto, cuando el espíritu decide encarnase en otra vida en la tierra, invariablemente experimenta una reacción cuando vuelve a verse como humano que impregna cada célula de su nuevo organismo con unas respuestas emocionales que empiezan con las palabras: «La última vez que estuve en un cuerpo...». Como resultado de ello, el cuerpo reacciona al resto de la frase: La última vez que estuve en un cuerpo yo... *me quedé paralítica cuando tenía tres años de edad*, o *caí de un puente y fallecí a los cuarenta años*, o *sufrí asma crónico desde la infancia*. Sanar esa «memoria celular» de la vida pasada puede curar varios miedos crónicos misteriosos y enfermedades en esta vida; también pueden salvarse incontables «terrores nocturnos» en niños recordándoles sosegadamente una y otra vez mientras duermen que: «lo que estás recordando ocurrió en otra época y lugar. Todo eso ya ha pasado; estás en un cuerpo totalmente nuevo y una vida distinta, no tienes que volver a vivir la anterior». Rodéalos mentalmente con la luz blanca del Espíritu Santo, sigue recordándoles que la vida pasada que los asusta ya ha terminado y que están a salvo. No debes preocuparte por el hecho de que son muy jóvenes y quizá no entiendan lo que les dices. Incluso los bebés más pequeños poseen espíritus tan antiguos como la eternidad, y son esos espíritus quienes te escucharán y hallarán la paz en la verdad divina de tus palabras.

Verse libres de estos absurdos cuerpos humanos es más natural para los niños muy pequeños que verse encerrados en ellos, de modo que andan millones de kilómetros en viajes astrales mientras duermen, mientras sus espíritus visitan el Otro Lado, a sus amigos de vidas pasadas, y se dirigen a cualquier lugar donde se sientan mejor que en ese extraño espacio en el que se sienten encerrados.

Hay otra cuestión que me provoca escalofríos. Da la casualidad de que creo que, si hay algún lugar al que deberías poder ir para interactuar con el mundo del espíritu de un modo positivo y amoroso es tu iglesia. A menos que tu religión acoja la creencia de que, cuando mueres, también desaparece el espíritu; por lo me encantaría que muchas religiones pensaran en abrir un poco más sus mentes y aceptaran parte de la dicha, el poder y el alivio que supone creer que el espíritu de nuestros seres queridos fallecidos continúa entre nosotros.

Dios, los mesías, los santos, y todos nuestros seres fallecidos, según la mayoría de religiones, son seres muy reales y vivos, y existen en forma espiritual y no humana.

Nosotros podemos, y en realidad deberíamos, hablar con ellos con frecuencia. Es lo que conocemos con el nombre de «oración».

Pero ellos no pueden, ni deberían, contestarnos. Si lo hacen, y los escuchamos, es que estamos locos.

Nunca entenderé estas afirmaciones, y jamás estaré de acuerdo con ellas, pero seguiré albergando la esperanza de que las iglesias sigan explorando, sigan pensando y esforzándose más hasta que puedan servir mejor a los padres e hijos atormentados que escuchan voces, y que no les den a elegir entre el exorcismo y la consulta con el psiquiatra.

Dos días antes de que mi madre falleciera, mientras estaba en el hospital conectada a un respirador después de sufrir un ataque al corazón, se me apareció durante la noche. Yo estaba sentada en el sillón, incapaz de dormirme debido a mi preocupación por su estado, y de pronto, apareció junto a mí. Parecía transparente, pero podía verla con total nitidez. Me quedé extasiada porque me estaba hablando, aunque en realidad no estaba utilizando la voz. Pude percibir su profundo amor y su presencia. Le pregunté qué quería, y ella me sonrió. Ella me aseguró de que todo iba bien y que volvería a Casa al cabo de dos días. Quería que ayudara a mis hermanos a superar su marcha, y me dio unos mensajes para ellos. Transcurridos diez años desde su muerte, todavía sigue visitándonos de vez en cuando, y yo puedo percibir su calor y verla sonreír antes de marcharse. –A. L.

Este breve y dulce relato es un recordatorio sobre una noción confusa que detecto en muchas más cartas de lo que cabría esperar. Eso se debe a que las personas no lo entienden, o bien lo olvidan, pero es tan importante que no me importará repetirlo cuantas veces sea necesario para que penetre en sus corazones. *Los espíritus de los seres queridos enfermos o incluso en estado comatoso pueden visitarnos con la misma certeza e intensidad que los espíritus de los seres queridos fallecidos.* Es muy difícil describir la confusión y el dolor ocasional que parece provocar el desconocimiento de ese hecho sencillo. Algunas cartas hablan de visitas de espíritus de seres queridos enfermos y el pánico que provocaron esas visitas por suponer que estarían muertos. Otras cartas narran visitas de espíritus de seres queridos enfermos que fueron ignoradas por completo porque quienes recibían las visitas sabían que esa persona seguía estando con vida.

Ojalá pudiera hacer más promesas, pero lo único que puedo ofrecer es la pequeña llama de un «tal vez». Os diré que he trabajado con clientes que han recibido visitas totalmente reales de cónyuges y seres querido aquejados de enfermedades como Alzheimer, Parkinson, Lou Gehrig, o como irreversible. La enfermedad del cuerpo y de la mente no tiene nada que ver con al espíritu eternamente sano, alegre y amoroso, de manera que las visitas siempre resultan reconfortantes. Si un ser querido está gravemente enfermo y no te ha visitado, no pienses que esa persona no te quiere lo suficiente o no le importas. Sé que mis preocupaciones y el dolor ha impedido la visita espiritual de algún ser querido cuando estaba enfermo, y si hay alguien que lo sabe mejor, soy yo. No es en absoluto infrecuente que los espíritus de los seres gravemente enfermos visiten El Otro Lado siempre que pueden. ¿Quiénes somos nosotros para reprochárselo?

Si tu respuesta a esa pregunta fue: «Pero nos queda tan poco tiempo para pasar juntos», estás olvidando otra cuestión: que las personas gravemente enfermas están empezando a recordar con bastante claridad, y eso de pasar «poco tiempo juntos» es únicamente una ilusión terrenal. La verdad, la verdad de Dios, es que disfrutamos de la eternidad.

De pequeña, mi abuelo y yo estábamos muy unidos, y uno de mis recuerdos más vívidos era el olor distintivo del talco para afeitado que mi abuelo utilizaba a diario. Era una fragancia que relacionaba con él en todo momento, hasta el día de su muerte cuando yo tenía veintiún años.

Al cabo de unos años, di a luz a un hijo; todavía era un recién nacido cuando estalló la polémica sobre la vacuna DPT. (Esta vacuna previene la difteria, la tos ferina, y el tétanos, pero se rumoreaba que causaba fiebres muy altas, posibles lesiones cerebrales, y un mayor riesgo del síndrome de la muerte súbita.) Todas las madres primerizas estábamos muy asustadas por los efectos adversos que pudiera tener esa vacuna en el bebé, pero debo reconocer que yo me excedí en mi nerviosismo. Estaba absolutamente aterrorizada la noche anterior a que mi bebé recibiera su primera vacuna. Estaba sentada sola entre la penumbra del comedor, pasada la medianoche, casi lloraba de miedo, cuando de pronto una fragancia olvidada desde hacía tiempo, pero totalmente reconocible, empezó a impregnar la estancia. ¡Era el talco de mi abuelo! No daba crédito a lo que percibía. Eché un vistazo a mi alrededor para encontrar la posible fuente de ese olor, alguna explicación lógica a ese olor. Pero, evidentemente, no vi nada, ni escuché nada. No parecía haber nadie en el comedor excepto yo.

Negar que olí esa fragancia tan intensa e inconfundible sería negar la percepción de mis sentidos así como la abrumadora sensación de alivio que me invadió. Supe en ese momento, como sé ahora, que de algún modo mi abuelo vino a visitarme al comedor esa noche, cuando estaba aterrorizada, para comunicarme que no tuviera miedo, que mi bebé estaría bien. Jamás había oído que una de las formas en que un fantasma puede comunicarse con los vivos es a través del olor. No me ha vuelto a ocurrir de nuevo, pero no me cabe la menor duda de que esa noche recibí una visita, y que mi abuelo estaba en lo cierto: mi bebé recibió las vacunas y no le pasó nada. –C. P.

Estoy segura de que ya os habéis anticipado a mis conclusiones: que en este relato se trata de una visita del espíritu del abuelo, no el fantasma del abuelo. En esas extrañas ocasiones en las que un fantasma emite un olor, siempre es desagradable. No es «fragancia» una de las palabras que lo describirían. Lo que es digno de atención en esta historia de C. P., en vez de centrarnos en el extraño fenómeno de la presencia de su abuelo y en su miedo o sorpresa ante la experiencia, es que la persona fue capaz de llegar al fondo de la cuestión y descubrir qué estaba haciendo allí y por qué había venido. Vino por ella, evidentemente, pero vino para tranquilizarla *acerca de su hijo*. Su presencia no pretendía distraerla temporalmente hasta recordar lo que tenía que hacer al día siguiente y dejar que su ansiedad volviera a invadirla.

Los mensajes de los espíritus no son realmente tan complicados. Si habéis asistido a mis conferencias o a mis intervenciones por televisión, o si habéis leído otros libros míos, os daréis cuenta de que muchas personas parecen estar seguras de que un ser querido está tratando de decirles algo, aunque no pueden discernir de qué se trata, y se sienten muy decepcionados cuando les contesto: «Tratan de decirte que se encuentran bien, que están contigo, y que te aman.» Lo siento, pero en 99,9 veces de cada 100 ése es el mensaje: que tu ser querido fallecido no está en absoluto desaparecido. No existe la muerte. Pienso que ese es el mensaje más increíblemente poderoso que podemos obtener, pero algunos de mis clientes, al oír este comentario, parecen muy decepcionados. «¿Así que no ha dicho ni una palabra sobre quién se debe quedar el coche, verdad?»

Cuando nos visitan los espíritus en momentos de angustia, especialmente espíritus que nos visitan muy de vez en cuando o que jamás nos han visitado, como en el caso del abuelo de C. P., podéis estar seguros de que hay una intención muy concreta respecto al momento y finalidad de esa visita. Cuando un espíritu trascendente se da a conocer de algún modo, si el resto de tu mente se paraliza del susto, aférrate a una verdad: que ese ser querido, sea quien sea, procede de una vida ajetreada y dichosa, en un lugar de una belleza exquisitamente indescriptible acompañada de los mesías y ángeles, y donde el mismo aire que respira brilla con la presencia tangible de Dios. Cualquier visita a partir de ese momento, sin importar lo sutil que sea o la forma que adopte, es una bendición, un honor y muestra de la eternidad que os espera. Están aquí para prometernos que estaremos bien, y que nuestros hijos también lo estarán, y que en última instancia no hay necesidad de sentir miedo, porque aunque estamos haciendo lo que mejor podemos para ocuparnos unos de otros, Dios, quien nos creó a todos, se ocupa de nosotros.

Mi padre murió de cáncer el año pasado. Tenía sesenta y seis años de edad. No pudo pasar mucho tiempo con mis hijas y nunca había visto a mi pequeña hasta que mi madre y mi padrastro se las llevaron en un viaje que atravesó el país para visitarle una vez más. Desgraciadamente, mi padre estaba tan enfermo en ese momento, y mis hijas eran tan pequeñas, que me temo que apenas le recordaban, aunque sé que ese gesto significó mucho para él.

Al cabo de unos meses, todas mis hijas estaban durmiendo en el dormitorio de la hija mayor cuando empezaron a llamarme a gritos. Parecían muy alteradas. Yo acudí de inmediato a la estancia, pero las niñas estaban aterrorizadas y les pregunté qué había ocurrido. Según ellas, oyeron que las puertas del vestíbulo se abrían y cerraban, y que alguien «que caminaba pesadamente» y vestía pantalones muy elegantes entraba y salía de su habitación. Cuanto más describían los sonidos y trataban de imitarlos, más ganas me entraban a mí de sonreír.

Durante toda su vida, mi padre tenía una forma de andar muy peculiar, como si le costara mucho trabajo. Dios le bendiga, pero debo decir, con todo el respeto y la buena voluntad del mundo, que tenía el trasero más plano que he visto en la vida. Nunca llevaba un cinturón, de modo que siempre se le caían un poco los pantalones. De modo que podías oír el roce de la tela de cada pernera cuando caminaba. Yo se lo expliqué a mis hijas, y a partir de ese momento aprendieron a no asustarse por esos ruidos. Simplemente exclamaban: «¡Hola, abuelo!» y se sentían orgullosas de él, puesto que sabían que había venido expresamente del Otro Lado para comprobar que estuvieran bien ya que no pasó mucho tiempo con ellas en vida. –J. J. M.

Cuando mi padre era muy joven, tenía una tía abuela que vivía con su familia. Un día, su hermana mayor se ocupó de él cuando los padres salieron a pasar la tarde fuera. Mi padre pasó por la estancia de su tía abuela y observó que estaba haciendo las maletas. Él le preguntó a dónde iba. Ella le contestó que se marcharía por mucho tiempo y que le quería, y después salió por la puerta principal con su maleta en la mano.

Tan pronto como sus padres llegaron a casa, mi padre les comentó que su tía abuela se había marchado. Al parecer, mis abuelos se intercambiaron silenciosas miradas por un instante, y finalmente, sintiéndose un poco incómoda, la madre de mi padre preguntó: «¿Recuerdas lo que vestía?»

Mi padre describió como mejor puso la chaqueta azul oscuro de cuello alto y la falda larga que su tía abuela llevaba cuando atravesó el umbral de la puerta. Se produjo otro silencio, y luego mis abuelos se llevaron a mi padre al comedor, se sentaron con él, y le contaron por qué se estaban comportando de forma tan extraña. Ellos creyeron todo lo que su hijo les contó, porque no le habían revelado donde pasaron la tarde para que no se preocupara. Resultó que acababan de estar en el funeral de mi tía abuela, y el atuendo que mi padre describió era exactamente el que llevaba en el ataúd.

He hablado con todo el mundo sobre quién había estado ese día en casa: con mi padre, mis abuelos, y la hermana mayor de mi padre, y todos ellos recuerdan exactamente lo mismo. Me aseguran que esos recuerdos no han sido exagerados con el paso del tiempo, y todas esas personas se inquietan un poco cuando hablamos del tema. Esa experiencia ocurrió, de ello no me cabe la menor duda, pero todavía no la entiendo del todo. –E. W.

Estos dos relatos son magníficos ejemplos de espíritus en su definición más oportunista y halagüeña del término. Estos dos espíritus demuestran una gran brillantez al presentarse a los niños, quienes junto con los animales son las criaturas más psíquicas de la Tierra. Además, la experiencia permitió que esos niños y la inocente exactitud de sus descripciones ofrecieran una prueba a los adultos que quizá habrían ignorado, descartado, o negado. Pensad en ello. Cada uno de vosotros ha sido un espíritu con anterioridad. Volveréis a serlo. Cuando decides visitar a un ser querido que está en la tierra, ¿no vas a hacer todo lo posible para incrementar las posibilidades de que ese ser querido sepa que estuviste ahí? Yo sí lo hago. Los niños son unos maravillosos mensajeros del mundo del espíritu, siempre que se les enseñe desde su nacimiento –mientras sus recuerdos del Otro Lado todavía siguen frescos–, quiénes son esos espíritus, de dónde provienen, por qué en la tierra estamos tan bendecidos por su presencia, y especialmente por qué no hay ninguna necesidad de sentirse asustados por ellos.

Me alegro de que los espíritus de estas historias hayan sido tan listos, y también me alegro de que los niños hayan realizado la importante labor de informar sobre lo que han visto y oído. Las vidas de sus padres se enriquecen considerablemente por este motivo.

Yo era adolescente cuando una noche me desperté con la sensación de no estar sola, con el peso de una persona en el extremo de mi cama. Con los ojos cerrados, traté de descartar esa sensación pensando que probablemente sería mi gato Cleo, pero después me percaté de que era demasiado peso para un gato. De modo que abrí lentamente los ojos y vi a una niña sentada en mi cama. Tenía el pelo largo y moreno, y vestía un vestido oscuro. Estaba sentada allí, observándome. Era una sensación muy pacífica y amorosa, en absoluto amenazadora. Pero tan pronto como empecé a despertarme del todo, sentí que el peso se levantaba y la niña desapareció. Pensé rápidamente que lo habría soñado, que al fin y al cabo sería el gato, y que Cleo se habría marchado de la cama de un salto. Pero eché un vistazo a mi alrededor y me di cuenta de que Cleo no estaba en la habitación, que la puerta estaba cerrada, de manera que nadie pudo haber entrado en ella. Todo había sido un sueño, aunque el peso sobre el borde de la cama parecía demasiado real para tratarse de un sueño. Eso fue toda una novedad.

A la mañana siguiente, le conté la experiencia a mi hermana y ésta me miró con los ojos completamente abiertos, atónita y un poco asustada. Le pregunté qué pasaba.

–Esta noche me he desperado por la sensación de que alguien me estaba frotando la espalda –me reveló–. Al principio no me asusté porque pensé que serías tú. Pero cuando se paró y eché un vistazo a mi alrededor, no había nadie en el dormitorio. ¿Verdad que tú no viniste a mi habitación para rascarme la espalda?

Yo le contesté que no, y decidimos contarlo a nuestra madre, puesto que es una persona verdaderamente muy práctica y sensata, y sabíamos que ella averiguaría lo sucedido. Sorprendentemente, nuestra madre comentó que también se había despertado en plena noche. No sabía exactamente qué ruido, sensación de movimiento o presencia la despertó, pero tuvo la certeza de que una de sus hijas estaba en su habitación, y ella se sentó en la cama para ver qué estaba pasando. Cuando se dio cuenta de que ninguna de nosotras estábamos allí, se levantó para ir a nuestros dormitorios, y vio que estábamos profundamente dormidas. Eso la confundió un poco y la mantuvo despierta durante un rato antes de volverse a dormir.

Las tres estamos convencidas de que recibimos la visita de un fantasma. Siempre me he preguntado si pudo haber sido mi hermana pequeña, que murió al nacer. Pero por todo lo que he leído y oído, los fantasmas no envejecen. ¿Cree que podría haber venido para comprobar que estuviéramos bien? Esto ocurrió en 1970, y jamás la hemos vuelto a ver. Si fue ella, desearíamos volverla a ver. –M. W.

No cabe la menor duda de que la hermana pequeña las visitó, fue su espíritu, no su fantasma. Ha regresado en muchas ocasiones, aunque su presencia es más sutil, puesto que juega con los relojes, los teléfonos y los electrodomésticos, y cambia las cosas de lugar, de manera que de vez en cuando uno se pregunta si está sufriendo amnesia.

Lo realmente fascinante de esta historia es el esfuerzo que realizan los espíritus para ser reconocidos por las personas que vienen a visitar a la tierra.

M. W. tiene razón en creer que los fantasmas no envejecen. Como están atrapados, también quedan congelados en el marco temporal en el que murieron; o, en su caso, en el que se negaron a creer que murieron. Esa es la edad en la que quedan hasta que inevitablemente siguen adelante.

Sin embargo en el Otro Lado, todos los residentes que alguna vez se han encarnado tienen treinta años. Todos, incluida yo, se pregunta: «¿Por qué treinta?» Mi Espíritu Guía, Francine, pregunta: «Porque tienen esa edad», pero no reconoceríamos necesariamente a un espíritu visitante si se aparecieran con la edad de treinta años, a menos que los hubiéramos conocido en vida a esa edad. Los espíritus quieren que sus visitas sean felices y cómodas, no juegos confusos de adivinanzas. Evidentemente, un niño va a sentirse confundido si su querido abuelo canoso y octogenario recientemente fallecido se aparece con un cuerpo musculoso, atlético, y peludo propio de los treinta años? ¿Cuán cómoda se sentiría una madre joven y triste si su hija de seis meses que falleció por el síndrome de muerte súbita se apareciera en forma de espíritu como una hermosa mujer de treinta años?

Somos capaces de aprender todas estas cuestiones a la perfección, y sin explicaciones previas, cuando nos reunimos al Otro Lado. Pero el mundo del espíritu, que conoce nuestras limitaciones y nuestras mentes literales aquí en la tierra, realiza los ajustes físicos necesarios para ayudarnos a reconocer su identidad, y la historia de M. W. ilustra perfectamente ese hecho, aunque ella fue la única en ver a su hermana fallecida en su forma de espíritu. M. W. no había reconocido a su hermana si esta se hubiera aparecido como una joven de treinta años sentada al borde de la cama, y ver a un bebé, tal como era la hermana de M. W. cuando murió, durmiendo desconsoladamente en la cama, la habría preocupado más que tranquilizado. Pero ver a una niña que M. W. percibió como joven, es decir, más joven que ella, y en forma de espíritu capaz de desaparecer en una estancia cerrada, le dio un par de pistas definitorias. Luego estaban las sensaciones de paz y tranquilidad que obtuvo a raíz de su breve contacto con el espíritu, sentimientos que pudo identificar como amor, familia, y seguridad. Además, este mismo espíritu visitó a su hermana y madre esa misma noche, no de forma tan visible pero con el mismo esfuerzo sutil y amoroso de saludar sin molestar. Gracias a la descripción que M. W. fue capaz de ofrecer, la familia pudo identificar con exactitud al visitante.

Durante más de seis años de mi vida, pasé mucho tiempo con un hombre que era muy especial para mí. A menudo hablamos de casarnos. Lo que me impidió seguir adelante con la relación fue que bebía en exceso.

Si cree que exagero un poco cuando utilizo la palabra «excesivo», debo añadir que, cuando rompimos, presentaba síntomas graves de alcoholismo y sufría alucinaciones. Eso fue en la década de los ochenta, y el tenía unos cuarenta años.

Después de nuestra ruptura, lo vi muy poco, a pesar de que vivíamos en la misma zona y compartíamos el mismo círculo de amistades. La próxima vez que hablamos fue en la primavera de 1997, se había casado y en ese momento estaba en proceso de divorcio, y deseaba verme. Me sorprendí por el modo tan fácil y natural que se desarrolló nuestra conversación, como si no hubiera pasado el tiempo, aunque después de todos estos años me di cuenta de que todavía estaba enfadada por su alcoholismo, que destruyó la vida maravillosa que pudimos haber compartido. Él me dio su número de teléfono, pero yo sabía que no le iba a llamar.

Pasó otro año. Yo me mudé a Florida. En agosto de 1998, atravesé unos momentos muy difíciles de profunda depresión después de perder un empleo y de ser traicionada por alguien a quien consideraba una amiga de confianza. Una noche en concreto, recuerdo que estaba tumbada en la cama pensando que no iba a encontrar otro trabajo y que mis padres ancianos, como si ya no hubieran hecho nada por mí en su vida, tendrían que mantenerme de nuevo, lo cual sería algo insoportable para mí. Yo recé intensamente esa noche, pidiéndole a Dios toda la ayuda que pudiera ofrecerme para no sentirme tan inútil, débil, y sola.

No recuerdo cuándo me quedé dormida esa noche, pero sí me acuerdo que en el preciso instante en que lo hice empecé a soñar. En el sueño, ese hombre tan especial estaba allí. Me dijo, «puedes apoyarte en mí», me indicó que reclinara mi cabeza sobre su pecho; lo hice, y me sentí muy aliviada. Después supe que paseábamos por la playa. Él estaba a mi izquierda, y el océano quedaba a sus espaldas. Este hombre siempre ha tenido un enorme sentido del humor y le recuerdo riéndose constantemente, aunque en mi sueño estaba muy serio y decidido. De repente, se detuvo y se giró hacia mí.

No estoy segura de lo que dijo o cómo me di cuenta de ello, pero él quería sonsacarme cierta información. Yo me resistía a ello, supongo que porque seguía resentida con él. No era mi corazón lo que quería, sino mi esencia, mi empuje, mi inspiración, por falta de un mundo mejor. Él no paraba de insistir, y allí, mirándonos fijamente, supe que tuve esa increíble sensación de resplandeciente unidad que parecía elevarse como la luz de un piloto recién encendida, aunque luego la intensidad y él desaparecieron.

Cuando me desperté a la mañana siguiente, albergué los sentimientos más cálidos y agradecidos hacia él, y me entraron ganas de contactar con él. De repente, por unos instantes, pude acariciar todo lo que me gustaba de él, sin ningún tipo de interferencias. Pero luego, inevitablemente, esos recuerdos negativos empezaron a invadirme, y decidí no llamarle.

Menos de un mes después, en noviembre de 1998, encontré un trabajo estupendo. Al cabo de dos semanas, justo después del Día de Acción de Gracias, llamó una amiga común con la que no había hablado desde hacía mucho tiempo. Al cabo de unos minutos de ponernos al día, le pregunté cómo estaba mi ex novio.

–Pensé que lo sabías –me comentó–. Falleció repentinamente en la primavera de 1997. Ahora que lo pienso, lo vi la mañana que murió, y me dijo que había hablado contigo el día anterior.

Ahora que sé que estaba muerto cuando soñé con él, ya no creo que fuera un sueño. Creo de todo corazón que fui a visitarle al Otro Lado. Cuando pensé que quería sonsacarme algo, me equivoqué. Lo que quería realmente era darme algo que en vida no pudo darme por motivos de salud, como a mí me hubiera gustado: esperanza, fuerza, y un sentido de dirección, y todas esas cosas por las que recé esa noche.

Debí de quejarme mil veces cuando éramos novios de que nunca estaba a mi lado cuando le necesitaba. Ese pensamiento no volverá a pasarme por la cabeza. Agradezco inmensamente el honor de haberme encontrado con su espíritu en esa maravillosa playa, viendo el hombre encantador que era en realidad, y sabiendo que ahora siempre le recordaría sin enfadarme, sino con toda la gratitud y el respeto que merece.

Finalmente, debo decir que siempre he sido muy escéptica con la idea de que todos venimos del Otro Lado y que allí volveremos al fallecer. Creía que, si realmente existía un lugar tan perfecto y espectacular, lo recordaríamos de un modo u otro. Puesto que no nos acordamos de él, no debe existir, ¿verdad?

Incorrecto.

Yo estaba allí, con mi amigo; sé que estuve en ese lugar.

Es así de sencillo. La única razón por la cual no recordamos el Otro Lado es que, si lo hiciéramos, no querríamos seguir aquí.
–T. H.

No tengo nada que añadir a esta carta, salvo «Amén».

CAPÍTULO 6

Encantamientos, voces y secretos de los ricos y famosos

Durante la redacción de este libro, recibí una llamada telefónica de un productor de documentales de parte de una cadena de televisión de alcance internacional. La propuesta del productor fue la siguiente:

A cambio de una enorme suma de dinero, me pagarían el viaje en primera clase hasta el lugar de la trágica y controvertida muerte de una persona muy famosa. Me alojaría en un hotel de cinco estrellas, y lo único que tenía que hacer era permanecer lo más cerca posible del lugar exacto donde murió esa celebridad, canalizar a mi Espíritu Guía, Francine, y dejar que ésta anunciara a las cámaras y a una audiencia internacional de millones de personas lo que realmente había ocurrido.

Yo ya sabía lo que Francine diría. Me comentó lo que realmente había pasado en el día de la tragedia. Sé dos cosas sobre Francine que son indiscutibles: nunca miente, y considera una ruptura moral de su juramento a Dios como Espíritu Guía editar la información que facilita. Teniendo estas dos cosas en mente, le di al productor la única respuesta factible dadas las circunstancias. Le contesté que no.

Luego escuché lo de «todo el mundo tiene un precio». Sinceramente, hubiese dado igual que duplicara o triplicara esa suma, o empezara a añadir ceros a la primera cifra hasta que no le quedara papel. Existían, y existen, algunas confidencias que nunca traicionaré y secretos que siempre guardaré, porque de lo contrario heriría a muchas personas. Yo he hecho mis promesas a Dios, y si las personas no pueden confiarme sus secretos estaría en esa horrible y solitaria situación en la que no confiaría en nadie para revelar mis secretos; puesto que, a fin de cuentas, debo vivir conmigo misma, no creo que pudiera aguantar esta vida sin integridad.

No me malinterpretéis, es cierto que he cometido algunos errores, es decir, algunas meteduras de pata; y si no supierais toda la historia daría la sensación de que mi integridad es dudosa de vez en cuando. Una vez más, preguntadme y os diré exactamente cuán estúpida he sido, cuán ingenua e inconsciente puedo ser al confiar en las personas equivocadas, cuán increíblemente poco psíquica acerca de mi misma. Pero si me acusáis de ser deliberadamente deshonesta, indiscreta, codiciosa, ambiciosa a expensas de alguien, o despreocupada sobre el tema de la integridad, tendréis que véroslas conmigo. Eso incluye el tema de las celebridades, tanto del presente como del pasado. No las pido busco clientela, no revelo sus nombres ni hablo de ellos cuando son mis clientes, y nunca perseguiré a esas celebridades. Es decir, cuando se da el caso de una persona famosa que ha desaparecido o ha sido asesinada y sale en la prensa, si yo recabo alguna información relevante, contacto con mis amigos abogados, pero no revelaré nada a las familias. Devolveré sus llamadas y hablaré con ellos si me lo piden, y a menudo es así, pero no me entremeteré en su tragedia privada. Si alguna vez leéis sobre mi implicación con ellos, entonces esa información nunca ha salido de mi oficina.

Seguramente os preguntaréis si os estoy preparando para un capítulo que tratará de varias personas conocidas, que probablemente os diré que son muy buena gente y no me importa lo que digan los periódicos, que todos ellos murieron de causas naturales. No, no estoy haciendo eso. En las siguientes páginas, encontraréis algunas sorpresas y secretos interesantes, os lo prometo, y sabéis que no me molestaría en escribir un capítulo para encubrirme, como si mi credibilidad con los lectores no significara nada para mí, pero tampoco voy a escribir un capítulo difamatorio de celebridades, y os diré por qué. Por muy tonto que me parezca, creo que a mi manera, por lo que respecta a ser ampliamente conocida, me considero una celebridad, y no me quejo de ello. La inmensa mayoría de personas que me para en la calle, en una tienda o en un restaurante, y se acercan para saludarme, son encantadoras. Sin embargo, de vez en cuando, a alguien se le mete en la cabeza que «celebridad» significa «propiedad pública» y/o «no merece amabilidad», de modo que pasa al lado mío dándose aires, me ataca con algún breve insulto corrosivo, y sigue caminando como si acabara de terminar una tarea importante del día. Tened en cuenta que estas personas jamás se comportarían así con una completa desconocida, pero como me reconocen, ya no formo parte de la categoría de «desconocida». Con el tiempo, he aprendido a reírme de estas situaciones, salvo de una (todavía me ofende indeciblemente cuando ocurre delante de alguno de mis nietos). Les duele, les hace llorar, y no me gusta tener que decirles algo como «¿Qué motivos tendría alguien para deciros algo desagradable, cuando ni siquiera os conocen?», cuando no hay justificación para formularse esa pregunta.

Si no me gusta cuando alguien se comporta así conmigo, no voy a comportarme deliberadamente de la misma forma con otra persona, y no cabe la menor duda de que todas las personas sobre las que escribo en este capítulo tiene familiares o amigos cuyos sentimientos significan mucho para mí. En realidad, debo añadir unas palabras para estos familiares y/o amigos: espero que puedan leer entre líneas el genuino respeto que reflejan las siguientes páginas. Les ruego que me perdonen si hay algún comentario que, sin pretenderlo, les resulta ofensivo. Si tienen alguna pregunta, o información que les gustaría consultar conmigo en privado, no duden en ponerse en contacto conmigo a través de mi oficina, y estaré encantada de ayudarles en todo lo que pueda. Sólo digan a mis empleados a qué persona de las descritas a continuación se refieren, así como su relación con ella, y mis empleados tratarán el tema con la máxima discreción. Pueden estar seguros de ello. Han trabajado conmigo durante treinta años o más, y a lo largo de todo este tiempo han aprendido a ser discretos.

La casa de Bela Lugosi

Tal vez creáis que cualquier investigador psíquico interesado en los encantamientos habría aceptado de inmediato la oportunidad de explorar la casa de «Drácula», es decir, de Bela Lugosi. Pero yo no acepté a toda prisa. En primer lugar, lo creáis o no, es más viejo que yo. La película que lo consagró se filmó cinco años antes de que yo naciera, y en segundo lugar, sin faltarle al respeto al señor Lugosi y a sus numerosos admiradores, jamás he podido terminar de ver la película *Drácula* sin sufrir pequeños ataques de risa involuntaria o caerme totalmente dormida. Además, cuando se presentó la oportunidad, yo estaba inmersa en una agenda demencialmente apretada de lecturas, una gira de conferencias, y varias investigaciones criminales. De modo que, recorrer el hogar de un actor de Hollywood que había muerto décadas atrás, del que no sabía prácticamente nada, excepto que había protagonizado una película que no me importaba, me parecía una pérdida de tiempo que no podía permitirme.

Sin embargo, hubo una sola y única razón por la cual acepté la propuesta. Se llama Nick Nocerino. Es un investigador de fenómenos paranormales que contaba con una amplia experiencia en estos temas. Había trabajado con él y me gustó, era una persona a la que respetaba muchísimo. Él y el famoso fotógrafo de fenómenos paranormales, Chuck Pelton, con quien también había trabajado, habían decidido explorar la casa de Bela Lugosi, y fue su implicación lo que hacía esa propuesta irresistible. Yo confiaba en Nick y Chuck. Conocía su integridad, su objetividad, y su férreo compromiso con la más absoluta autenticidad, para bien o para mal, en cuanto a fantasmas, espíritus, o lo que fuera. Si ellos creían que la casa de Bela Lugosi era un interesante objeto de investigación, yo no era nadie para rebatirles esa percepción.

De modo que Nick, Chuck y yo llegamos al lugar con una furgoneta cargada con multitud de artefactos de última generación, sin tener ni idea de lo que íbamos a encontrarnos. Nick, que había estudiado el tema y lo sabía todo sobre la casa de Bela Lugosi, me comentó si yo tenía alguna pregunta, o si había algo sobre la biografía de ese hombre que quisiera saber. Mi respuesta fue un inmediato «no, en absoluto». Yo soy de las que prefieren empezar a investigar con la menor información factual posible y con muy pocas predisposiciones, de manera que todo lo que experimento sea fresco, espontáneo, y sin prejuicios, como debería ser toda investigación seria sobre cualquier tema.

Llegamos a última hora de la tarde, y Nick empezó a sacar su equipo y mostrármelo, como siempre hace cuando trabajamos juntos. Me encantaría ofreceros más detalles sobre todos esos artilugios y sorprenderos con mi pericia tecnológica, pero lo cierto es que no tengo ningún conocimiento tecnológico para sorprenderos. Sé que algunas de esas máquinas medían patrones de energía, así como mi ritmo cardíaco y mi temperatura corporal. Sé que Chuck utiliza una película de infrarrojos, que capta las variaciones de calor y electricidad en la atmósfera. Sé que Nick lleva una caja electromagnética que funciona como un contador Geiger para medir la energía electromagnética. No obstante, en general, y por lo que a mí respecta, de la cuestión electrónica se ocupan Nick y Chuck, no yo. Yo, normalmente, tengo mi orden de prioridades y hay demasiadas cosas que me pasan por la cabeza durante una exploración como para tener que ocuparme de cables, mecanismos, y diales.

La vivienda estaba deshabitada desde hacía varios años y parecía tristemente deteriorado. Además, su diseño parecía extraño. Los edificios formaban un cuadrado, envuelto por un patio con una fuente central que supuse que en sus tiempos fue encantadora. A mano derecha estaba la vivienda principal con unas macizas puertas de entrada. A mano izquierda, había escaleras que conducían a otras estancias, con un balcón estrecho delante de cada una de ellas que me hizo recordar a un motel destartalado y desierto. Pensé que era extraño que esas habitaciones estuvieran separadas, sin ninguna relación con las otras.

Atravesamos las pesadas puertas hasta el interior de la casa. Parecía opresiva y deprimente, como si entre esas paredes se hubiera vivido mucha infelicidad, una terrible inquietud que rayaba en la histeria. Pero esas eran simples impresiones psíquicas, impresiones que estoy seguro que vosotros también habríais sentido cuando entráis en una estancia que tiene un aspecto ordenado pero parece cargada con energía propia, que bien te tranquiliza o te atrae o te hace volver al coche lo antes posible. Cuanto Nick, Chuck, y yo más explorábamos la casa, más evidente resultaba que no había fantasmas, ni espíritus rezagados, ni ningún encantamiento que activaran los aparatos electrónicos de mis compañeros o mis mecanismos psíquicos. Finalmente volvimos a salir al exterior, y mientras empujábamos esas pesadas puertas, recuerdo que me pregunté si alguien había percibido unas risas, felicidad, una actitud juguetona, u oraciones.

Llegó el momento de subir las escaleras hasta esas habitaciones extrañamente separadas más allá de la fuente. No sé qué pensaban Nick y Chuck (no se lo pregunté), pero después de encontrar la casa principal tan «limpia» y libre de fantasmas, no esperaba más que los mismos espacios mustios, tristes y deprimentes que acabábamos de dejar.

De repente me di cuenta de que, cuanto más subíamos por esas escaleras, más sentía que mi cuerpo estaba hecho de plomo y más me costaba respirar. Empecé a sentir algo así como una oleada de pánico, y no me avergüenza admitir que, si Nick y Chuck no hubieran estado conmigo, habría echado a correr en vez de enfrentarme a lo que estaba esperándome en la parte superior de las escaleras. Nick tiene la cinta de audio para demostrar que yo no paraba de decir que quería huir de ahí, y también describe la oleada de pánico que me invadió, aunque yo no recuerdo haber dicho una palabra al respecto o ni siquiera experimentar algo que no fuera el sonido normal y familiar de mi voz. Finalmente, me recuperé lo suficiente para parar y ofrecernos a los tres la mejor protección que tenía en mi arsenal: nos rodeamos de la luz blanca del Espíritu Santo, y después de unas cuantas bocanadas largas y profundas de aire cálido nocturno, subimos rápidamente la escalinata, cruzamos el balcón estrecho, y abrimos la primera puerta.

Me sentí abrumada de inmediato, casi atacada, por una de las imágenes más horribles que jamás haya presenciado. Me quedé boquiabierta mirando una estancia de personas vestidas como vampiros, con un aspecto muy gótico antes de que se pusiera de moda. Tenían los ojos blancos como la cal, los ojos hundidos y delimitados con una línea negra. Tenían los labios pintados con un color rojo intenso como la sangre. Hablaban un lenguaje ininteligible, y con un tono de voz bajo y monótono. Tres de esas personas estaban de pie y se agitaban de un modo frenético, como si estuvieran drogados. Otros cuatro estaban tumbados en el suelo, agachados y cojeando como andrajosas muñecas de trapo. Uno de los hombres sostenía un vaso, y lenta pero deliberadamente se cortó el brazo y dejó que la sangre cayera en el vaso. Luego lo paseó por toda la estancia, y esas personas bebieron del vaso. Mientras lo hacían, iban cayendo en una euforia enfermiza y oscura, como si acabaran de compartir una horrible comunión.

El efecto era completamente hipnótico, como si fuera una pesadilla. Yo no podía moverme ni hablar, ni siquiera darme la vuelta, como deseaba con todas mis fuerzas. Pasaron unos instantes hasta que me di cuenta de que, desde hacía un buen rato, Nick estaba gritando mi nombre desesperadamente, pidiéndome que saliera de ahí. Según los calibradores que llevaba en mi cuerpo, me estaba quemando en esa estancia fría, y me di con tanta energía electromagnética que estuve a punto de sobrecargarme, de modo que mi pulso ya salía de los límites del gráfico. Yo sabía que no eran esas imágenes lo que me retenía, sino esas pobres almas atrapadas en un ritual que repetían una y otra vez, concentrados desesperada e inútilmente en un frenesí perpetuo de drogas, sangre y oscuridad.

Cuando conseguí salir de la estancia, Nick cerró la puerta de un portazo y él y Chuck se dirigieran a las escaleras para marcharse lo antes posible. Parte de mí quería seguirlos a la furgoneta. Pero la otra parte todavía no estaba lista para partir. Todavía no habíamos acabado.

–¿Dónde vas? –Me preguntó Nick con una voz muy tensa. Me dirigí a la otra puerta que había en el rellano de las escaleras.

–Tenemos que mirar aquí antes de marcharnos. Te prometo que será rápido. ¿Te importa?

Estreché la mano para tocar el pomo de la puerta, dejando bien claro que iba a entrar con o sin permiso. Debo decir que Nick y Chuck no estaban asustados de las cosas a las que podríamos enfrentarnos esa noche, sino que les preocupaba mucho mi seguridad. Yo entendí sus dudas, pero no me sorprendí en lo más mínimo cuando los encontré detrás de mí mientras yo abría la puerta de par en par y entraba en la habitación.

Tardé un momento en acostumbrarme a la oscuridad total de la estancia. Al principio, lo único que pude ver fue la sombra de lago grande y espeso que probablemente se debía a un sillón muy grande y voluminosos o a una cama. Volví a quedarme sin aliento cuando descubrí que lo que estaba observando era un ataúd reluciente de madera muy pulida. Estaba abierto. Entre sus telas satinadas descansaba Bela Lugosi en persona, envuelto en una capa, y el pelo moreno. Estaba ligeramente incorporado y me miró directamente a los ojos.

–No has sido invitada –me dijo.

–No, no me han invitado –contesté con tranquilidad–. Lamento esta intrusión.

Salí de nuevo al balcón y cerré la puerta, uniéndome a Nick y a Chuck, visiblemente afectados. No habían visto lo mismo que yo, ni oído la voz hueca de Bela Lugosi, pero sí oyeron mi respuesta y percibieron la desesperación y la vida inerte de esa estancia. Ninguno de los tres hablamos cuando descendimos la escalinata y salimos al patio, que estaba sorprendentemente tranquilo teniendo en cuenta su proximidad a esa espantosa casa. Nos quedamos sentados en silencio durante un rato, cada uno de nosotros procesaba en privado lo que acabábamos de experimentar en lo alto de esas escaleras. Chuck nos sirvió una taza de café de unos de sus termos. Fue un gesto tan normal y mundano que creo que nos ayudó a volver al lujo de nuestra vieja y ordinaria realidad.

–De acuerdo, Nick –dije finalmente–. Ahora puedes contarme lo de Bela Lugosi.

Era una historia larga y bastante desgarradora. Bela Lugosi nació en Hungría a finales del siglo XIX. Abandonó el hogar familiar a los once años y, poco después, empezó a ganarse la vida en el mundo del teatro, lo que le llevó a emigrar a Estados Unidos. Su carrera fructificó a principios de la década de 1930 con las películas *Drácula, Los asesinatos de la Rue Morgue, El gato negro*, y otras varias películas que lo encasillaron a un tipo de género y personajes del que nunca pudo escapar. Desde finales de los años treinta hasta su muerte en 1956, trabajó de forma esporádica y a menudo humillante mientras luchaba para mantenerse a él, a su tercera esposa, y a su único hijo, Bela Lugosi, que nació en 1938. En esa etapa se volvió adicto a la morfina, una droga que le habían recetado por un dolor crónico que sentía en las piernas. En el edificio anexo a la finca Lugosi, celebraba unas legendarias fiestas secretas de rituales de sangre inducidos por las drogas, y Bela, aferrándose desesperadamente a la única identidad que le había dado cierta fama o éxito, solía dormir en un ataúd.

Lamentablemente, cuanto más me contaba Nick, más sentido cobraban las grotescas imágenes de esa estancia, y más horrorizaba me sentía por esas pobres almas perdidas cuyo vacío pude percibir esa noche, tan hundidas en la oscuridad que no podían ver la luz de Dios que esperaba para guiarles a Casa. Pensé largo y tendido sobre volver a subir esas escaleras y liberar a esos fantasmas de su bucle de tiempo horrible, infinito y angustioso, pero estaba realmente agotada y temporalmente debilitada. No quiero que me malinterpretéis. Jamás tengo ninguna duda de la omnipotencia de Dios en cualquier circunstancia, pero ante tanta negatividad profunda y desesperada, de vez en cuando dudo de mí, y cuando la duda se apodera de ti, no importa cuánta luz blanca puedas convocar, creo que la discreción siempre es la mejor opción. De este modo, Nick, Chuck y yo levantamos las manos y rezamos con todo nuestro corazón a Dios, a la Conciencia Crística, al Espíritu Santo, y a los Principados, la hueste más importante de ángeles, para que envíen a alguien a poner orden en esas almas en pena y confundidas y las guíen a la amorosa eternidad del Otro Lado, que es el lugar al que pertenecen. Normalmente puedo deshacerme con facilidad de la más poderosa negatividad. Después de tanto tiempo en este campo de trabajo, me hubiera vuelto loca de no ser así. Pero esa sensación de pesadez, la futilidad, los ataques de pánico, y el desaliento de esa casa y sus abandonados habitantes permanecieron conmigo durante varios días. Ya han pasado varios años de ese incidente, pero sigo rezando para que Bela Lugosi, ese actor al que decidí rechazar en un principio, y para esas otras personas que se perdieron en ese mismo oscuro vértice que lo retenía en la tierra. Espero que vosotros también recéis por ellos.

La casa de Hitchcock

Mi viaje a la ex casa del difunto y magnífico director Alfred Hitchcock empezó siendo un mundano favor. Mi amiga Lavona conocía a unas amistades que pensaban en comprar esa casa, aunque sentían un poco de aprensión hacia ella. De modo que me pidieron si sería tan amable de inspeccionarla. Yo estaba segura de que su recelo tenía que ver con las legendarias películas de Hitchcock unos *thrillers* brillantemente aterradores, y le aseguré a Lavona de que no existe ninguna relación fiable entre una vivienda y la ocupación de sus antiguos inquilinos. Pero también acepté inspeccionar la casa para ver si percibía alguna buena razón para que los amigos de Lavona no la compararan. Yo no estaba preocupada al respecto, pero para ser sinceros, no quería perderme la oportunidad de pasearme por la finca de Alfred Hitchcock.

Parecía muy apropiado que la casa estuviera situada en las hermosas y místicas montañas de Santa Cruz, al norte de California. Se rumorea que en ellas hay de todo: desde aquelarres de brujas hasta cementerios malditos desde hace siglos por los iracundos espíritus de los indios americanos que murieron allí. Después de conducir por una carretera serpenteante en una zona boscosa, llegué a una entrada de piedra con la estatua de San Francisco de Asís que destacaba en una urna de la pared. Como yo adoro a los animales, y la palabra «adorar se queda corta», sonreí al ser recibida por su santo patrón.

Pero la siguiente escena fue horripilante. Tumbados en el suelo, junto a la estatua, había dos bellísimos perros moribundos (o que ya estaban muertos), y les salía espuma por la boca. De no haber sabido que eran una visión, que no eran reales, los hubiera metido en el coche y hubiera conducido a toda prisa hasta el veterinario más cercano, aunque eso implicara no volver a ver la casa de Hitchcock. De modo que avancé por el sendero que desembocaba en la casa, profundamente conmovida, con los ojos llorosos, y no paraba de repetirme: «Oh, Dios mío; Oh, Díos mío, esos perros tan hermosos.»

Lavona se acercó para recibirme, me miró a la cara y comentó:

–Sylvia, ¿qué ha pasado?

–Lavona –le respondí– ¿Quién ha envenenado a esos perros?

Mi amiga se quedó desconcertada.

–¿Cómo lo sabías?

–Los vi. Recuerda que soy psíquica. –Yo trataba de mantener la calma, pero apenas lo conseguía.

Mi estado de ánimo no mejoró cuando Lavona me informó de un rumor que circulaba años atrás sobre unas brujas de la zona a quienes no les gustaba que los perros ladraran, y decidieron acabar con ellos. Empecé a preguntarme a quién abofetear primero: a mi amiga por mostrarse tan indiferente al envenenamiento de esos animales, especialmente a los pies de la urna de San Francisco, aunque hubiera ocurrido años atrás, o a mí misma por dejarme llevar por la curiosidad. Yo meditaba estas dos opciones cuando nuestra anfitriona, una mujer con quien Lavona había acordado que nos mostraría la casa, salió de la vivienda para saludarnos. Espero que mi conducta fuera educada. Lo cierto es que estaba tan alterada que realmente no me acuerdo de cómo me comporté.

Mientras seguíamos a nuestra anfitriona hacia el interior de la casa, me encontré susurrándole a Lavona: «Seamos rápidas, estoy agotada», cuando me detuve de repente para observar lo que había a mi alrededor. No podría describiros el tamaño de las habitaciones, ni de los muebles, ni ofreceros otros detalles de la casa que tanto había deseado explorar. Lo único que vi eran paredes cubiertas de huellas ensangrentadas de mano, y figuras encapuchadas por todas partes que nos observaban, como si fueran monjes con capa y capucha con nada más que oscuridad en sus rostros.

Lavona tocó suavemente mi brazo:

–¿Y ahora qué ocurre? –susurró preocupada, aunque no quería alarmar a nuestra anfitriona.

Yo carecía de la voz, y por supuesto de la energía, para describir lo que nos rodeaba. Trataba de explicarlo como una especie de proyección por mi parte, quizá mi imaginación por todos esos años de ver las películas de Hitchcock. Pero nunca había relacionado a este director con la sangre, ni con figuras oscuras tapadas y encapuchadas, y ya contaba con mucha experiencia como para darme cuenta de que esas percepciones no venían de mí. Estaban en esa casa mucho antes de que yo llegara. Finalmente, contesté con un susurro: «Dile a tus amigos que no pueden comprar esta casa. Es muy extraña, y horripilante.»

Mientras yo echaba un vistazo superficial a la cocina, sin querer otra cosa que volver a mi coche y regresar por esa carretera aburrida, de pronto solté: «¿De qué tenía tanto miedo la señora Hitchcock?»

Nuestra anfitriona me miró, sorprendida de mi suposición.

–¿Por qué demonios crees eso? –me preguntó.

–No lo creo, lo *sé*. La señora Hitchcock vivió aterrorizada en este lugar –le aseguré–. Enséñame su habitación.

–Siguiendo por este pastillo –la mujer parecía un poco engreída, como si quisiera demostrarme lo equivocada que yo estaba.

Nos condujo hasta un patio privado y, desde allí, a un edificio anexo pequeño construido de piedra. Había barrotes en las ventanas, y doble cerradura en la pesada puerta delantera. Entramos dentro de este dormitorio totalmente aislado cuando nuestra anfitriona nos enseñó un rincón secreto de la estancia privada de la señora Hitchcock: al apretar un botón, salía un teléfono rojo de emergencia de un cajón. Analicemos: una habitación separada y totalmente aislada de la casa principal. Barrotes en las ventanas. Doble cerrojo en una puerta totalmente recia y, en último lugar, el teléfono secreto de crisis. No era preciso ser psíquica, ni ingeniero aeronáutico, para unir todas las piezas del rompecabezas.

–No –comenté a Lavona y a nuestra anfitriona, mientras ponía los ojos en blanco–. La señora Hitchcock no tenía miedo de nada.

Las dos mujeres se encogieron de hombros, y Lavona dijo débilmente:

–Creímos que era un poco excéntrica.

Por favor, Señor, pensé, no permitas que mis seres me vean aterrorizada y que no me hagan caso pensando que soy una excéntrica. Pero en voz alta sólo repetí a Lavona:

—Tus amigos no deberían, bajo ningún concepto, comprar esta casa. Punto.

Luego me recliné contra la pared, deseando con todas mis fuerzas salir de ahí y ser lo suficientemente valiente para volver a pasar por esas figuras encapuchadas y esos hermosos perros moribundos de la entrada. Pero acto seguido, un movimiento del exterior de la ventana con barrotes captó mi atención. Vi a una mujer delgada, canosa, ataviada con un vestido negro con puños blancos, un cuello y un delantal de ese mismo color. Un hombre muy pulcro vestido con un traje negro estaba a su lado.

—¿Quién es esa pareja mayor? —pregunte, asumiendo que nuestra anfitriona y Lavona habían contratado a una criada y a un mayordomo para nuestra velada, halagada de que se hubieran molestado en contratarlos. Pero mi reacción resultó demasiado precipitada.

—Sólo estamos nosotras —respondió Lavona.

—No, hay más personas —les dije a las dos, y procedí a describir a la pareja, que seguían de pie cerca de la ventana. Las dos mujeres se miraron, se encogieron de hombres, y farfullaron algo como: «Serán las sombras». No quise molestarme en tratar de convencerlas de que no estaba alucinando, así que, más cansada de lo que podía recordar en mucho tiempo, me incorporé, me despedí, y me marché. Todavía sigo agradecida de que no me encontrara con ninguna figura encapuchada ni a ningún perro muerto mientras regresaba al coche para irme en seguida, puesto que estaba totalmente agotada.

—Ya esta —me prometí a mí misma—. No voy a visitar más casas encantadas. Jamás voy a involucrarme en otra situación como esta. —Para que conste: ni siquiera me creí estas palabras cuando las pronuncié.

Tres semanas después, mi secretaria entró en mi oficina con un sobre que había llegado en el correo de ese día. En el interior había una fotografía en blanco y negro de la familia Hitchcock. Junto a ellos, había un hombre y una mujer mayores, exactamente la misma pareja que yo había distinguido entre la ventana de la estancia de la señora Hitchcock. Me senté en silencio para rezar por ellos a fin de liberarlos, para que entendieran que su atento cuidado de los Hitchcock y esa casa tan perturbada ya no existían, que habían cumplido bien con su trabajo y que podían seguir la luz de Dios hasta la dicha del Hogar.

En cuanto a las imágenes tan espantosas que ese día me asaltaron, y que motivaban a la señora Hitchcock a dormir en una estancia hermética y un teléfono de emergencia, con apuesto lo que sea a que esas imágenes no estaban directamente relacionadas con la familia Hitchcock. Estoy convencida, a nivel psíquico, que esas imágenes estaban demasiado afincadas y eran demasiado espantosas como para ser recientes. Estoy segura, tal como explicamos en el capítulo dos, de que el terreno sobre el que se construyó esa vivienda conservó siglos de maldad y de oscuridad que posiblemente tarde siglos en neutralizarse del todo. Las figuras encapuchadas eran huellas de una secta muy antigua que, oculta entre los bosques de esas hermosas y místicas montañas, se consideraban druidas y utilizaban la filosofía pagana celta como excusa para realizar rituales que incluían sacrificios humanos. Las huellas ensangrentadas en las paredes de la casa de Hitchcock son las únicas huellas que esos sádicos pseudo-druidas dejaron atrás.

Uno de los factores determinantes que me convencieron de que en esa casa podrían haber huellas, y que no estaba encantada, fue la presencia de los hermosos perros moribundos a la entrada de la finca. Recuerda que los espíritus del Otro Lado nunca aparecen con heridas o enfermedades, ni ningún tipo de problema físico, y puesto que los perros, al igual que el resto de animales, vuelven a Casa inmediatamente cuando sus cuerpos fallecen debido a la perfección de sus almas, no podían ser fantasmas. Así pues, si yo no hubiera sabido a nivel psíquico que estaba tratando con un caso de huellas, los perros habrían bastado para convencerme de ello. Al igual que con la mayoría de huellas, la lógica no fue suficiente para causar un impacto en el abrumador poder emocional de tanta oscuridad concentrada.

Todavía siento una sensación de pérdida y confusión cuando pienso en la casa de Hitchcock y los terrenos que la rodean, en toda esa belleza espectacular que oculta tanta negatividad. Me gustaría entrar en contacto con los inquilinos actuales de esa casa. Pero aunque no lleguemos a conocernos, sabed que estáis en mis oraciones.

La taberna del Caballo Blanco

Corren rumores de un encantamiento en la taberna del caballo blanco, en la calle Hudson de Nueva York. Montel Williams me pidió que llevara a cabo una inspección del lugar con una cámara, con la intención de presentar las imágenes en su programa. Lo único que sabía sobre ese supuesto encantamiento es que los trabajadores del local colocaron las sillas sobre las mesas al acabar la jornada, y al día siguiente encontraron dos sillas en el suelo. Estaban junto a una mesa con dos copas de whisky recién servido que ningún vivo había pedido.

Averigüé un poco más sobre la taberna del Caballo Blanco, pero no mucho. Supe que tenia más de cien años, y que a lo largo de su historia desfilaron clientes como Norman Mailer, Dylan Thomas, William Styron, Theodore Bikel, o artistas populares como los Clancy Brothers y Bob Dylan, mientras Steve McQueen se ocupaba de la barra. Lo cierto es que lamenté haberme perdido todo eso.

No era necesario ser psíquica para darse cuenta de que ese edificio de madera valora profundamente su pasado. Hay madera y cristales viejos por todas partes, una pared de estaño grabada en relieve, y la cabeza de un caballo tallada sobre un poste en medio del salón. Una profusión de fotografías enmarcadas y la extensión de suelos de madera muy utilizados da una sensación de comodidad informal, así que era fácil comprender por qué tantas personas, fueran anónimas o famosas, se han sentido como en casa durante más de un siglo.

No había clientes en la taberna del Caballo Blanco cuando yo llegué, sólo el propietario, junto con los productores y los cámaras de Montel. De modo que desconocíamos la fuente evidente de una voz masculina alta, contundente y melodiosa que leía poemas que no pude entender. Lo escuché en el preciso instante de cruzar la puerta del establecimiento.

–¿Hay alguien más ahí? –pregunté al propietario.

El me aseguró que no.

Fue entonces cuando vi al hombre grueso de ojos hundidos y aspecto poco saludable que estaba sentado en la mesa, bebiendo. Era su voz la que escuchaba, segura y atractiva, y me convencí de que en su día el hombre cautivó a toda la clientela con sus recreaciones e historias, mientras la multitud atendía a cada una de sus palabras con interés, e incluso tomaba apuntes. Describí ese hombre al propietario.

–Parece Dylan –me respondió.

Dylan Thomas. Qué suerte. Creeréis que con una licenciatura en literatura inglesa, me habrían informado brillantemente sobre la vida y obra de Dylan Thomas. Pero lo cierto es que, salvo una referencia de pasada de vez en cuando, mis profesores se centraron en Chaucer, Homero, Shakespeare, y *Beowulf*. Lo más cerca que llegamos a los escritores «contemporáneos» fue el irlandés James Joyce, que nació en 1882. Así pues, no estoy exagerando cuando digo que me encontraba en presencia de uno de mis ídolos, o al menos alguien a quien conocía bien. Mientras su voz seguía colmando la estancia, me di cuenta de que su auto destrucción era deliberada, y que su hígado sólo fue la parte que menos tuvo que ver con su muerte.

–Dylan Thomas sólo tenía treinta y nueve años cuando murió de alcoholismo –me informó el propietario del establecimiento–. Pero parecía mucho mayor.

Efectivamente. Habría dicho que el hombre que estaba viendo tenía, por lo menos, veinte años más, debido a su aspecto grueso y debilitado. Me vino otra impresión, y no pude resistir la tentación de preguntarle al propietario del establecimiento:

–A él le gustaba bromear con los camareros y camareras, ¿verdad? Especialmente dándoles unos empujoncitos. –El propietario asintió con la cabeza. No era un detalle muy significativo, pero siempre agradezco la validación.

Luego, jactándose, Dylan Thomas anunció:

–Una vez me bebí diecinueve copas de whisky de un tirón, ¿sabéis?

No sé lo que me dió más pena: la idea de someter a tu cuerpo a tanto abuso, o el hecho de que el hombre se sentía erróneamente orgulloso de ello. Pero antes de que pudiera responderle, algo o alguien más captó mi atención, de forma inesperada, y me giré para ver quién o qué era.

El pelo de la mujer era negro azabache, igual que su vestido, un duro contraste con su piel blanca que ella exageraba con polvos blancos. Sus ojos eran rojos como la sangre, y tenía los ojos pequeños, casi insignificantes. El efecto general era el de una mujer que trataba de llamar la atención comunicando que nunca había sido bella, y que jamás lo sería. Supe de inmediato que se llamaba Marian Lee y que estaba profundamente enamorada de Dylan Thomas. Su mayor alegría era dejarse caer por la taberna del Caballo Blanco noche tras noche cuando estaba en Nueva York, escuchándole durante horas con la esperanza de que su amor fuera correspondido. Desgraciadamente, ese contacto nunca se produjo. Pero esa esperanza, y la devoción de ese amor no correspondido, la mantiene vagando entre las mesas de la taberna, tratando de echar un vistazo a Dylan Thomas.

Ni Dylan Thomas ni Marian Lee se quedaron el tiempo suficiente para poder hablar con ellos o enviarlos a Casa. Seguiré rezando por ellos hasta que sus seres queridos del Otro lado acudan al rescate y les traigan paz. Hasta entonces, recordaré haberlos visto, y advertir una imagen extraña de ese día que quedó grabada en mi memoria. Como ya he comentado, la taberna del Caballo Blanco está decorada con muchas fotografías enmarcadas. Después de mi breve encuentro con Dylan Thomas, me percaté de que muchas de esas fotos son de él. Enfrente de esas imágenes hay una fotografía de una mujer mayor. Le pregunté al propietario quién era. Él no lo sabía. Es Marian Lee, cuando era mayor. Tiene la mirada puesta en Dylan, y aunque sea en una fotografía, al menos él le devuelve la mirada.

Varios días después de mi viaje a la taberna del Caballo Blanco, leí unos cuantos relatos de la vida breve, talentosa, y en algunas ocasiones turbulenta de Dylan Thomas. Según esas informaciones, murió el 9 de noviembre de 1953, cinco días después de haber tomado dieciocho copas de whisky de un tirón. Fueron diecinueve. Creedme. Como bien sabéis, él mismo me lo dijo.

Elvis Presley

No podría decir si me gustaba Elvis Presley o no durante su carrera. Creo que mi postura sobre el tema de Elvis podría describirse como inexistente. No tenía la información suficiente sobre él para tomar posiciones al respecto. Yo sabía que era una estrella del rock and roll. También sabía que era muy atractivo, y sabía que tenía una hermosa voz cuando cantaba baladas. Aparte de eso, estaba demasiado ocupada con mis hijos y mi carrera para prestarle atención, y menos aún para tratar de averiguar por qué causaba tanto furor. Hasta el día de hoy, no puedo explicar la sensación de enorme pérdida que sentí junto a otras muchas personas del mundo, cuando me enteré de que el 16 de agosto de 1977 Elvis Presley había muerto a la injusta edad de cuarenta y dos años. Todavía recuerdo que estaba en el escritorio de mi oficina cuando lo oí, y todo pareció ir mal el resto de ese día. Lo cierto es que me regañé por esa reacción. A fin de cuentas, Presley no era un humanitario, ni tenía el Premio Nobel. Era sólo un hombre atractivo que había producido muchos discos que no había escuchado y un montón de películas que no había visto, de modo que mi tristeza no tenía mucho sentido. Aun así, justificadamente o no, sentí esa melancolía y lloré.

Me quedé muy sorprendida cuando, horas después de la muerte de Presley, me llamaron varios periodistas para que les dijera cualquier cosa sobre la muerte del cantante, preferiblemente algún tipo de contacto con él en el Otro Lado. Evidentemente, yo no era la única psíquica a quien llamaron ese día, pero debéis saber que en 1977 mi «fama» todavía estaba en ciernes, y que no era exactamente una experta en Elvis Presley por las razones que antes he mencionado. Les respondí que estaría encantada de hacer lo que pudiera y que canalizaría a Francine, mi Espíritu Guía, para tratar de entablar contacto con Elvis, lo cual nunca es garantía de éxito.

En esa época, tampoco era infrecuente encontrar artículos sobre temas psíquicos en los periódicos. Pero podría haber sido una noticia de primera página en el *San Francisco Chronicle*, que anunciara que una psíquica llamada Sylvia Browne, a través de «su guía espiritual, un espíritu inca llamado Francine que murió en 1519» había contactado conmigo y hablaba con el difunto y gran Elvis Presley veinticuatro horas después de su muerte.

En ocasiones, me resulta frustrante que para que Francine tome prestado mi cuerpo y voz para los trances, deba excusarme por la duración del proceso. Eso es lo que ocurrió en esa ocasión. Me hubiera encantado presenciarlo y mantener esas conversaciones con Elvis en persona. Pero sólo puedo compartir la información que escuché en la cinta de audio, posteriormente editada: por ejemplo, la impresionante velocidad con la que Elvis pasó al Otro Lado, lo que permitió a Francine hablar con tanta claridad poco después de su muerte. Elvis tuvo un trayecto fácil y rápido a Casa, una velocidad facilitada por su fe en Dios que siempre mantuvo viva en el fondo de su alma.

Elvis estaba en una habitación muy pequeña cuando murió, según Francine, y fue inmediatamente consciente de que había fallecido. Ese día tuvo dolor de cabeza, no se sentía bien y le dolía la espalda, de modo que entró en esa estancia para leer un libro. Murió muy rápidamente, sin forcejear ni sufrir. En los últimos dos años y medio había sufrido problemas intestinales, algo que mencionó a sus amigos, especialmente a John y a Charlie, y tomaba esteroides. Pero su muerte fue accidental, y no intencionada.

Elvis se encontró rápidamente en el Otro Lado con su adorada madre, Gladys, a quien llamaba «Gladiola» aquí en la tierra. También le estaban esperando su hermano gemelo Jesse y un amigo de la familia llamado Chuck. Su vida en Casa es dichosa, repleta de música, y su voz es más rica y celestial de lo que podemos imaginarnos. Él y otros muchos músicos trascendidos celebran unos estupendos conciertos.

Analizando su vida como Elvis Presley, vemos que su auténtica pasión e inspiración no proviene del rock and roll, sino de la música gospel. Es interesante que su foco en el rock en roll fuera el resultado de algo llamado «infusión», que en este caso significa que estaba lo suficientemente sintonizado para saber qué haría feliz a la gente. No es una forma de vender. Es una forma de comunicar alegría, la dicha dulce y divina que Elvis era capaz de transmitir, y que trataba de comunicar aunque no lo consiguiera. Irónicamente, aunque su pasión era la música gospel, su canción favorita era *Heartbreak Hotel* (Hotel del corazón roto).

Elvis siempre deseó poder amar a personas concretas con la misma intensidad que con que amaba a grupos anónimos y numerosos de personas. Quería con delirio a su hija, Lisa Marie, y no cabe la menor duda de que amó a Priscilla, aunque creía que su matrimonio estaba condenado porque pasaban muy poco tiempo solos como una pareja «normal». Esperaba que Priscilla recordara que, en cierto momento, pensaban tener muchos hijos, a fin de validar que esa voz era realmente la de Elvis, ofreciéndole información que nadie más sabía.

Elvis era consciente de que sufrió dieciséis ataques que pudieron acabar con su vida, lo cual, muy comprensiblemente, lo volvían paranoico, temeroso, y ansioso. No podía relajarse ni dormir con facilidad, a menos que tomara pastillas. Pudo prever su muerte seis meses antes de que ocurriera, y en ese tiempo compuso la canción *My Way*, como mensaje de despedida a sus fans.

Para confirmar que esa voz era realmente la de Elvis, comunicó una serie de mensajes personales a su padre, Vernon. Uno era, simplemente, el nombre «Ruta Mary». Otro tenía que ver con la inquietud de Vernon sobre su zona del pecho, y le dijo que no era tan grave como creía. Un tercer mensaje tenía que ver con un juego al que jugaban cuando Elvis era un niño, en el cual uno de los dos empezaba una melodía, y el otro la terminaba.

Francine lo dio por sentado, pero a mí ni me importa deciros que me quedé de piedra cuando, semanas después de la publicación del artículo en el *San Francisco Chronicle*, tanto Vernon Presley como un amigo íntimo del cantante llamado Charlie Hodge, validaron la información que Elvis había transmitido a través de Francine. Siempre les estaré agradecida a estos dos hombres, no sólo por la validación, sino por el tiempo y la energía que dedicaron, en medio de ese dolor, para decirme que las palabras de Elvis desde Casa, que sin duda eran suyas, les habían reconfortado enormemente.

Ah, y otra cosa. Tenía la impresión de que había pasado mucho tiempo desde el año 1977 para ser de interés, pero se me ocurrió lo siguiente cuando leí las transcripciones mientras escribía este libro: Elvis le comunicó a Francine que ya tenía prevista su próxima encarnación. Volverá a ser un cantante, pero esta vez con cabello rubio y ojos claros.

Nacerá en el año 2004.

Marilyn Monroe

Era otro caso de «no sabía que me importaba». Si me lo hubieras preguntado cuando me levanté la mañana del 5 de agosto de 1962, cómo me sentía sobre Marilyn Monroe, estoy segura de que se me hubieran ocurrido los títulos de las películas suyas que me gustaban, y estoy segura de que hubiera dicho que obviamente era hermosa. Pero no me la tomaba muy en serio, como estoy segura de que otras personas tampoco se la tomaban en serio.

Ese día me enteré de que había muerto sola, a la edad de treinta y seis años en un apartamento de Los Angeles. Seguramente, habríais pensado que yo era la fan más entusiasta de la actriz. No estoy segura de que fuera la idea de una vida joven que termina tan drástica y tristemente, o si fuera un sentimiento confuso de que algo sobre esa noticia era incorrecto, pero lo cierto es que el supuesto suicidio de Marilyn Monroe me conmocionó, y me empecé a preocupar por su rostro hermoso y alterado, y por lo poco que sabía sobre su turbulenta vida durante el resto de ese día y mucho tiempo después de su muerte.

No me apetecía declinar una invitación de un programa de televisión nacional para visitar la casa donde Marilyn Monroe había muerto para ver si podía verla y ella quería comunicarse conmigo. Les dejé claro a los productores y a los demás que no íbamos a entrar en la casa, ni siquiera a acercarnos. Teníamos permiso para cruzar la puerta de entrada, pero eso era todo.

–¿Eso será problemático? –me preguntó una de las productoras del programa.

–Lo descubriremos cuando lleguemos allí. –Fue todo lo que pude decirle. Puedo hacer muchas promesas respecto a mí, pero es otra historia cuando se trata de fantasmas y espíritus. He aprendido, y no fue fácil, que nunca debes suponer sus intenciones, ya que ni siquiera había explorado si Marilyn había llegado al Otro Lado, o no.

Cuando llegó el día de la filmación, nos condujeron a una casa (mejor dicho, a un bungalow) tan pequeño y normal y corriente que me pareció imposible que en ella viviera una estrella de cine o una mujer tan complicada como Marilyn. Supe, cuando entré en la vivienda, que Marilyn no se había quedado apegada a la tierra, que estaba a sano y a salvo en Casa, y me sentí aliviada por ello. También supe que no necesitaría a Francine. Marilyn Monroe estaba accesible y quería hablar conmigo.

Una de las primeras personas a quienes me presentaron en la casa fue un caballero encantador y algo mayor llamado James Dougherty, el primer marido de Marilyn. Eso fue toda una noticia para mí, porque pensaba que su primer marido había sido Joe Di-Maggio, pero yo no era precisamente una experta en su biografía, y sólo conocía sus diversos matrimonios y rumores de amoríos porque veía los mismos programas de televisión que la mayoría de personas. Jim Dougherty me dejó bien claro que jamás se había casado con Marilyn Monroe, sino con Norma Jean Baker, el nombre de nacimiento de la actriz, el 9 de julio de 1942, cuando ambos eran demasiado jóvenes para saber lo lejos que sus sueños apartarían sus destinos. Pero Jim seguía hablando de ella con aprecio y respeto, y era evidente que su muerte le había afectado profundamente. Cruzamos la puerta de entrada al recinto de la vivienda, pero no podíamos acercarnos más. Luego me escuché a mí misma pronunciando una breve frase en latín. Jim me miró mientras yo la repetía.

–Esa frase está en los azulejos sobre la entrada de la casa –le expliqué–. Significa: «Bienvenidos sean todos», o «Todo el mundo es bienvenido».

Jim se quedó boquiabierto.

–¿Has estado aquí en otra ocasión?

Yo negué con la cabeza.

–Pues entonces, es que vas en serio –comentó Jim–, porque esa información jamás ha aparecido en la prensa ni en ningún otro lugar. ¿Cómo sabías esas palabras?

–Marilyn me lo está contando –le respondí.

Jim se calló de inmediato. O, de no haber sido así, no habría apreciado la diferencia, porque Marilyn me estaba hablando, y yo no quería perderme ni una palabra. Debo insistir que no sabía prácticamente nada de la vida de Marilyn Monroe, y sigo sin saber nada, de modo que puedo repetir lo que ella me comentó pero no puedo juzgar esas palabras ni constatar su veracidad. Lo dejo a los expertos en la biografía de esta fascinante mujer.

Lo único en que Marilyn insistía, y repetía una y otra vez, era que sabía que había muchas personas que creían que se había suicidado, aunque eso no era cierto. Comentó que tenía un cuaderno rojo, un diario, en el que escribía sus pensamientos e información más confidencial. Pocas personas conocían la existencia de ese librito, incluidas Bobby Kennedy y Joe DiMaggio. La actriz dijo a Bobby que tenía previsto revelar el contenido del libro rojo a las autoridades. Ella no creía que Bobby se sintiera amenazado por ello o que estuviera de algún modo implicado con lo que le ocurrió esa noche del 5 de agosto de 1962. Pero sí reveló que, probablemente, había contado lo del cuaderno a las «personas equivocadas» y que «ellas» decidieron que la única forma de eliminar la amenaza de sacar a la luz la información de ese cuaderno era matar a Marilyn. La actriz describió que esa noche estuvo sola en su dormitorio, tomando muchas pastillas, y realizando algunas llamadas telefónicas confusas. Pero se acuerda perfectamente de un hombre al que llamaba «Doctor L». Ese caballero entró en su dormitorio y le clavó una aguja directamente al corazón, una dosis letal de lo que ella creía que era Nembutol.

En los últimos días de su vida, Marilyn estaba preocupada por el hecho de que Joe DiMaggio supiera demasiado de ella, y de que la información que le había revelado pudiera comprometer su seguridad. No cabe la menor duda de que Marilyn amó a ese hombre toda su vida, y que era una fuente constante de depresión el hecho de que ese amor correspondido le hubiera causado más dolor y posibles peligros que dicha. Marilyn visitaba frecuentemente a Joe desde el Otro Lado, especialmente mientras él dormía, y será el primero en recibirlo cuando él regrese a casa.

Antes de que su voz se desvaneciera, repitió probablemente por décima vez que su muerte no había sido un suicidio. Luego, con tantos asuntos de los que ocuparse en su vida ocupada y feliz en el Otro Lado, estoy segura de que se marchó.

Me gustó Marilyn. Parecía alguien con buenas intenciones, aunque suponía erróneamente que los demás también albergaban esas mismas intenciones. Me alegré de que volviera a casa con tanta rapidez, y que yo no tuviera que apartarme para dejar que Francine tuviera el placer de conocerla, mientras yo me lo perdía.

*   *   *

Al cabo de unas semanas, entré en un restaurante de Nueva York y vi a Joe DiMaggio cenando solo en una mesa apartada. Cuando me lo encontré, percibí una sensación de cercanía, como si últimamente hubiera hablado con un amigo común y supiera que él quería hablar de esa persona. No tenía ni idea de que existía una ley tácita en la ciudad según la cual no importaba donde DiMaggio, probablemente el mejor jugador de béisbol de la historia en lucir la honorable camiseta de los New York Yankees, eligiera dignarnos con su presencia: nadie podía acercarse a él.

Así pues, armada con el valor propio de los ignorantes y mal informados, me dirigí a la mesa de DiMaggio, le alargué mi mano, y me presente. –Señor DiMaggio, me llamo Sylvia Browne–. Soy psíquica, y recientemente intervine en un documental sobre Marilyn Monroe. Estoy segura de que le encantará saber que Marilyn se encuentra bien y descansa en paz, que le visita con frecuencia, y que le ama con locura.

Ese hombre amable y educado me dio la mano suavemente, y sostuvo la silla vacía de su mesa, invitándome a sentarme con él. Quería escuchar todo lo que Marilyn me contó, y pareció aliviado por mis palabras, aunque prefirió reservarse sus pensamientos. No fue necesario decirle que él tenía una firme creencia en la eternidad del espíritu así como un profundo amor de Dios. Esas cualidades irradiaban de él. Supe que no dudaba de mis palabras. No importaba que no nos conociéramos. Sólo importaba que él conocía y amaba a Marilyn, y él pudo reconocer su voz cuando la escuchó, aunque estaban traducidan por las palabras ásperas y profundas de una total desconocida. Al cabo de mucho tiempo descubrí que Joe DiMaggio jamás concede autógrafos. Él me dio uno sin que yo se lo pidiera, y siempre lo he guardado con cariño.

Joe DiMaggio falleció el 8 de marzo de 1999, a la edad de ochenta y cuatro años. Su paso al Otro Lado fue casi instantáneo, y Francine me comentó que, siendo fiel a si palabra, Norma Jean Baker, conocida como Marilyn Monroe, fue la primera en recibir gustosamente a DiMaggio en Casa.

Jimi Hendrix

Ocurrió a mediados de la década de 1970. Estaba a punto de terminar una jornada de lecturas cuando el productor de un programa de radio nacional me llamó para invitarme a su programa a finales de semana. Como era una persona que me caía bien, le contesté que sí, como siempre, y le pregunté si tenía algún tema preparado para ese programa.

–Es el quinto aniversario de la muerte de Jimi Hendrix –me comentó–. Espero que puedas entrar en contacto con él. ¿Crees que podrás?

–Bueno, ya sabes cómo funcionan estas cosas. No puedo garantizarlo. Pero lo intentaré.

Mientras colgaba el teléfono al cabo de unos minutos, volví a pensar en ese día cinco años atrás: el 19 de septiembre de 1970, para ser exactos, cuando el mundo se enteró de que Jimi Hendrix había muerto. Recuerdo que una joven y melómana amiga mía de Los Angeles pasaba unos días en mi casa, y cuando llegué a mi hogar después de un día entero de lecturas en la oficina, pregunté inocentemente: «¿Quién es Jimi Hendrix?»

Ella me miró boquiabierta, como si acabara de preguntar quién era John F. Kennedy o el personaje Mickey Mouse.

–¿Jimi Hendrix? –repitió su nombre como si estuviera hablando con alguien que no hablara inglés–. Ya sabes, el brillante guitarrista de rock and roll.

–Claro –respondí, mientras ponía los ojos en blanco–. Eso es algo que realmente me importa.

–¿Purple Haze? –añadió mi amiga.

Yo me encogí de hombros. Jamás había oído hablar de ese grupo.

–Prendió fuego a la guitarra en el festival de pop de Monterrey –continuó.

–¿Deliberadamente? –le pregunté, pensando que esa acción había sido una estupidez.

Ella negó con la cabeza. Mi ignorancia empezaba a ponerla nerviosa.

–También tocó «The Star Spangled Banner» en Woodstock. Mira, es ese.

Mi amiga señaló el televisor, y el telediario estaba informando de la muerte del joven guitarrista mientras mostraban unas imágenes de su actuación de Woodstock sobre nuestro himno nacional. Yo estaba preparada para encontrarlo incomprensible, puesto que no entendía el rock and roll. En cambio, lo encontré fascinante, y Jimi Hendrix era tan intensamente carismático que no podía creer que desconocía a esa persona. Del mismo modo que no necesitas entender de baloncesto para apreciar el talento de Michael Jordan, ni saber nada sobre golf para darte cuenta del talento de Tiger Woods, ni conocer a fondo el ballet para maravillarse con Baryshnikov, tampoco era necesario saber de rock and roll, ni gustarte, para descubrir que Jimi Hendrix era extraordinario. Murió de sobredosis en Londres, según informaron los telediarios, dos meses antes de cumplir veintiocho años. En cuestión de minutos, pasé de preguntar quién era Jimmy Hendrix a lamentar su muerte.

Cinco años después, me senté frente al micrófono de mi amigo periodista y esperé mantener una conversación con el magnífico guitarrista. En cuestión de minutos, allí estaba Hendrix, feliz de hablar, y también fascinado, de que alguien pudiera oírle y entenderle. Fue interesante el afán que tenía por clarificar que la sobredosis que causó su muerte fue accidental. Al igual que Marilyn Monroe, Hendrix quería despejar cualquier confusión sobre su posible suicidio. Jimy Hendrix no quería causarse un daño fatal en su cuerpo. Su verdadera alegría y genialidad residía en el mundo de la música. Sabía perfectamente que las drogas iban a destruir esa dicha si no luchaba por dejar de tomarlas, y en el momento de su muerte estaba haciendo planes para ingresar en una clínica de rehabilitación.

Ignoro si existía sobre papel o no, pero puedo garantizar que un conocido suyo sabía que Jimi estaba componiendo una canción sobre una chica a la que conoció y perdió, una canción que él creía que iba a ser su mejor obra, aunque no tuvo tiempo de acabarla. Por cierto, la vida personal de Jimi Hendrix era una muestra de que la cantidad nunca sustituye a la calidad. Las mujeres de todo el mundo le perseguían, por razones muy superficiales, pero las pocas mujeres con las que compartió un sueño de futuro no estaban dispuestas a tolerar los meses enteros de ausencias, las *groupies*, las drogas, y el caos que parecía tan inevitable en Jimi como respirar. Él anhelaba encontrar una mujer que pudiera ofrecerle estabilidad, aunque también sabía que a largo plazo trataría de huir de esa estabilidad, de modo que durante su breve edad adulta estuvo agonizando en ese conflicto auto destructivo.

Le pedí que me describiera lo que ocurrió cuando murió, y me comentó que fue a un lugar que parecía oscuro y lleno de tristeza, habitado por personas calladas y con la mirada gacha que se movían sin propósito. No se miraban unos a otros, y parecían desesperados. Creía que había estado allí un buen rato hasta que finalmente apareció una brillante luz blanca, al parecer sólo para él, y la siguió hasta Casa, donde encontró la dicha sagrada de los seres queridos de todas las vidas que ha vivido, y el abrazo de Dios recibiéndole en su eternidad, que es su derecho de nacimiento.

No fue hasta un aterrador viaje astral que experimenté veinte años después, seguido de una minuciosa investigación y datos que me proporcionó Francine, que entendí dónde había ido Jimi. Se llama el Lugar de Espera, y es un espacio al que se dirigen los espíritus que fallecen cuando no están lo suficientemente comprometidos con la luz para encaminarse directamente al Otro Lado, pero que tampoco son oscuros como para atravesar la Puerta de la Izquierda y volver de nuevo a la matriz. Son personas confundidas, sin saber a quién pertenecen o a dónde encajan. Son como niños perdidos en busca de una identidad, y capaces de ser convencidos por entidades blancas u oscuras, y por tanto se describen como grises porque tratan de dilucidar si el convertirse en luz o en oscuridad les proporcionará aprobación o rechazo. Son los criminales que pueden rehabilitarse, las entidades blancas que sufrieron tantos fracasos en su vida, que al final se dejaron llevar por la ira y la frustración, las personas con trastornos mentales y químicamente desequilibradas que crearon caos durante sus vidas sin poder refrenarse, y, en el caso de Jimi Hendrix, las víctimas de las drogas que buscaban desesperadamente la fuerza para conseguir ayuda.

Cuando me encontré en esa horrible experiencia de desesperación, gracias a la cual descubrí el Lugar de Espera, mi instinto me impulsaba a correr detrás de un cascarón de persona tras otro, rogándoles: «¡Por favor, digan que aman a Dios! ¡Debe decir que ama a Dios! ¡Diga que ama a Dios y saldrá de aquí!» pero en última instancia, la decisión la deben tomar cada uno de esos espíritus del Lugar de Espera. Ellos son quienes deciden dar el paso hacia ese abismo negro de la Puerta de la Izquierda o pasar a los brazos de Dios en el Otro Lado, donde hay un hogar que les espera. A todos nos espera ese lugar, que está eternamente preparado.

Leí muchas citas de numerosos amigos de Jimi Hendrix después de su muerte, y sé que sus allegados le querían y que la alegría de su música conmovió a millones de personas en todo el mundo. No me sorprendería en absoluto que cada uno de esos quince mil pacifistas que se reunieron en Nueva York en agosto de 1969 para celebrar durante tres días ese milagro de paz conocido como Woodstock rezaran una oración o dieran las gracias por la mágica actuación de Hendrix, después de oír las noticias de su sobredosis. Pero estoy segura de que todo ese amor, alegría, todas esas oraciones y agradecimientos a la bondad interna de Jimi Hendrix fueron las energías que formaron esa luz brillante que el guitarrista describió, una luz poderosa para destruir la desesperación del Lugar de Espera y conducirle a salvo hasta el Otro Lado.

¿Dónde están ahora?

Sin seguir ningún orden en concreto, y a petición de terceros, especificaré el paradero de las siguientes personas:

John Candy, el genial actor de comedia que murió de un ataque al corazón el 4 de marzo de 1994, a la edad de cuarenta y tres años, realizó una transición instantánea al Otro Lado.

El también extraordinario actor de comedia, **Phil Hartman** fue la trágica víctima de un asesinato-suicidio el 28 de mayo de 1998. Sólo tenía cuarenta y nueve años cuando murió, y actualmente está apegado a la tierra. Eso me sorprendió hasta que escuché las razones: sus hijos perdieron a ambos padres esa horrible noche, y él se ha quedado rezagado para proteger a los niños. En los próximos cinco años, se sentirá seguro del bienestar de sus hijos y abandonará la tierra. Existe un amplio grupo de amorosos espíritus en el Otro Lado que ya se preparan para este momento, cuando podrán rescatarlo y traerle a Casa. Mientras tanto, su esposa **Brynn**, quien lo asesinó antes de suicidarse, fue al Otro Lado de inmediato. Debo reconocer que eso también me sorprendió. No era el destino que esperaba para alguien que comete un asesinato y un suicidio, pero, ¿quiénes somos nosotros para corregir a Dios? No cabe la menor duda de que la mujer enloqueció esa noche debido a la ingesta de varias sustancias; pero el monstruo destructivo que crearon esas sustancias quedó atrás cuando el espíritu leal, amoroso y bienintencionado de Brynn Hartman pidió el perdón de Dios y fue recibida al Otro Lado.

Cuatro de mis actores preferidos llegaron al Otro Lado antes de que los presentes en su misma habitación se dieran cuenta de que habían muerto: **Richard Harris**, quien murió de cáncer el 25 de octubre de 2002, a los setenta y dos años de edad; **Rock Hudson**, quien murió de Sida a los cincuenta y nueve años el 2 de octubre de 1985; **Jimmy Steward**, cuyo enorme corazón dejó de latir el 2 de julio de 1997, a la edad de ochenta y nueve años; y **James Coburn**, que también sufrió un paro cardíaco a la edad de setenta y cuatro años, el 18 e noviembre de 2002.

Otros actores a quien admiro no tuvieron tanta suerte. **Spencer Tracy** permaneció apegado a la tierra durante varios años después de morir de un ataque al corazón el 10 de octubre de 1967, a los sesenta y siete años. Estaba demasiado apegado a Katharine Hepburn y tenía dudas sobre a dónde iría a parar, de modo que no se arriesgó a abandonar la tierra. Me sorprendería mucho que ella no percibiera su presencia a menudo y con intensidad durante esos años, aunque finalmente volvió a Casa cuando resultó que su fe fue más fuerte que su tozudez. Pero nadie podía superar a **Katharine Hepburn** en cuestión de tozudez y dignidad. Si ella percibió la presencia de Spencer Tracy después de su muerte, nunca habría creído en ello ni lo hubiera reconocido, porque su pragmatismo no le permitía aceptar conceptos intangibles como la vida después de la muerte. La vida es la vida, de eso estaba segura, y la muerte es la muerte, lo cual tenía mucho que ver con su enorme rechazo a abandonar esta vida en particular. Convencida de que la muerte es el final de todo lo que existe y lo que existirá, se aferró a su existencia hasta la edad de noventa y seis años. Pero el 29 de junio de 2003, su cuerpo frágil cedió a las inevitables complicaciones de la avanzada edad y murió tranquilamente. Me habría encantado ver la expresión de su cara cuando ese espíritu orgulloso y seguro de sí mismo salió de su cuerpo para encontrarse, ni más ni menos, que a su querido Spencer Tracy, que la estaba esperando para acompañarla personalmente a Casa.

Natalie Wood, que sólo tenía cuarenta y tres años de edad cuando se ahogó el 29 de noviembre de 1981, no realizó un viaje rápido al Otro Lado. Es un caso clásico de un espíritu tan sorprendido por la precipitación de los acontecimientos que, durante varios años, no tuvo ni idea de que estaba muerta. Ya hace tiempo que ha realizado la transición, y lleva una vida dichosa y ajetreada en Casa.

Frank Sinatra, cuyo corazón de ochenta y dos años dejó de latir el 14 de mayo de 1998, pasó al Otro Lado en un instante, mientras que su querido amigo **Dean Martin** tuvo una travesía mucho más difícil. Dean tenía setenta y ocho años cuando murió el Día de Navidad de 1995, debido a un grave fallo respiratorio. En realidad, nunca superó la muerte de su querido hijo Dean Paul Martin en 1987, e incluso después de muerto, ese dolor mantuvo a Dean apegado en tierra. En un magnífico ejemplo de cómo el amor y la eternidad funcionan según la perfección de Dios, fue Dean Paul quien vino del Otro Lado para acompañar a su padre a Casa. Otro de mis ídolos, el brillante actor británico **Richard Burton**, fallecido el 5 de agosto de 1984 de un ataque al corazón a los cincuenta y ocho años de edad, no carecía de fe en Dios o en la otra vida, pero decidió quedarse en tierra porque era, y es, a falta de una descripción, una persona sensual que básicamente prefiere quedarse aquí y todavía no tiene ni idea de que ha muerto. No tiene ninguna intención de abandonar esta tierra en el futuro cercano, y me sorprendería que Elizabeth Taylor no fuera consciente de las visitas asombrosamente reales de Richard Burton cuando ella estuvo gravemente enferma, puesto que el actor sigue cuidando de ella.

Bob Crane de *Los héroes de Hogan* y **Sal Mineo**, de *Rebelde sin causa*, ambos asesinados (Bob Crane el 29 de junio de 1978, a los cuarenta y nueve años, y Sal Mineo el 12 de febrero de 1976, cuando sólo tenía treinta y siete años), siguen apegados en tierra. Aunque no se ha condenado a nadie por el asesinato de Bob Crane, un hombre llamado Lionel Ray Williams fue procesado y sentenciado a cadena perpetua en 1979 por matar a puñaladas a Sal Mineo.

La exquisita **Eva Gabor** se fue justo a tiempo para saltar a la fama, pero demasiado pronto para mi gusto. Murió de neumonía el 4 de julio de 1995, a la edad de setenta y cuatro años. Tenía una fe devota y alegre en Dios, y me consta personalmente que en cada día de su vida adulta quiso realizar algún acto de bondad, a menudo de forma totalmente anónima. Indudablemente, hay mucha gente que aún hace cola para darle la bienvenida a Casa.

Asimismo, **Nicole Brown** y **Ron Goldman**, ambos asesinados el 12 de junio de 1995 (Nicole tenía treinta y cinco años, Ron veinticinco), pasaron al otro lado en cuestión de segundos, antes de que su asesino saliera de su casa. (No le haré el honor de incluir su nombre en este libro. Jamás he visto a nadie en toda mi vida que sea más adicto a ver su nombre impreso en papel, por eso no lo incluyo aquí.)

John Lennon, asesinado a la edad de cuarenta años el 8 de diciembre de 1980, también regresó a Casa en un instante, al igual que el brillante actor de comedia **John Belushi**, quien murió de una sobredosis accidental el 5 de marzo de 1982, a los treinta y tres años de edad. **Timothy Leary,** profesor de Harvard y gurú del LSD de toda una generación, fue directo al Otro Lado cuando murió de cáncer el 31 de mayo de 1996, a la edad de setenta y cinco años.

El genial escritor **Truman Capote** y el trágico **doctor Sam Sheppard**, quien fue erróneamente condenado por el asesinato de su esposa, compartieron la triste suerte de morir por complicaciones derivadas del alcoholismo. Capote falleció el 25 de agosto de 1984, a la edad de cincuenta y nueve años, y el doctor Sheppard el 6 de abril de 1970, a los cuarenta y seis años. También compartieron el mismo dichoso final, porque viajaron de inmediato al Otro Lado.

Luego están esas dos hermosas personas jóvenes que murieron de forma tan repentina: **Diana, Princesa de Gales**, en un accidente de automóvil el 31 de agosto de 1997, a los treinta y seis años de edad, y **John Kennedy hijo**, quien, junto con su bella esposa y la hermana de ésta, fallecieron en un accidente de avioneta al estrellarse en la costa de Martha's Vineyard el 16 de julio de 1999. Él tenía treinta y ocho años de edad. No lo digo con frivolidad, sino con exactitud, cuando afirmo que tanto la princesa Diana como John llegaron a casa (John abrazado por su madre) antes de que se dieran cuenta de lo que les había pasado.

Finalmente (voy a conservar mi profesionalismo hasta el final), está la atea más devota y directa de todo el circuito de programas de entrevistas de Estados Unidos, **Madalyn Murray O'Hair**, quien fue secuestrada en 1995 y cuyo cadáver no se encontró hasta el año 2001, junto con los cadáveres de su hijo y nieta. Sabéis que he dicho infinidad de veces que Dios nunca nos da la espalda, sino que nos da todo el libre albedrío del mundo para apartarnos de él si queremos. Pues bien, Murray le dio la espalda por completo. Cuando murió, cruzó directamente la Puerta de la Izquierda y luego al útero. Lo cual significa que en algún lugar de este mundo, una orgullosa pareja de padres tienen un hijo que hace menos de diez años era la atea más descarada y obstinada del mundo. Les deseo buena suerte a esos padres.

CAPÍTULO 7

Encontrar un fantasma y demostrar su existencia: la Escuela Península

Me encanta tener razón. De hecho, no conozco a nadie que no le guste tener razón. Mi carrera depende de ese factor muy a menudo, y mi exactitud como psíquica se ha puesto a prueba entre un 85 y un 90 por ciento. He tenido, de media, unos veinte clientes al día durante cincuenta años, más otros cuarenta años de conferencias, entrevistas en prensa, radio y televisión, aparte de varias décadas de trabajo privado con comunidades médicas y psiquiátricas y asociaciones legales. Si a esto le añadimos mis extensas investigaciones y obras escritas, puedo asegurar que no tendría la fuerza, la habilidad, ni el valor de tratar de calcular el número de horas de información que he transmitido en mis sesenta y seis años en esta tierra, y me asombraría al constatar que entre el 85 y el 90 por ciento de esa información ha sido exacta, y todo el mérito de ello es de Dios, que es a donde pertenece esta información.

Tampoco cabe la menor duda de que, cuando me pierdo algo, y cuando me equivoco, soy la primera en reconocerlo. ¿Qué ocurrió con los ataques terroristas del 11 de septiembre? No tuve ni idea. ¿Y con el francotirador de Washington, o con la toma de rehenes de otoño de 2002? Llamé a Lindsay y registré descripciones detalladas de los dos sospechosos días antes de que se practicaran las detenciones. Resultaron ser descripciones muy precisas de los dos supuestos culpables a quienes la policía rodeó por error en una gasolinera, aunque horas después los pusieron en libertad. Me quedé de piedra cuando me equivoqué en uno o dos casos de personas desaparecidas, y en otras ocasiones me he quedado destrozada cuando resultó que tenía razón.

Estoy segura de que todo ello está relacionado con mi afán por buscar siempre un seguimiento y una validación. Es cierto que a todos los psíquicos nos gusta que un cliente asienta con la cabeza o levante la cabeza y diga: «¡Qué perspicaz! ¡Lo ha acertado!» Mi problema es que no sé decir basta. Cuando hinco el diento a una investigación (muy especialmente, cuando se trata de un encantamiento), soy como un pitbull aunque no haya ningún indicio de actividad paranormal.

Y si no la hay, os divertirá saber que no me importa el número de cámaras que haya o lo interesante que sea la historia: jamás en la vida fingiría un encantamiento cuando no siento nada en absoluto. Os prometo que hay filmaciones sobre mí en las papeleras de las salas de edición de todo el mundo, en las que camino de una habitación a otra diciendo: «Lo siento, chicos, pero si esta casa está encantada, yo soy la Princesa de Mónaco», y, «sí, aquí hay un espacio terrible. ¿Sabéis por qué? Porque estamos en pleno invierno y alguien ha bloqueado la calefacción». Hay algunas cosas de las que se me acusa, y estoy segura de que puedo corregirlas. El fraude no es una de ellas. No hago este comentario para halagarme y demostrar que soy una persona muy moral. Lo comento porque creo en algunas de las leyes básicas e inevitables del universo de Dios, incluida la ley de «lo que siembres, cosecharás». No quiero ni pensar el funesto futuro que me esperaría si hubiera pasado todos estos años engañando deliberadamente a la gente para conseguir un dinero que no me pertenecería.

Probablemente, si sólo fuera una psíquica no me importaría tanto la validación. Pero también soy investigadora de mi Fundación Nirvana, creada para ese propósito específico y activo, y sobretodo, soy la cabeza espiritual de un movimiento no confesional llamado *Novus Spiritus*, y mi fe en Dios es tan apasionada como la de ninguna persona a la que hayáis conocido. Así pues, cuando investigo un encantamiento y siento la necesidad de corroborar mi información, ese impulso no tiene nada que ver con mi ego. Esa necesidad se debe, principalmente, a querer dar aún más credibilidad a la investigación psíquica de la Fundación Nirvana y a la investigación psíquica en general. Según mi lógica, si llevo a cabo una investigación impecablemente exacta y controlada, así como seguimientos efectuados con integridad de principio a fin, quizá acabe por equilibrar el descarado número de artistas estafadores en este «negocio» mío que considero un contracto acorazado entre yo y Dios.

Pero principalmente, si entro en un lugar totalmente desconocido para mí y recibo, al parecer de ninguna fuente en particular, gran cantidad de información sobre ese lugar, su historia, y sus antiguos moradores, incluidos nombre concretos, descripciones físicas, y sucesos relevantes, *y esa información resulta ser cierta*, ¿de dónde saqué esa información? Podéis descartarme a mí, así como al personal que me acompaña, porque no realiza ninguna investigación previa del lugar o esa sería su última investigación conmigo. Eso excluye a todo el mundo salvo a los «expertos residentes», es decir, los fantasmas que se quedan regazados y me ofrecen detalles que no tengo otra forma de saber.

Ahora bien, si los fantasmas pueden proporcionarme información que puedo validar, eso significa que muy probablemente esos fantasmas son legítimos. Lo cual quiere decir que, aunque tengan aspecto de fantasma, sus cuerpos pueden haber muerto pero sus espíritus sobrevivieron.

Sólo esa razón de querer constatar cualquier información sobre encantamientos hace que las otras razones, en comparación, se queden cojas.

Si creéis que alguna vez dejaré pasar la oportunidad de añadir más pruebas a la evidencia de la eternidad de Dios, volvéroslo a pensar.

Si habéis visto la película de Disney *La montaña embrujada*, de 1975, habréis visitado un lugar típico de San Francisco llamado Escuela Península, anteriormente conocido como Mansión Coleman. Si no habéis visto la película, imaginad la casa que cabría esperar en una película con el título de «montaña embrujada», y tendréis una idea del aspecto de la Escuela Península. Se trata de una enorme y gruesa mansión gótica rodeada por un porche apuntalado por varias columnas delgadas. La fachada del segundo piso con balcón es una hilera de ventanas altas y arqueadas reforzadas por abundantes elementos decorativos. Cuando la vi por primera vez, me acordé de una solterona entrada en años: demasiado huesuda y poco elegante como para que los hombres se fijen en ella, ataviada con un vestido pasado de moda y todas las joyas caras que tiene. Es como si quisiera decir: «¿Veis? Realmente tengo mucho que ofrecer.»

Me llamaron de la Escuela Península, así como a mi equipo de la Fundación Nirvana, para llegar al fondo de varias observaciones concretas que desde hacía tiempo habían realizado los estudiantes y el personal docente. Desde hacía mucho tiempo, se escuchaban claramente unos pasos en habitaciones vacías, y casi todos los visitantes de esta prestigiosa escuela privada habían advertido el fantasma de una mujer. Algunos decían que iba vestida completamente de verde. Otros, que ella era verde. Clases enteras de niños, unos veinte pequeños a la vez, habían visto a la mujer verde y, cuando les pidieron que dibujaran lo que vieron, todos los niños hicieron dibujos parecidos, incluido el hecho de que esa mujer les pareció transparente y que cuando se movía brillaba con varias luces. Los profesores corroboraron los avistamientos de esa mujer verde por parte de los niños, y un maestro en concreto tuvo que enfrentarse cara a cara con ella una noche, a solas en una calle oscura. El encuentro duró varios minutos, incluso después de que el profesor encendiera una luz, hasta que la mujer verde se desvaneció ante sus propios ojos.

Puesto que yo siempre insisto en que mi trabajo en la Fundación Nirvana sea documentado, mi equipo activó las grabadoras desde el preciso instante en que entré en la escuela Península hasta que salí por la puerta. Me estuvieron siguiendo, arriba y abajo, mientras de vez en cuando farfullaba una explicación sobre el lugar en el que nos encontrábamos, aunque lo más habitual es que no ofreciera explicación alguna. Me quejé de este hecho en una ocasión, y mi equipo me recordó pacientemente lo molesto que me resulta oír «sonido tonto» cuando estoy concentrada en un encantamiento, una lectura, un trance, o lo que sea. Ellos tenían razón, y yo no. Me disculpé por haberme quejado, de forma breve pero amorosa tan habitual en mí.

En vez de incluir una versión narrativa y descriptiva de mi periplo investigador en la escuela Península, ahora ofrezco una trascripción de los datos grabados en esa inspección. Cuando en algún momento dudéis de la ubicación concreta de algún espacio de la casa, no culpéis a mi equipo, porque trataban de no molestarme. Después de la transcripción, entenderéis por qué tenía tantas ganas de incluirla. También en este caso, lo único que mi equipo y yo sabíamos cuando entramos en la escuela era que antes se conocía por el nombre de Mansión Coleman, y que se rumoreaba que una mujer de verde vagaba por el lugar.

La transcripción

Esta casa es verdaderamente muy antigua. Diría que tiene unos cien años, pero había otros edificios hace ciento veinte y ciento treinta años. Por algún motivo, tengo la sensación de que esta casa nunca se utilizó para lo que pretendía utilizarse. Estoy captando algo sobre un tal John Coleman. En el piso de arriba hay una habitación a la que quiero entrar porque está muy cargada de energía.

(VOZ DEL EQUIPO: «Mientras Sylvia sube las escaleras».) Se nota una enorme presión justo en esta zona. Capto tres impresiones distintas. No sé si son monjas, u hombres vestidos con túnicas negras que se pasean por aquí. Recibo otra impresión de un hombre con pelo y ojos negros. Parece que tiene barba. Alguien sufre algún tipo de traumatismo en la zona del pecho, como si algo le hubiera penetrado esa zona. Algo afilado ha entrado en el pecho.

Recibo el nombre de Kathryn. También recibo el nombre de Marie y Carmen. Capto el apellido Coleman, pero sé que esta es la casa de los Coleman. Recibo el nombre de John. John, y también capto los nombres Joseph y George.

En esta habitación en la que no podemos entrar, capto mucha presión y energía, y recibo una sensación de caída.

Sé que esto es una escuela, pero no tengo esa sensación. No creo que haya sido una escuela desde hace mucho tiempo cuando te fijas en toda su historia.

No paro de recibir la impresión de este hombre y esta mujer y otras tres parejas. Un hombre moreno, una mujer rubia, y algo sobre las escaleras. Creo que tenemos a una mujer cayéndose por las escaleras, y por algún motivo, veo a unas monjas o monjes vagando por aquí.

El intenso dolor que recibo en el pecho –tengo la impresión de que ella se marchó después del dolor agudo y camina por la zona. Cabello claro, ojos claros. Ella parece muy joven, quizá de unos diecinueve o veinte años, algo por el estilo. Un dolor intenso y una caída, en la que acaba de bruces sobre una caja. Fue totalmente inútil. Totalmente inútil. Del hombre moreno, barbudo, con una hermosa dentadura y una mandíbula cuadrada, recibo la impresión de que se siente inútil, de que percibe en sí mismo una sensación de inutilidad. Pero antes había estado muy enamorado. Luego hay algo sobre un pájaro, un loro, sí, es un loro. Este edificio nunca pretendió ser una escuela. Creo que aquí ha habido muchas risas, música, y baile. También capto algo sobre leche. Leche de vaca, en esas viejas tinajas con asas, que se guardaban en algún tipo de estantería. (VOZ DEL EQUIPO: «En la despensa».) El hombre moreno parece tener una presencia destacada en este lugar. Hay dos personas mayores, un hombre y una mujer de estatura bajas. Son mayores y se parecen mucho, parecen ser hermano y hermana. Vasos. Los dos tienen rostros redondos. Ortigas, algo sobre ortigas. Parece un nombre. También recibo el nombre de Alcott, algo así. Creo que la pareja de ancianos vino y renovó la casa, la revivió. Parece ser una residencia que se fue heredando dentro de una misma familia, pero todos los que iniciaban alguna reforma en ella no duraban mucho. Parece haber sufrido cuatro o cinco cambios. Algunos espacios son hogares para siempre, y no creo que este lo fuera.

Al parecer, hubo una época en la que la casa permaneció cerrada. Vacía. Luego estuvo una mujer morena y de ojos oscuros que vivió un tiempo, tenía una mirada muy severa, el pelo recogido hacia atrás, y ojos grandes de color marrón. Parecía andar por la casa con una mujer mayor de cabello claro y que andaba arrastrando los pies. Creo que luego ella vivió aquí.

(VOZ DEL EQUIPO: «Pasamos al estudio».) Esto es realmente extraño, porque cuando entré vi a un monje en esta habitación que miraba por la ventana. Iba encapuchado y vestido con túnica. No sé si la familia recibió invitados que pertenecían a alguna congregación religiosa, porque esas imágenes van y vienen. Al principio pensé que eran monjas, pero no, es una tela muy gruesa. Esta estancia era como un estudio, y el terreno se extiende muchos acres por atrás. Es enorme. Acres y acres.

Empieza la investigación

Ahora que he repasado las impresiones registradas en la cinta sobre mi visita a la Escuela Península, llegó el momento de que yo y mi equipo empezáramos a investigar todos los datos posibles sobre el edificio, el terreno, y las personas cuyas vidas y espíritus impactaron ese lugar con su historia. Estoy segura de que pensáis. Genial. Diez minutos buscando en Internet. Muy sencillo. Hoy en día es muy sencillo. Pero en 1977, cuando surgió esta investigación, no lo era. No sólo los buscadores de Internet no existían, sino que no habían ordenadores personales que sirvieran para explorar los datos. Así pues, tuvimos que pasar infinidad de horas en los maravillosos archivos San Bruno, de San Francisco, estudiando todas las actas y escrituras, mapas, y registros civiles que pudiéramos encontrar sobre esa finca concreta. Dejamos la grabación de mis horas dentro de esa casa en un cajón de la oficina. Ahora nos dedicábamos a una búsqueda de información general. Los detalles vendrían después. Os recomiendo que no volváis atrás para leer la transcripción y os fijéis en la cronología de cambios de propiedad de la mansión Coleman o Escuela Península. Yo ya me ocuparé de ello.

Cronología de la finca Coleman

Antes de
1850   Desconocido

1850-80 Vaquería Woodside, propiedad de Isaiah Woods y Alvin Adams, administrada por John Murray.

1870   Primera relación de Martha/Marie Coleman con la finca, detalles no especificados en los archivos públicos.

1880   James V. Coleman construye la mansión Coleman por cien mil dólares, supuestamente para su esposa Carmelita.

1882   Al parecer, los Coleman se cansaron de su mansión, sin haberse mudado a ella, y la vendieron por una ganga.

1885   Carmelita Coleman murió (los certificados de defunción son sumamente incoherentes).

1898   Harry P. Moore y familia alquilaron la mansión para criar caballos de carreras; hay referencias de que la mansión estuvo ocupada entre esos años.

1903   Los herederos de Coleman contratan a D. Bromfield para subdividir el terreno; Shainwald, Buckbee & Co. gestionan la venta de la finca después de la subdivisión.

1905   El abogado Jenks, de San Francisco, compró el terreno por ciento diez mil dólares.

1906-07   Los seminaristas del Seminario de Saint Patrick habitaron temporalmente la mansión Coleman después de que su seminario fuera destruido por un terremoto.

1907   El abogado James W. Cochrane de San Francisco compró ciento sesenta y cinco acres por cien mil dólares.

1912   Corren rumores de que se abrirá una academia militar en la mansión; no se confirman los rumores, pero la finca se vendió a una parte de la que no figura el nombre.

1913   La familia de Rupert T. Hooper compró la mansión y nueve acres de terreno colindante.

1915   La familia de Edward S. Munford compró y remodeló la mansión. La denominó «Diezacres».

1918   La mansión se vendió al banco Hibernia por ochocientos cincuenta y un dólares al «ejecutar una hipoteca de un mecánico».

1923   El obispo católico de San Francisco compró la mansión al banco Hibernia por diez dólares; es probable que la mansión se volviera a utilizar como seminario.

1925   Frank y Josephine Duveneck, de Palo Alto, alquilaron la mansión al arzobispado por cien dólares al año, y fundaron la Escuela Península.

1929   El arzobispado vendió la mansión a los Duvenecks por veintiséis mil dólares.

La investigación continúa: concretando datos

Ahora que disponemos de una visión general de la «mansión que todo el mundo quería comprar, pero en la que nadie quería vivir», ya va siendo hora de concretar detalles. Leímos artículos de periódicos. Hablamos con los descendientes, amistades, o vecinos de descendientes que pudieran facilitarnos alguna información. Leímos infinidad de necrológicas y notas biográficas de la familia encuadernadas en cuero junto a los orgullosos y adustos retratos profesionales de la familia. También escuchamos los mismos rumores entusiastas de fuentes que no tenían modo de conocerse. Verificamos lo que pudimos, anotamos los datos que nos fue imposible corroborar, y pasamos varios meses ordenando el material sobre el que podíamos trabajar.

Entonces sacamos las cintas originales de ese día en el interior de la escuela Península, empezamos a analizarlas minuciosamente y las comparamos con nuestros cuadernos repletos de información que habíamos recogido y ordenado.

A continuación se incluyen citas de la transcripción de la cinta, organizadas por temas recurrentes para evitar repeticiones molestas, así como el material histórico correspondiente que descubrimos sobre esos temas, unos datos que veréis inmediatamente debajo de cada cita. Os proporcionaré todos los resultados: los aciertos, los errores, y los interrogantes. Sois vosotros quienes debéis juzgar si las voces de la otra vida me hablaron en esa experiencia, o no.

Cita de la transcripción

«Esta casa es muy, muy antigua. Yo diría que tiene cien años, pero había otros edificios de ciento veinte y ciento treinta años... También capto algo sobre leche. Leche de vaca, en esas viejas tinajas con asas, que se guardaban en algún tipo de estantería».

Información histórica

Mi grabación de la escuela Península se realizó en 1977. La mansión Coleman que alberga la escuela se construyó en 1880. Anteriormente, a partir de 1850, o 127 años antes de que yo llegara a ese lugar, la finca albergaba la lechería Woodside.

Citas de la transcripción

«Por algún motivo, tengo la sensación de que esta casa nunca se utilizó para lo que pretendía utilizarse... nunca tuvo intención de ser una escuela. Todos los que iniciaron algo en esta casa, jamás duraban mucho. Parece que experimentó cuatro o cinco cambios distintos. Algunos espacios son hogares para siempre, y no creo que este lo fuera.»

Información histórica

No cabe la menor duda de que la mansión Coleman se construyó originariamente en 1880 para ser una espléndida residencia privada. Sin embargo, según todos los registros, nunca se habitó hasta 1906, cuando los seminaristas la utilizaron como alojamiento temporal hasta que reconstruyeron su seminario después del terremoto. A partir de 1890, la casa fue alquilada y vendida por varias familias e inversores, todos ellos tenían grandes planes para la casa, aunque ninguno se llevó a cabo hasta que los Duveneck la compraron en 1925. Fueron los primeros en utilizarla de forma continuada, en su escuela Península, pero ni siquiera ellos vivieron en la mansión. De modo que nunca se ha utilizado como residencia privada, como tenía previsto utilizarse.

Citas de la transcripción

«Estoy captando algo sobre un tal John, John Coleman... recibo el nombre de John, y también los nombres Joseph y George.»

Información histórica

Nunca pudimos localizar a un Coleman llamado John. Hubo un John Murray que gestionó la vaquería Woodside. En cuanto a Joseph y a George, lo más cerca que llegamos fue a un Joseph McDonough, que fue el tío del hombre que compró la mansión Coleman (James V. Coleman), y un tal George H. Irving, cuya compañía compró la finca Coleman en 1910. Si no saltas de alegría con esta información, debes saber que tampoco yo me emocioné con ello.

Citas de la transcripción

«No sé si son monjas, o si son hombres vestidos de negro que deambulan por la zona... Esto es realmente extraño, porque cuando entré vi a un monje en esta habitación que miraba por la ventana. Iba encapuchado y vestido con túnica. No sé si la familia recibió invitados que pertenecían a alguna congregación religiosa, porque esas imágenes van y vienen. Al principio pensé que eran monjas, pero no, es una tela muy gruesa.»

Información histórica

Por lo que nos enteramos, en una o dos ocasiones (en 1906 y en 1923) la mansión ofreció alojamiento temporal a los seminaristas. La primera vez se debió al trágico terremoto de San Francisco, y la segunda vez fue el resultado de la compra de la finca por parte del arzobispado a cambio de diez dólares. «Fugaz» es una descripción óptima, puesto que incluso en 1923 esa compra duró únicamente dos años hasta que los Duveneck alquilaron la mansión por cien dólares al año y fundaron la escuela Península.

Cita de la transcripción
«Creo que en esta casa ha habido muchas risas, música, y baile.»

Información histórica
Según Josephine Duveneck, durante varias décadas existió la tradición, entre los estudiantes de la cercana universidad de Stanford, de celebrar bailes en las terrazas iluminadas de la mansión. Años después, los estudiantes de Stanford también empezaron a aparecerse en la mansión cada Halloween, esperando la aparición de la mujer fantasma de verde.

Cita de la transcripción
«Al parecer, hubo una época en la que la casa permaneció vacía. Cerrada.»

Información histórica
La mansión permaneció cerrada desde 1885 hasta 1898. En 1898 fue alquilada, pero nunca se habitó, de modo que técnicamente permaneció cerrada desde 1885 hasta 1906, y luego se cerró de nuevo desde 1907 hasta 1925.

Cita de la transcripción
«... el terreno se extiende durante muchos acres.»

Información histórica
Aunque se consideraba que el terreno de la mansión medía un acre en 1977, después de ser subdividida varias veces, la extensión original sobre la que se construyó la finca medía ciento sesenta y seis acres.

Citas de la transcripción
«Hay otra impresión de un hombre con pelo y ojos oscuros. Pare-

ce que lleva barba... Del hombre moreno, barbudo, con una hermosa dentadura y una mandíbula cuadrada, recibo la impresión de que se siente inútil, de que percibe en sí mismo una sensación de inutilidad. Aunque estuvo muy enamorado... la presencia del hombre moreno parece ser muy destacada en este lugar.»

Información histórica

La mansión Coleman fue construida en 1880 por James V. Coleman, un asambleísta del condado de San Mateo. Los retratos y las descripciones familiares presentan a un hombre moreno muy atractivo, con los ojos oscuros, un sempiterno bigote, y una mandíbula firme. Tenía fama de ser un hombre poderoso y firme en sus decisiones. La desesperación e inutilidad que percibí en él pueden explicarse gracias a las próximas citas y su correspondiente información histórica, que fue realmente cuando las cosas empezaron a cobrar sentido.

Citas de la transcripción

«Hay alguien que sufre un traumatismo en la zona del pecho, como si algo lo hubiera penetrado. Algo afilado penetró el pecho... recibo el nombre de Carmen... El intenso dolor que recibo en el pecho –tengo la impresión de que ella se marchó después del dolor agudo y camina por la zona. Cabello claro, ojos claros. Ella parece muy joven, quizá de unos diecinueve o veinte años, algo por el estilo. Un dolor intenso y una caída, en la que acaba de bruces sobre una caja. Fue totalmente inútil. Totalmente inútil... ortigas, o algo por el estilo. Parece un nombre, el apellido Nettles o Nuttles.»

Información histórica

No encontramos a nadie relacionado con la historia de esta casa que se llamara Carmen, o cuyo apellido fuera Nettles o Nuttles. Carmelita Nuttall parecía un nombre muy cercano, y sin duda alguna tuvo relación con la mansión Coleman. De hecho, ella la inspiró. Carmelita Nuttall era su nombre de soltera. De casada, pasó a llamarse Carmelita Coleman, y su esposo, James, hizo construir la mansión por ella. Tenía el pelo y los ojos claros, y las columnas de sociedad de la zona la describieron como «incomparable por su belleza y logros». Cuando se inició la construcción de esta finca en 1880, Carmelita tenía veinte años. Existen varias versiones de esta historia, pero la comúnmente aceptada, y la que más ha perdurado, dice así: mientras esperaban a ver construida su nueva y lujosa mansión de cien mil dólares, James y Carmelita Coleman vivían en una *suite* del lujoso hotel San Francisco. Una mañana a primera hora, James regresó de un viaje de negocios y Carmelita quiso ayudarle a deshacer las maletas. Pero a la joven se le cayó la pistola que su esposo siempre llevaba en la maleta. Cuando la cogió para sacarla, cayó al suelo y se disparó. La bala impactó en el pecho de Carmelita casi a bocajarro, y la mató de inmediato. La joven tenía veinticuatro años cuando murió. Carmelita nunca pasó una noche en la mansión que iba a ser un monumento del amor que le profesaba su esposo. James quedó tan disgustado que jamás volvió a pisar los terrenos de la mansión Coleman. Si ese accidente no hace sentir inutilidad en un hombre, no sé que otra cosa puede activar esa sensación. Todos quienes han visto u oído a la mujer de verde que deambula por la escuela Península están convencidos de que es Carmelita Coleman, reclamando el derecho de ser la anfitriona y señora de la mansión. La señora entretiene a sus invitados mientras espera a que James regrese a casa.

Cita de la transcripción

«Hay algo sobre un pájaro, un loro; sí, es un loro.»

Información histórica

El único pariente vivo de Carmelita Nuttall Coleman que aparece en los registros, según su necrológica, aunque debieron de existir otros parientes que no figuraban en el registro, fue un tío financiero sumamente rico de San Francisco, llamado John Parrott (de Parrot, «loro»).

Cita de la transcripción

«Recibo el nombre de Kathryn. También recibo el nombre de Marie.»

Información histórica

Marie Coleman era la madre de James Coleman. Su hermana se llamaba Kathryn, aunque la familia la conocía como Kate.

Citas de la transcripción

«Hay dos personas mayores: un hombre y una mujer de estatura bajas. Son ancianos, guardan un enorme parecido, como si fueran hermano y hermana. Vasos... la pareja, creo, renovó la casa, y la revivió.»

Información histórica

Marie Coleman estaba muy unido a su hermano William O'Brien, el tío de James, y es muy probable (aunque no podamos corroborarlo) que consultaran con él regularmente sobre la construcción de la mansión. Indudablemente, no estaban en la zona para poder renovarla. Los E. S. Munfords la remodelaron en 1915, y Frank y Josephine Duveneck la transformaron en una escuela en 1925, aunque no tenemos datos sobre la edad y la relaciones familiares de los Munfords, y Frank y Josephine estaban casados y tenían unos treinta años, no eran hermanos.

Cita de la transcripción

«También recibo el nombre de Alcott, algo Alcott.»

Información histórica

Nunca encontramos a alguien relacionado con la mansión Coleman, la Escuela Península o con las numerosas transacciones de tierra cuyo apellido fuera Alcott, o algo parecido.

Citas de la transcripción

«Hay un lugar del piso de arriba al que realmente quiero ir porque está lleno de energía... (ARRIBA) De esta estancia de aquí, en la que no podemos entrar, recibo mucha presión y energía, así como una sensación de caída... algo sobre unas escaleras. Las escaleras... creo que una mujer se cayó por las escaleras».

Información histórica

Existen dos rumores fascinantes pero completamente infundados que no cesamos de oír sobre la mansión Coleman. Ambos tenían que ver con una caída, y nos lo contó una persona según la cual esos rumores eran «absolutamente ciertos». Pero ninguno de estos rumores presentaba algún tipo de pista localizable en los periódicos que pudimos recuperar de la época de los supuestos accidentes. Como psíquica, no dudo de que en esa mansión se produjo algún tipo de accidente relacionado con una caída. Pero no puedo verificar las supuestas historias que lo explican. La primera historia se centra en una habitación cerca del vestíbulo de la escalera principal de la mansión. En la puerta de esa habitación faltaba un pomo, de modo que no pude entrar en su interior, pero formaba parte de una sala de reuniones mucho más grande, en esa misma planta, que sí pude explorar. En esa estancia, la sensación de caída era inevitable. Luego descubrí que la planta de toda esa zona, incluida la estancia con el pomo que faltaba, fue añadida por la Escuela Península en la década de 1940. Desde 1880 hasta 1940, la escalera principal conducía a una zona llamada «la galería», un espacio abierto desde la planta baja hasta un tragaluz y totalmente rodeado por una escalera de madera con adornos, lo cual creaba una enorme sensación de espacio, luz, y apertura. Según los rumores, un día de la década de 1880, cuando la mansión estaba desocupada, pero era propiedad de la familia Coleman, un «pariente Coleman» (se proponen multitud de nombres) convocó a «un cierto hombre» (también aquí se proponen muchos posibles nombres, junto con su supuesta relación con ese Coleman) a la mansión vacía para «realizar una transacción comercial que requería la máxima privacidad y discreción», según una fuente bastante fiable.

Posteriormente, ese hombre fue sacado de la mansión en una bolsa para cadáveres, según reza la historia, puesto que cayó de la escalera de madera al suelo de mármol de la galería.

La segunda historia es más breve que la primera. Simplemente afirma que una joven sumamente bella pero algo perturbada, que se volvió loca cuando el hombre que amaba la rechazó, se lanzó por la escalinata de la mansión, y murió en el acto. Este suicidio ocurrió, teóricamente, en 1906. Ahora bien, lo que sabemos sobre la mansión en 1906 es que los seminaristas de Saint Patrick se mudaron aquí cuando sus instalaciones quedaron destruidas por el terremoto que asoló la zona. Pero el gran terremoto de San Francisco ocurrió en abril de 1906. Si esa joven estaba en la mansión antes de abril, cuando estaba supuestamente vacía, ¿quién era y qué estaba haciendo en la mansión? Si estuvo después de abril de 1906, ¿fue rechazada por uno de los seminaristas y se suicidó en un edificio ocupado? De ser así, no hay garantías de que el hecho quedara registrado, pero sigo aferrándome a la esperanza de que nueve de cada diez personas e instituciones son decentes y honestas, y no taparían una muerte así. Luego está la pregunta más obvia de todas. ¿Existió realmente esta mujer? Insisto: creo que en la mansión se produjo una tragedia relacionada con una muerte por caída, pero no creo que ninguna de estas dos historias sean suficientemente precisas para saber los hechos verdaderos, por muy aterradores que estos sean. Nunca lo he explorado. Si alguna vez vuelvo a la Escuela Península, será la próxima investigación que lleve a cabo.

En la transcripción se menciona una «mujer morena de ojos oscuros» con aspecto muy severo, con el pelo recogido y ojos grandes y marrones. Parecía caminar con una mujer de pelo claro algo mayor y que arrastraba los pies. Creo que acabó por comprar la casa. No tengo ni idea de quienes eran esas mujeres, si es que existieron realmente. Mi equipo y yo elaboramos un listado de todas las familias cuyos nombres estuvieron relacionados con la mansión o la finca: todas las ramificaciones de la familia Coleman, incluidos William y Kate O'Brien y sus hijos, la familia de John Parrott, la familia de Harry P. Moore, la familia de James Cochrane, la familia de George H. Irving, la familia de Rupert T. Hooper, la familia de Edward S. Mundford, etcétera. Luego reunimos la mayoría de fotos familiares que pudimos y las estudiamos hasta que nos quedamos bizcos. Sin duda alguna, había muchas mujeres morenas de ojos oscuros, al igual que muchas mujeres con el pelo y los ojos claros, de modo que no llegamos a concretar nada. Eso no significa que no estuvieran en esas fotos, sino que no pudimos reconocerlas.

O, tal vez me equivoqué y esas dos mujeres nunca estuvieron en la casa.

Las conclusiones

Tal como comenté anteriormente, no voy a retroceder y contar mi puntuación para demostraros lo bien que lo he hecho o no. Eso lo podéis hacer vosotros, si queréis.

Preferiría que os centrarais en las cosas que acerté, y que os preguntéis de dónde pude sacar esa información. Supongo que en un mundo absurdo, como a veces parece que es, se me ocurriría la imagen de un loro de repente, cuando el nombre Parrott guardaba relación con la casa, o empezaría a decir «Nettle» por ninguna razón aparente, y sería casual que alguien de la mansión Coleman tuviera el apellido de Nuttall. O tal vez mi equipo de la fundación Nirvana y yo hicimos trampa y, cuando supimos que iríamos a la Escuela Península corrimos a los archivos San Bruno para realizar una investigación de varios meses en dos semanas. De este modo, yo lo sabía todo antes de inspeccionar la mansión, con lo cual mis posibilidades de acertar deberían haber sido de un cien por cien, ¿verdad?

Luego está esa tercera posibilidad, también conocida como «la verdad», según la cual la información que revelé me la dieron quienes la poseían. Quienes tenían esa información eran los espíritus y los fantasmas, puesto que todos ellos son capaces de transmitir pensamientos e imágenes al igual que nosotros. Me acompañaron en esa enorme mansión ese día de 1977 para contarme sus historias y vislumbrar sus vidas y muertes.

Explicadme cómo esos espíritus y fantasmas pudieron contarme todo eso si no estuvieran vivos.

Explicadme que todavía no existen pruebas sobre la vida después de la muerte.

CAPÍTULO 8

Ataques psíquicos: reconocerlos y neutralizarlos

La primera vez que escribí sobre ataques psíquicos fue en mi primer libro escrito en colaboración con Lindsay, *The Other Side and Back*. Era el año 1999. Por un lado, no parece que haya pasado tanto tiempo. Por otro, cuanto Lindsay y yo más hablábamos del tema al preparar este capítulo, más nos dábamos cuenta de que en muchos sentidos, había pasado más tiempo de lo que podíamos medir con relojes y calendarios tradicionales. El 11 de septiembre de 1999 no fue más que el día entre el 10 y el 12 de septiembre. La gente trabajaba y cenaba en las torres gemelas del World Trade Center siete días a la semana sin pensárselo dos veces. Probablemente, una persona de cada diez había oído hablar de Osama bin Laden. La seguridad en los aeropuertos era ese estorbo absurdo entre el mostrador de facturación y la puerta de embarque, y te preguntaban si tú habías cerrado la maleta y para qué querías las pinzas. Nunca habíamos oído hablar de términos como «Operación Impacto y terror» o «la madre de todas las bombas», pensábamos que el presidente de Estados Unidos era quien conseguía el mayor número de votos, y no existía el SARS. Ver el bombardeo de Bagdad habría supuesto muchos efectos especiales y labor de post producción, y sólo sus familiares y amigos conocían a Chandra Levy, Elizabeth Smart, y Laci Peterson, tal como debía ser.

No es que en 1999 saltásemos de alegría maravillados sobre cuán poca negatividad había en nuestras vidas, pero tampoco me siento culpable por no haberme dado cuenta de lo bien que vivíamos. En realidad, no creo mucho en sentirme culpable por algo.

Lo pasado, pasado está, y si hemos cometido algún error, en vez de malgastar energía martirizándonos por ello, debemos invertir esa energía en corregir esos errores. Pero nunca viviremos una época en la que no haya cierta negatividad en nuestra vida. Eso forma parte de la vida en la tierra, y aprender a superarla es parte de la razón por la que de vez en cuando nos encarnamos aquí. Las vidas insatisfactorias perpetúan la negatividad. Las vidas más exitosas la evitan y la rechazan lo mejor posible, aunque sean engañosamente seductoras.

Los ataques psíquicos nacen y se asientan en la oscuridad, en el temor y en la naturaleza divisoria de la negatividad. Cuanto más prospere la negatividad, más peligro hay de que crezcan y se propaguen los ataques psíquicos.

Los ataques psíquicos son, casi literalmente, huellas en el aire que respiramos y, si no nos andamos con cuidado, huellas en nuestras mentes sobrecargadas, sobreinformadas, sobreamenazadas, abrumadas, poco inspiradas, poco espiritualizadas, y poco seguras de sí mismas. Por tanto, la combinación de estos tiempos difíciles y de este libro en concreto parecen la oportunidad idónea para repasar el tema de los ataques psíquicos, ampliarlo, y asegurarte de que no siempre es posible protegerte del todo, puedo ayudarte a comprender qué son estos ataques, cómo protegerte de ellos, y cómo eliminarlos cuando uno se asienta en ti a pesar de todos tus esfuerzos.

No conozco a nadie, incluida yo, que no haya pasado por momentos de depresión de vez en cuando, esa sensación angustiosa de que nada importa demasiado, de que no cabe esperar nada, de que carecemos de la energía, la motivación, y la inspiración para salir de ese estado, y que no recordamos lo que es sentirse emocionado por algo, o reírse con todas tus fuerzas. Esas depresiones no son divertidas, pero van y vienen en tu vida con distintas intensidades, y aprendemos a confiar en el hecho de que pasaran solas o buscamos la ayuda de un profesional para que nos ayude a superar lo que en ocasiones puede ser un desequilibrio químico que puede tratarse y controlarse con facilidad, pero luego está esa otra pesadilla que prácticamente convierte una depresión en un viaje a Disneylandia. (Dejadme que insista en la palabra «prácticamente».

Me tomo la depresión muy en serio.) En mi caso ocurrió a principios de la década de 1990, y aunque tuve la impresión de que me vino por sorpresa, sé que no fue así. Estoy segura de que conseguí mantenerme muy ocupada para evitar darme cuenta de que poco a poco me estaba hundiendo por un acantilado emocional y espiritual. Me habréis oído decir cien mil veces que mis facultades psíquicas no me sirven a mí, y que estoy aquí para cometer los mismos errores y aprender las mismas lecciones que los demás. Esto puede suponer que vea con total claridad la vida de mis clientes pero no la mía, y que haya entidades tóxicas y oscuras que coman en mi misma mesa, ganándose mi confianza y erosionando mi alma mientras año tras año cerraba debidamente mis puertas cada noche sin ser consciente de que tenía a mi enemigo en casa.

Así pues, no dudo ni por un instante de que esta atmósfera negativa que yo misma elijo, como siempre ocurre en estas ocasiones, no importa lo mucho que deseemos culpar a otras personas, creó un objetivo irresistible para el ataque psíquico que impactó en mí como una tonelada de ladrillos y me dejó prácticamente paralizada. A diferencia de las depresiones con las que estaba familiarizada y había superado, que incluían varios grados de apatía energética, aburrimiento, y tedio, esa vez el ataque era muy personal, dirigido directamente entre mis ojos, mi corazón, y mi relación con Dios, que a menudo es lo único que me mantiene activa cuando ninguna otra cosa puede conseguirlo. Básicamente, una mañana me desperté muy temprano y escuché, repetidas veces en mi cabeza, con mi propia voz, una versión de lo siguiente:

«Ignoro a quién creías que estabas engañando durante todos estos años, pero el juego ha terminado. Ya es hora de que reconozca lo inútil que soy, no como psíquica, sino como ser humano. Se me ha dado esta facultad, ¿pero qué he conseguido realmente con ello a lo largo de todos estos años? ¿Qué cosas han cambiado a raíz de ello? No ha cambiado nada, eso seguro, y sé por qué. Porque como mujer, como persona, no me merezco este regalo, o cualquiera de las atenciónes y admiración que acompañan a esa facultad. Si todas esas personas supieran lo insignificante y despreciable que soy, no me pedirían consejo sobre qué detergente utilizar, y por supuesto no me pedirían consejos sobre sus vidas y su espiritualidad. Quién creía que era, y cómo pude tener la cara de ir por ahí fingiendo saber las respuestas a las preguntas importantes? Si tuviera realmente respuestas, no me sentiría tan vacía, y lo que es peor, no estaría tan convencida de haber decepcionado a Dios, porque no sé como voy a sobrevivir con esa idea.»

Esos pensamientos se repitieron en mi cabeza día y noche durante lo que me pareció un siglo, mientras yo hacía todo lo posible para continuar con mi negocio como si no ocurriera nada. Recuerdo un miedo constante por el cual rompía a llorar en cualquier momento, y luego no podía parar. También recuerdo que quizá dormía una o dos horas, y me pasaba el resto de la noche dándole vueltas a esos pensamientos. Por un momento pensé que sufría un ataque de nervios. Sí, me dije a mí misma, Dios debe de estar dándose unas palmaditas en el hombro por haberme elegido con el fin de ayudar a otras personas, cuando lo mejor que podía ofrecer a esas personas era una lección sobre cómo *no* vivir tu vida.

Casualmente, tenía previsto impartir una conferencia en mi iglesia dos noches después de que se me ocurrieran esos pensamientos. Decidí que, de entre todos los grupos, esas personas queridas y leales que me respaldaron durante décadas eran las primeras en oír la verdad, por muy difícil que fuera para mí.

Estoy segura de que jamás me habían visto tan nerviosa, y que tampoco me habían visto hablar en voz tan baja, especialmente cuando delante de mí había un micrófono. La sala se calló por completo cuando empecé a hablar. Ellos sabían que estaba pasando algo, y en vez de ir construyendo cierta tensión, decidí soltarlo todo lo antes posible y confesé exactamente todas mis sensaciones de los últimos días, todos los pensamientos negativos, todas las dudas, todas mis certezas de que, después de haber depositado tanta confianza en mí, ellas y Dios debían sentirse muy decepcionados.

Miré detenidamente los rostros de esas personas a las que conocía muy bien, esperando miradas de desencanto, traición, desconfianza, y mucha tristeza.

Sin embargo, para mi sorpresa, encontré comprensión, gestos afirmativos y sonrisas que denotaban alivio, así como lágrimas de la empatía más amorosa y sobrecogedora. Me conmovió y confundió al mismo tiempo, y se me quebró la voz al decir: «Necesito hablar con todos vosotros un momento. Decidme lo que está pasando.»

Una por una, y después casi al unísono, todas las personas que había esa noche en la sala se levantaron y anunciaron que en algún momento de sus vidas habían pasado por un momento en el que sentían todo lo que yo había descrito. Se habían sentido personas vacías, inútiles, y no merecedoras de ninguna clase de amor y admiración que hubiesen recibido. Habían sentido esa misma pena, y «pena» era la palabra perfecta para describir esas sensaciones: tenía la impresión de que mi esencia, mi espíritu, esa parte de mí en la que arde mi luz piloto, había fallecido. La única diferencia entre ellos y yo es que no habían podido hablar de ello con nadie porque no sabían cómo expresarlo en palabras, y menos aún comentárselo a una persona que intuyera lo que estaban viviendo. Yo contaba con la ventaja de esa audiencia receptiva y una congregación con la que me sentía emocional, moral y espiritualmente responsable, tanto si podían entender lo que yo estaba diciendo como si no.

Fue una noche inolvidable para mí, por varios motivos. Fue la noche en que mi congregación y yo nos acercamos más que nunca, algo que no sabía que fuera posible.

También fue la noche en que toda esa horrible oscuridad y dudas sobre mí misma empezaron a evaporarse, gracias a la apertura y a la honestidad que me abrazó a mí y a todas las personas de la sala, demostrando lo importante que fue hablar de mis sentimientos. Todos habíamos atravesado una terrible crisis emocional, una especie de desierto espiritual, y cada uno llegamos a pensar que estábamos solos, que únicamente estábamos nosotros. Esa noche descubrimos que no estábamos solos, y que esas personas encantadoras, amables, brillantes, exitosas a nivel espiritual y profesional habían sufrido y superado exactamente la misma crisis. No eran personas fracasadas, y en ningún modo Dios les abandonó. Si no me hubiera sincerado con ellos, tal vez no me hubiera sincerado conmigo.

Por último, fue la noche en que mi Espíritu Guía, Francine, me comunicó el término de «ataque psíquico» y empecé a investigar y a escribir sobre este concepto y lo que podemos hacer para prevenirlos. No me importa deciros que esa investigación fue informal, pero en este caso la información que necesitaba no se encontraba en los libros, sino en los corazones y las mentes de cientos de clientes de todo el mundo con quienes hablo una semana cualquiera. Por definición, la relación entre yo y mis clientes implica mucha confidencialidad, algo que yo valoro mucho, de modo que fueron muy sinceros conmigo cuando les pregunté sobre cualquier periodo de duda personal que hubieran podido experimentar. Cada cliente con el que hablé mayor de treinta años (y hablé con algunos más jóvenes, aunque esas etapas difíciles sólo las habían pasado en circunstancias muy extremas), fuera cual fuera su religión, su cultura, su país, o continente, fuera cual fuera su situación económica, estado civil, o nivel de éxito a ojos del mundo en general, habían experimentado su propia versión de un ataque psíquico en algún momento de su vida. Todos ellos. Lo que me pareció más extraordinario, mientras apuntaba los adjetivos y las frases que solían describir a esas personas, fue que esas palabras que me habían mantenido en vela toda la noche habían acechado a un financiero de Londres años atrás, a un constructor de Indiana y a una estrella de cine en medio de una película en Roma. De algún modo, se hizo muy evidente que, cuando se produce un ataque psíquico, *todos escuchamos la misma «cinta»*.

No es necesario ser un genio, ni Scotland Yard, ni el psíquico más grande de la historia para darse cuenta de quien es el responsable de esa «cinta». En el centro de toda la negatividad, en el corazón de todos los esfuerzos por alterar nuestra confianza en el amor incondicional que Dios nos profesa, y en el centro de cada intento por extinguir la luz blanca que arde en nuestro interior como marca de nacimiento de nuestro Creador, mora el lado oscuro, esas entidades no divinas que han dado la espalda a la santidad de lo humano, a la compasión, la dignidad, la amabilidad, y la vida misma, y cuya existencia depende de la ausencia de luz. Consideradlos terroristas en forma de espíritu. Si nosotros, entidades blancas, podemos realizar viajes astrales, también pueden las entidades oscuras. Cada ataque psíquico que lanzan con esa «cinta» consigue supeditarnos a una luz que ya han extinguido y proyectar más oscuridad en esta tierra tan alterada donde antes solía haber luz. Lamentablemente, las guerras, sean cuales sean sus intenciones, así como los grotescos horrores del 11 de septiembre, pueden crear tanto miedo e inseguridad que esa «cinta» es como una huella en el aire perdura hasta que empezamos a sentirnos enteros una vez más. Esa huella sólo tiene poder hasta que, inspirada por el valor, la fe, y el sacrificio de miles de hombres y mujeres cuyos rostros y nombres nunca conoceremos, quienes se resistieron a la devastación de Nueva York y Pennsylvania, Washington e Irak porque era necesario, nuestras luces vuelvan a encenderse y brillen más que nunca. Jamás había tenido tantos clientes que sufren de ataques psíquicos como tengo en estos momentos. Para ellos, y para quienes estén atravesando uno, dejadme que os recuerde algo que yo no sabía cuando experimenté mi ataque. Es una huella. Una cinta grabada previamente, creada por el lado oscuro, llena de toda la negatividad que puedan reunir, que luego se proyecta a la atmósfera para hacerte sentir indefenso y separado de Dios. Es un buen truco, eso no lo negaré, pero como todo lo demás en el lado oscuro, todos esos pensamientos negativos que te asaltan son mentiras. No les dediques ningún momento de tu tiempo y energía. Tal como probablemente habrás aprendido de otras circunstancias de tu vida, una mentira puede empezar a parecer real si te concentras demasiado en ella. En cambio, en el preciso instante en que se te ocurra un pensamiento negativo sobre ti, quiero que hagáis algo que os parecerá muy absurdo. No me importa. Probablemente, os habréis sentido estúpidos por cosas menos importantes que esta. A mí me ha pasado, y estoy segura de que me volverá a pasar.

Quiero que toméis vuestro dedo índice de vuestra mano dominante y lo acerquéis a un punto de la frente conocido como el «tercer ojo», situado a unos cuatro centímetros por encima de las cejas y entre ellas. Ahora, en ese mismo lugar donde se encontraría el «tercer ojo», quiero que os imaginéis el botón de «expulsar» de una grabadora. Quiero que apretéis ese botón mientras decís: «Me niego a escuchar esta cinta y todo ese contenido del lado oscuro, y libero toda esa negatividad de mi mente a la pureza sagrada y amorosa de la luz blanca del Espíritu Santo.»

Existe una maravillosa sensación de satisfacción cuando aprietas ese botón de «expulsar». Es como alejarse de la horrible sensación de un ataque psíquico que no pediste y que no viste venir. Debes recordar que todo eso es tu mente, y que tú eres el juez de esa mente, y que no volverás a caer en esa trampa nunca más. Pasas de la falta de control a estar en control con un solo toque entre tus cejas. Como ya he dicho, en otras ocasiones me he sentido muy estúpida por menos.

Herramientas de protección

Desearía incluir unas palabras sobre las herramientas de protección. Escribo mucho sobre ellas. Creo en ellas. Especialmente en este libro, donde existen algunos moradores del lado oscuro y de la otra vida que no te traerán paz y comodidad en tu vida, el tema de armarse con una herramienta de protección o dos parece algo importante.

Al igual que el gesto del botón de expulsión cuando hablamos del ataque psíquico, las herramientas de protección son simples imágenes para hacerte recordar conceptos mucho más amplios y complejos que, debido a nuestras ajetreadas vidas, nos cuesta recordar en cualquier momento. No es necesario meditar. Tampoco requieren la realización de ejercicios agotadores. Lo único que necesitas es acordarte de ellos, imaginártelos. Puedes recurrir a cualquiera de mis técnicas o inventarte la tuya. Los detalles de ese acto imaginativo no son importantes, siempre que cumplas los objetivos de las herramientas de protección: reforzar el amor sagrado, tangible e incondicional que existe entre tú y Dios, y repeler el lado oscuro, decirle que se lleve toda la negatividad a otra parte porque contigo está perdiendo el tiempo.

Toda herramienta de protección debería empezar con una imagen de ti mismo rodeada por la luz blanca del Espíritu Santo. Eso es simplemente una espléndida aura, pura y divina, que brilla por encima de tu cabeza hasta la planta de tus pies, emanando desde una luz blanca brillante que es el centro divino de tu interior.

El círculo de espejos

Esta técnica concreta me encanta porque hace que las herramientas de protección resulten invisibles. Me incomoda que la gente sepa la frecuencia con que utilizo esta técnica, especialmente en cócteles o cenas. En esas ocasiones, siempre parece haber una persona que idea la forma despreciable de hacerse rico a costa mía, mientras trata de hacer ver que se trata de la empresa más legítima y caritativa de la historia de la humanidad y sería amoral por mi parte no prestarle mi nombre. Si no prestara atención y no activara a tiempo mis herramientas de protección, alguien empieza a decirme algo como: «Oh, Dios mío, si es Sylvia Browne. No puedo creerlo. Siempre he soñado con conocerla, y ahora la encuentro. ¿A que la intervención divina existe, verdad? Espere a que el grupo (cualquier supuesto grupo caritativo del que nadie ha oído hablar) se enteren de esto.» Si alguno de vosotros sois así creedme que esta artimaña nunca funciona conmigo. Soy muchas cosas, pero no idiota, pero cuando presto atención, lo que ocurre por mi parte es lo siguiente. En primer lugar, como siempre, me rodeo de la luz blanca del Espíritu Santo. Luego, con el ojo de mi mente, trazo un círculo perfecto de espejos, más altos que yo, y que están a lo lejos, aunque yo quedo en el medio. Las entidades blancas no se molestan por los espejos, o se sienten atraídos por ellos. Las entidades oscuras, en cambio, no pueden mantener su vanidad cuando se les enfrenta a sus imágenes repulsivas y evitan mirarse en los espejos.

No me sorprendería en lo más mínimo que encontrarais estas explicaciones difíciles de creer, pero probadla en alguna situación social, o en vuestra propia casa si habéis tenido problemas con algún fantasma obstinado de los que hemos hablado anteriormente, y creo que apreciaréis la diferencia, aunque sólo sea en la sensación de que las opciones y el control de la situación están en vuestras manos y en las de Dios, que es a donde pertenecen.

La señal de seguridad

Cualquier persona que calcule estadísticas de crímenes sabe que, si tienen la oportunidad, los delincuentes no quieren saber nada de las casas que tienen señales prominentes de que están protegidas por una empresa de seguridad. Pensar en el lado oscuro como una panda de criminales y ladrones es una descripción precisa y útil y una reputación que ellos mismos alientan, de modo que utilizar esa misma psicología contra ellos no será malo.

En vez de utilizar uno de esos aburridos postes metálicos que la mayoría de empresas de seguridad utilizan para colocar sus indicadores y señales, recomiendo fervientemente que coloquéis vuestra señal sobre una enorme espada con joyas incrustadas, con la empuñadura que atraviese tu pecho, una cruz de oro ahuyentando a los cobardes del lado oscuro desde tu corazón, y la brillante luz del centro divino. De la empuñadura cuelgan unos finos hilos de seda tan fuertes como el metal, y que ocultan tu rostro de quienes no deseas ver. Es una señal de oro y joyas que advierte: *este hijo de Dios está protegido por la luz blanca del Espíritu Santo y armado con el amor eterno.*

Crear esta señal supone mucho más trabajo de lo que desea el lado oscuro. Creedme, los ahuyentaréis.

La burbuja de luz

Si habéis visto *El mago de Oz*, ya conocéis esta herramienta de protección sin tener que describirla, y para que conste: la he tomado prestada de ellos, no es mía. ¿Recordáis a Glinda, la bruja buena del Norte, quien viajaba con su hermosa burbuja azul? Pues en eso consiste la protección de la burbuja de luz, con las dos salvedades de que es un tramo demasiado extenso para flotar mientras camináis, y como ya os habéis rodeado de la luz blanca del Espíritu Santo, probablemente querréis que vuestra burbuja sea blanca en vez de azul. Utilizad el color con el que os sintáis más queridos, protegidos y conectados con Dios, y ahuyente toda la oscuridad y negatividad de vuestro entorno, fuera de vuestra casa y en el interior. Sea cual sea ese color, funcionará, os lo prometo.

Aunque en ocasiones cueste de creer, en el mundo hay más luz que oscuridad, y eso es algo que se evidencia cuando las personas están juntas. No lo dudes ni por un momento, y no lo olvides nunca. Si el lado oscuro trata de apagar tu luz con un ataque psíquico o cualquiera de sus insidiosos trucos, no sufras en silencio como yo hice durante tanto tiempo. Recurre a todas las herramientas de protección de tu arsenal y pide ayuda a gritos desde la parte superior de tus pulmones. Ya va siendo hora de que empecemos a ayudarnos unos a otros. Necesitamos toda la luz que podamos.

CAPÍTULO 9

Encontrar un fantasma y demostrar su presencia: la destilería de la playa Moss

Una de las investigaciones sobre fantasmas que recuerdo con agrado fue la de la destilería de la playa Moss, que exploré para la serie de televisión *Misterios sin resolver* y sin la cual no habría tenido el placer de conocer a Robert Stack.

Como muchos de vosotros sabéis, Robert Stack murió de un ataque al corazón en su casa de Los Angeles el 14 de mayo de 2003. Estoy segura de que sus familiares y amigos no se sorprenderán al saber que llegó al Otro Lado antes de que su cuerpo muriera. Asegura que se sentía tan sano la mañana en que murió que si alguien le hubiera ofrecido una película ése día, habría aceptado, y que ese 14 de mayo estaba tan enamorado de Rosemarie como ese mismo día en el que se casó con ella en 1956.

No pasamos mucho tiempo juntos en el platá de *Misterios sin resolver,* puesto que los dos teníamos mucho trabajo por hacer y una agenda muy apretada de filmaciones en la impredecible costa de California. Pero en las pocas horas que pasamos juntos, pude constatar que me encontraba en presencia de todo un caballero. Una experiencia poco habitual en estos tiempos; era un mundo y un hombre poco habituales.

Para Rosemarie, Elizabeth y Charles, mi más profundo amor. Estad seguros de que estaréis tranquilos al saber que él está en Casa, que es feliz, y que os visita con frecuencia.

La destilería de la playa Moss

No fue el programa *Misterios sin resolver* lo que me mantuvo interesada en esta investigación concreta. De hecho, el programa se filmó posteriormente, y mientras tanto, oficialmente el tema no me interesaba. El propietario de la destilería de la playa Moss estuvo llamando a mi oficina durante casi un año, tratando de convencer a mi personal de que lo que estaba pasando en su establecimiento era legítimo, con una cola de testigos que ocupaba varias décadas, y además era único. A principios de la década de 1990, cuando empecé a recibir esas llamadas concretas, escuché esas palabras mil veces de personas que insistían en que debía venir a investigar su invasión de fantasmas «legítima, única, seria e inaudita». En muchas ocasiones, me encontraba con un intento deliberado de estafa que pretendía engañarme, o una estafa en la que me animaban a participar, lo cual me enfadaba todavía más. Por favor, que nadie olvide que tengo amigos en los tribunales de todo el país, y eso no es por casualidad. Jamás me he callado a la hora de informar de una estafa, especialmente si opera en mi campo de acción. No logro entender cómo alguien pueda ser tan necio y creer que yo pueda formar parte, conscientemente, de una estafa. Quizá crean que porque algunos psíquicos están locos, todos deban estarlo. Lo único que puedo decir al respecto es: pedidme que participe en algún engaño, y veréis lo que ocurre.

Por cierto, ha habido algunas investigaciones de encantamientos que deseaba abordar, pero que debía rechazar. En ocasiones me acuerdo de que las personas que me lo propusieron estaban convencidas de que no me ofrecieron suficiente dinero o que su caso no era lo suficientemente importante como para implicarme en él. Dejadme aclarar este punto repitiendo una conversación que mantuve con un viejo amigo mío que resulta ser un oficial de policía graduado. Varias décadas atrás, se produjo una famosa serie de asesinatos sin resolver en la ciudad. A mi amigo siempre le preguntan cómo se resiste a la tentación de desenterrar los archivos del caso y utilizar la tecnología forense de la actualidad para resolver esos asesinatos de una vez por todas. Mi amigo me comentó: «Supongamos que tú eres la madre de un niño que fue asesinado ayer, y tú me llamas preguntándome si tengo alguna pista, y yo te contesto que lo siento, que me voy a un laboratorio de ADN del este del país para investigar unas muestras de sangre de un caso importante en el que estoy trabajando desde 1969, y que te llamaré cuando regrese. Me acabarías odiando, y tendrías toda la razón del mundo.» Sé cómo se siente mi amigo. En cualquier momento, tengo unos doscientos cincuenta archivos en mi escritorio dedicados a casos legales, algunos de los cuales tienen que ver con niños desaparecidos, y son todos muy urgentes. A mí me encantan las investigaciones de casas encantadas. Pero cada vez que acepto una, ese montón de archivos de mi escritorio es ignorado durante varias horas importantes, y lo digo con toda sinceridad. Preferiría encontrar a un niño perdido cualquier día de la semana, aunque no me pagaran antes que hallar a un fantasma, por muy sustanciosa que fuera la suma de dinero.

Esto me lleva a una de las razones por las cuales dije «sí» al propietario de la destilería de la playa Moss. En ese momento, ya había terminado todos los casos de niños desaparecidos. También es cierto que hice sufrir al hombre en cuestión, después de un año entero de llamadas en las que indefectiblemente se mostraba educado y respetuoso. También incidió el hecho de que el lugar que él quería mostrarme no estaba muy lejos de casa.

La destilería de la playa Moss resultó ser un encantador restaurante situado en un acantilado de la bahía Half Moon, al norte de California. Las paredes están pintadas de azul, ribeteadas con un azul más oscuro, y presenta un techo de estaño prensado. El océano Pacífico rompe a los pies del acantilado, por dos costados del restaurante. Los comensales disfrutan de las ventanas panorámicas, de modo que los atardeceres que se observan desde el comedor superior o las mecedoras del patio de abajo ofrecen una imagen sobrecogedora y engañosamente pacífica.

La destilería de la playa Moss empezó siendo oficialmente un negocio llamado Taberna de Frank en 1917, aunque muy posiblemente el local ya era muy conocido diez años antes de todo ese incómodo papeleo y licencias. Al parecer, la Taberna de Frank estaba muy orgullosa de su reputación como la taberna clandestina más próspera de la costa norte de California. Era un crisol inusual, en el que el mundo del cine, el mundo de la política y los bajos fondos se reunían con total discreción y realizaban negocios y actividades que habrían negado bajo juramento en cualquier juicio.

Posteriormente, la Taberna de Frank pasó a llamarse Taberna Galloway Bay durante una temporada, y fue propiedad de un hombre llamado Mike Murphy. Estoy segura de que nadie se sorprendió en lo más mínimo cuando Mike Murphy transformó la Taberna de Frank en un homenaje poco discreto de Irlanda, en el que incluía un menú de cocina tradicional irlandesa. Nadie parecía saber exactamente qué ocurrió, o cuándo pasó a llamarse destilería de la Playa Moss, y para ser honestos, yo tampoco estaba muy dispuesta a averiguarlo.

Pero todo el mundo parecía conocer que el local estaba frecuentado por un fantasma que respondía al apodo de la Dama de Azul, y las historias de sus actividades en el restaurante y sus alrededores se han vuelto legendarias. A pequeña escala, los muebles cambian de lugar y las duchas se activan solas en plena noche. Las luces se encienden espontáneamente delante de la mirada de los clientes. Los talonarios flotan desde el escritorio a la estantería mientras un incrédulo contable observa desesperadamente la escena. Un supuesto «virus» cambió, en una ocasión, todas las fechas del ordenador a la de 1927 (fecha que coincide con el año en que el local abrió legalmente), pero el técnico informático jamás pudo averiguar la causa de ese cambio. Los camareros y camareras escuchan susurrar sus nombres o que alguien les da unas palmaditas en el hombro cuando están a solas en el restaurante mientras cierran por la noche, pero al darse la vuelta no ven a nadie. Una mujer realizó una hermosa fotografía de una amiga cuando estaban en su mesa del comedor, con la magnífica vista del océano Pacífico a sus espaldas. Cuando se reveló el carrete, las fotos mostraron fielmente las imágenes captadas: los otros clientes del restaurante y su mesa en primer plano. Aunque faltaba un pequeño detalle: la amiga no salía en la fotografía, como si se hubiera desmaterializado al hacer la foto. Otra clienta estaba inocentemente en el lavabo de señoras de la planta baja cuando, delante de sus propios ojos, los dos grifos se activaron solos. Ella se los quedó mirando sorprendida, se quedó paralizada y asustada. En parte se preguntaba si esos grifos se volverían a activar. Cuando, pasados unos minutos, no se abrieron, la clienta los activó, salió del lavabo de señoras, pagó rápidamente su cuenta y jamás regresó a ese restaurante.

Tanto los clientes como los empleados del local afirman haber visto, en muchas ocasiones, a una mujer con un vestido azul que camina sola por los abruptos acantilados debajo de la destilería de la playa Moss, y también han presenciado numerosas desapariciones cuando tratan de comunicar su presencia a otras personas.

Los antiguos propietarios del restaurante, Pat y Dave Andrews, solían encerrarse en sus habitaciones del interior del restaurante cuando se cansaban de oír los pasos de la dama de azul sobre el suelo de madera del comedor durante las horas previas al amanecer. Al final, instalaron suelos de moqueta.

Los niños pequeños, muy especialmente, parecen interesar a la dama de azul. Al parecer, los ahuyenta del acantilado para que no caigan, y muchos niños la han visto en el lavabo de caballeros. Asusta a algunos de los pequeños, quienes en seguida se dan cuenta de que esa mujer es de otro mundo.

Una de las historias sobre la dama azul más famosas del lugar ocurrió en 1978, cuando se celebró una sesión de espiritismo en la destilería de la playa Moss para tratar de contactar con el espíritu o espíritus que tantos estragos causaban en el restaurante y a todos sus inquilinos y clientes. En esa sesión había dos oficiales de policía del departamento del Sheriff del condado de San Mateo. Se sentían algo incómodos, pero a la vez tenían mucha curiosidad por el tema. No fue muy positivo que dos orgullosos miembros del cuerpo policial se aparecieran en un evento paranormal. Pero cuando en esa sesión no pasó absolutamente nada, esos dos hombres se sintieron como los dos tipos más idiotas de la ciudad. Mientras volvían a casa por la autopista 92 conduciendo un Jaguar blanco, jurándose mutuamente que jamás mencionarían esa experiencia a sus respetivas esposas y compañeros de trabajo, de repente, inexplicablemente, su coche se salió de la carretera y acabó en la ladera de una colina. Posteriormente, un preocupado camionero que presenció el accidente preguntó a los policías qué le había pasado a la joven vestida de azul.

Los oficiales aturdidos y levemente heridos se miraron boquiabiertos por un momento antes de dirigirse al camionero.

–¿Qué chica? –consiguió decir uno de los oficiales–. Íbamos solos.

–En absoluto –replicó el camionero–. La vi con mis propios ojos. Era una chica joven, y llevaba algo parecido a un vestido azul. Iba cubierta de sangre. Fuera donde fuera, parecía gravemente herida, y necesita ayuda.

Por mucho que lo intentaron, los dos policías no lograron descartar o reírse del final de esa sesión de espiritismo que era aparentemente inofensiva, y jamás volvieron a pisar la destilería de la playa Moss.

Cuando llegué a la zona en la primavera de 1992, la destilería de la playa Moss era propiedad de John Barbour, un hombre encantador y, por lo que pude averiguar, un escéptico empedernido. Compró el restaurante pensando que sería una magnífica inversión, nada más, y creía en los fantasmas como yo creo que podía haber sido una fantástica cantante de ópera. Él se aferraba a esa postura, a pesar de las misteriosas historias sobre el lugar que le contaban muchos empleados en quienes confiaba, hasta que ocurrió lo inevitable: él mismo vivió una experiencia que no fue capaz de explicar.

«Estábamos haciendo nuestro inventario mensual rutinario», me contó. «El evento no tuvo nada de especial hasta que llegamos al almacén y la puerta no sobresalía. Es decir, que parecía parte de la pared. Era totalmente imposible mover esa puerta unos cuantos centímetros, y jamás habíamos tenido problemas para abrirla. De modo que reunimos a los empleados más fornidos que había en ese momento, y finalmente consiguieron abrir un poco la puerta para entrar en el almacén. Cuando entramos, inmediatamente nos dimos cuenta del problema. Alguien había apilado multitud de cajas de vino contra la puerta, desde el interior del almacén. Me encantaría descartar esa experiencia como una broma pesada de algunos empleados con demasiado tiempo libre, pero hay un dato que me lo impide: esa puerta bloqueada es la única entrada y salida de la estancia. ¿Entiende lo que quiero decir? En este momento, casi me veo obligado a creer en los fantasmas. Vi esa experiencia con mis propios ojos, y sé que no era humanamente posible.»

El segmento de la destilería de la playa Moss en *Misterios sin resolver* se emitió por primera vez el 28 de octubre de 1992, aunque se ha emitido infinidad de ocasiones en todo el país. Todavía recibo llamadas al respecto, y sigue haciéndome sonreír. Pero debido a que sólo fue uno de los diversos segmentos de ese capítulo concreto de la serie, y puesto que los anuncios son un hecho vital de la televisión, *Misterios sin resolver* sólo pudo explicar por encima en qué consistía la actividad de la destilería y de la dama de azul. Como yo no tengo espacios publicitarios ni los segmentos de otras personas, me tomaré todo el tiempo que sea precio para contaros toda la historia.

Las sesiones

Como sin duda habréis advertido hace muchas páginas atrás, normalmente no realizo sesiones de espiritismo a menos que la situación lo requiera. Cuando participo en una de ellas, no considero necesario que un grupo de personas se sienten alrededor de una mesa dándose la mano con los ojos cerrados. Quizá esta técnica funcione con algunos psíquicos, pero yo no tardaría más de dos minutos antes de que me entrara la risa, y tardaría una hora en dejar de sofocar mis risas, calmar las caderas doloridas, y concentrarme de nuevo en la sesión. Yo me siento mucho más cómoda sentada en una posición relajada con cierta tranquilidad en el entorno, centrándome y describiendo lo que ocurre.

John Barbour estaba dispuesto a suoportar mi versión de una sesión de espiritismo, siempre que tratara de contactar con este supuesto fantasma de la dama azul que tantas molestias había provocado desde hacía décadas. Así pues, el 5 de marzo de 1992, celebré la primera de tres sesiones de espiritismo en la destilería de la playa Moss. Uno de los presentes era la importante investigadora Jan Mucklestone, quien acabaría invirtiendo cientos de horas para investigar la información que le proporcioné, tanto si esta conducía a un cofre lleno de oro como a un muro de ladrillos. Jan parecía creer que yo era una persona sorprendente. Creo que ella sí es una mujer extraordinaria por todo el trabajo que realizó.

Una vez más, no sabía nada cuando llegué a esa primera sesión, aparte del apodo de la popular fantasma, la dama de azul. Fueran cuales fueran esas historias, estuve totalmente abierta a la posibilidad de que allí no hubiera ningún fantasma. Luego resultó que había cuatro.

Pero no quiero adelantarme. Toda esta información me fue revelada en cuestión de semanas, no de horas.

Dispongo de una transcripción de la primera sesión de espiritismo. Es mejor que sólo os ofrezca lo más importante de estas sesiones. No las estoy editando para quedar bien. Simplemente os ahorro el material que ya conocéis, cuando explicaba a esas personas quién era Francine, y cuando hablo de Johnny Johnson, el fantasma de Toys «R» Us, y los dos fantasmas guardianes de la casa de Winchester. ¿Realmente queréis que os lo vuelva a repetir?

Transcripción: la primera sesión

... la mujer de azul luce un sombrero con una bufanda enrollada al cuello, y hay un hombre. Un hombre de ojos oscuros, muy alto, casi un modelo de Valentino. ¿Os habéis cruzado con el nombre de Marian Moseley, o Mary Anne Mosley, o Morley? Porque el nombre de Marian Moseley, o Morley, aparece con fuerza. También está el nombre de Contina, creo que se trata de John Contina, C-o-n-t-i-n-a. También hay un tercer hombre, más joven y totalmente distinto a Contina. Tiene el pelo rubio, aunque no entiendo qué hace aquí, porque no vive en este lugar, sólo forma parte de la historia. También está implicado el apellido Reed. En cualquier caso, es seguro que hay una mujer y dos hombres. Ella es baja, mide metro cincuenta, quizá un poquito más, tiene el pelo largo y una constitución muy frágil. Surge un conflicto entre los dos hombres. Ella está casada con uno de los dos, pero no está enamorada de su esposo.

Capto que la mujer está en el agua, enredada entre las algas. Jan, mira si puedes encontrar a este John, sé con seguridad que su apellido es Contina. Cuando recibamos todos los apellidos, la investigación será mucho más sencilla. Esta mujer quiere que la escuchen, y se trata de una historia dramática. Un amor perdido, un matrimonio desafortunado, camina hacia la playa, se adentra en el agua, y se ahoga.

Como ocurre a menudo cuando me involucro en una investigación sobre fantasmas, en este caso también empecé a preocuparme por la historia de la destilería de la playa Moss sin darme cuenta. Apuntaba frases en plena noche, interrumpía la cena para anotar unas iniciales en una servilleta, o dirigirme a mi casera, quien desde hace años sabe que debe complacerme sin atender a mis palabras, y decirle: «No estoy del todo segura de que sea Moseley.» «Sí», asentía complacida mi casera, como hacía con todos mis comentarios, aunque luego pasaba a otra habitación. De modo que llamé a Jan el 4 de abril para darle el nombre de Anna Lee Philbrick, de quien pensaba que también vivía en la destilería, y para decirle que creía que las heridas de Marian Moseley, o Mosley, o Morley, se localizaban en su cabeza y pecho. Recibía el apellido de «Morley» con mayor intensidad, mientras se producía una interrupción en el nombre Marian, porque sonaba a algo más parecido a Mary Ann, o Mary Ellen. Mary Ellen Morley. Para complicar aún más las cosas, aparte de una Anna, también captaba el nombre de Hannah. Ignoraba cuál era su relación con esas otras personas, y si tenía una relación, aunque estaba segura de que estaba en la destilería con ellos. Comencé a mantener el contacto con Jan a medida que centraba algunos detalles, y me alegré por ella de que dispusiera de un ordenador, y evitar así pasar largas horas en los archivos de San Bruno. En algún momento, alguien de la destilería de la playa Moss, imagino, contactó con *Misterios sin resolver*. Su productora, Cindy Bowles, comentó: «Cuando nos enteramos de que Sylvia Browne estaba interesada en el caso, supimos que era un fenómeno verificable, y que merecía nuestra atención.» Sigo considerándolo uno de los cumplidos más hermosos que jamás haya oído.

Transcripción: la segunda sesión

El 23 de abril de 1992 nos reunimos una vez más en la destilería de la playa Moss. Esta vez, aparte de mi equipo, John Barbour, y Jan Mucklestone, estaba un periodista del periódico *San Francisco Examiner* y aproximadamente cuarenta invitados. La transcripción de la segunda sesión será más libremente editada que la primera. No sólo resulta más repetitiva en conjunto, sino que en muchos casos alguien del público me formula preguntas inaudibles, a las que respondo frases como: «Sí, eso es muy válido», y «No, en absoluto», y mi frase favorita: «Eso está bien; no lo sabía, gracias» (¿Acaso no parece que me comentaron algo interesante? Ojalá recordara qué era.)

En cualquier caso, aquí está la transcripción editada de la segunda sesión, junto con un informe de nuestra investigadora, Jan Mucklestone. Creo que lo encontraréis fascinante.

«... Ella (la dama de azul) está tratando de decirnos que habrá un incendio en este lugar. Está prediciendo un suceso futuro. Creo que no se refiere a esta estancia, sino a la cocina. Está preocupada por la chimenea de humos de la cocina.»

«En cualquier caso, éste es el primer triángulo que he captado en una casa encantada. Estas mujeres –Mary Ellen y esta tal Anna– y este John Contina. Él está aquí. ¿A quién le importa su presencia? Es sumamente tacaño, y estamos invadiendo su propiedad, y eso no le gusta. Está furioso porque no quiere que hablemos de Mary Ellen, y no tengo la menor duda de que Mary Ellen es la dama de azul. De eso estoy segura.» «No para de hablar de su hijo, un niño pequeño. John, o Jack. Ella lo llama Jack. Lo perdió, y no puede encontrarle. Mientras se habría paso entre una fuerte tormenta, Mary Ellen se siente muy confundida y asustada, sólo quiere encontrar a Jack, pero el niño está demasiado lejos, o ella se ha perdido, de modo que viene aquí porque sabe que le prestarán ayuda. Me parece una mujer joven. Quizá de veintiséis o veintisiete años.»

«Volvemos al presente. Ella dice que tiene frío. Algo ha ido mal con la calefacción y el aire. No sé lo que significa. ¿Qué significa?... ¿Qué acaba de activar el aire acondicionado? Así es; por eso tiene tanto frío.»

«De acuerdo; está preocupada por la cocina de aceite, no le gusta el aire acondicionado y dice que pasa frío todo el tiempo; desea que alguien compruebe el suelo de madera, algo sobre los tableros de madera del suelo que deben revisarse para que nadie tropiece.»

«Echa de menos a Jack. Este niño. Su hijo. Ella murió cuando el pequeño tenía tres años. Probablemente, él ya se ha ido y ella sigue aquí.»

«Vaya, ahora vuelvo a ver al hombre moreno. Está caminando por aquí. ¿Nos quiere decir algo? No. No le gusta la idea de que estemos comentando su vida. Ahora nos deja. Ella también se marchó por ese camino, pero dice que volverá».

«Anna entró para quedarse un momento. Se quedó un rato en esa esquina y luego se marchó. Cabello largo y rubio, grandes ojos azules almendrados, mientras que Mary Ellen es más morena.»

«Hannah parece entrar y salir. Es la portavoz del grupo. Una especie de madre superiora. Hannah Elder. Ahora, es una mujer anciana. Muy mayor. Lleva un sombrero extraño, como si fuera una cofia. Viste una camisa oscura y una chaquetilla, una enorme falda con volantes, grandes bolsillos en los costados, y un delantal. Su rostro parece cansado, y es muy pálido. Pero resulta una persona dulce, como si fuera la madre de alguien. Quizá de una época pasada, en 1898. (UN SUSPIRO.. Vaya, resulta que Hannah es muy parlanchina». (RISAS DEL PÚBLICO.)

«Mary Ellen vuelve a entrar. Mary Ellen, por favor, acércate, apenas puedo oírte. ¿Alguien puede ver ese rayo de luz brillante, o sólo lo veo yo? A veces resulta muy incómodo cuando nadie ve lo mismo que yo.» «Mary Ellen, me alegro de que hayas vuelto. ¿Sabes que tu hijo no está vivo? Está en el Otro Lado. ¿Sabes que si abandonas este lugar podrás ver a tu hijo, encontrar a tu hijo, tu madre, tu padre, y a todas las personas que deseas ver? (AL PÚBLICO.) Dice que está cansada, y que tiene que ir en busca de Jack. (A MARY ELLEN.) Pero si te marchas, lo encontrarás. Él te encontrará. Probablemente te esté buscando. (AL PÚBLICO.) No, ella me asegura que debe quedarse aquí y mantener a raya a los demás; no sé exactamente a qué se refiere, porque ha vuelto a salir por la puerta. Tengo la sensación de que dentro de unos días se marchará. Está débil porque no para de entrar y salir.»

«El hombre, en cambio, no me emociona demasiado. No me gusta su energía. Es un ser humano muy egoísta y posesivo, y creo que mantiene a estas mujeres para que le satisfagan. Ego. No hay nada de sexual, sólo ego.»

(DEL PÚBLICO.) «¿Su otra novia, esta tal Anna Philbrick, se casó?»

«Anna Philbrick estaba casada. Se casó con un tal Edward Philbrick. Ahora bien, esta información procede de la parlanchina Hannah, quien sigue ahí. También había una madre. Bushnell era su apellido de soltera, probablemente. Pero el marido de Anna era Edward L., Edward Leon Philbrick. Ojalá pudiéramos obtener el informe de un forense o un certificado de defunción de Anna, porque capto que se ahogó. La mujer se sentía abatida, y se ahogó. Me dijo algo como: "descendí a las aguas y me enrollé con las algas", no quería reconocer que se había suicidado. Creo que Anna Philbrick estaba enamorada de John Contina, y descubrió su relación con Mary Ellen Morley, y puesto que se sentía abatida o celosa, o culpable por haberle sido infiel a su marido...»

«Estoy segura de que Mary Ellen Morley murió a raíz de un accidente, por cierto, un accidente de coche, y sus heridas se localizaron en la cabeza y el pecho. Espero que su certificado de defunción especifique "cabeza" y "pecho", porque eso validaría la información.»

«Oh, Jan: la parlanchina dice que tratemos de buscar a John Contina en Utah.»

«Ahora vuelve a aparecer Mary Ellen. Lo sabemos, Mary Ellen, gracias, la cocina y algo sobre la grasa.»

La cinta de audio se detuvo en ese momento. Antes de la trascripción de los comentarios de Jan quiero mencionar, para ser justos con Mary Ellen, que una semana después de esa segunda sesión se produjo un incendio en la cocina que obligó a cerrar el restaurante por una noche. La cinta volvió a rodar, y Jan se acercó el micrófono con un montón de papeles en la mano. Debido a mi insistencia, no me había mostrado ninguno de ellos. Después de explicar a los invitados una historia sobre la destilería de la playa Moss, las actividades y avistamientos de la dama azul, así como un resumen de la primera sesión, continuó.

(JAN) «Sylvia me dio el nombre de Mary Ellen Morley. También mencionó que Reed encajaba. De modo que fui a los archivos del condado de San Mateo, y encontré a Mary Ellen Morley, cuyo nombre de soltera era Mary Ellen Monica Reed. Se casó en 1914, y murió trágicamente en un accidente de coche el 5 de noviembre de 1919. Al final de la sesión, os invito a leer una copia del certificado de defunción y los artículos de portada sobre su muerte. Por cierto, según algunos de los artículos, se produjo una tormenta cegadora la noche en que Mary Ellen murió. No escuché que Sylvia mencionara nada sobre una tormenta hasta esta noche.»

«Sylvia también me dio otro nombre, Anna Lou Philbrick, un nombre poco habitual. Me permitieron investigar en los archivos de San Francisco y encontré a una Anna D. Philbrick, nacida en Pismo Beach en 1907, tengo una copia de su partida de nacimiento, pero no he encontrado nada más.»

«John Contina. No he podido localizarlo todavía, pero acabo de empezar.»

Sin duda alguna, le arrebaté esos papeles a Jan y prácticamente los rompí con los dientes. Indudablemente, había un certificado de defunción de Mary Ellen. Esposa de Frederick Morley. Nacida el 1 de mayo de 1891, muerta el 5 de noviembre de 1919. Murió a los veintiocho años de edad y seis meses. Causa de la muerte: fractura del cráneo debido a un accidente de coche. Un artículo titulado «la ciudad llora la muerte de una querida joven», con fecha del 6 de noviembre de 1919 del *Redwood City Star*, decía: «La señora Morley permaneció consciente durante media hora después del accidente, hasta que se dio cuenta de que se le acercaba su hora. Luego asió la mano de su esposo y con un débil susurro, dijo: "Adiós. Cuida del pequeño Jack", su hijo de tres años.» No me importa reconocer que me quedé de piedra. Mi primer triángulo amoroso entre fantasmas era sorprendente. Pero que un fantasma se comunicara con tanta claridad era muy poco frecuente. Esa pobre mujer, que buscaba a su hijo de tres años, que no tenía ni idea de que probablemente habría muerto de anciano y que la estaba esperando en el Otro Lado, verdaderamente, estaba muy preocupada por la seguridad de los niños que andaban fuera de la destilería de la playa Moss. Por eso hablaba con los niños en los lavabos de hombres. Pensaba que alguno de ellos sería Jack.

Incluso su aparición en el lugar del accidente a esos dos oficiales de policía tenía sentido, suponiendo que la historia y la memoria del camionero fueran precisas. Todos oímos a Mary Ellen quejándose de esos fuegos con grasas y la necesidad de reparar los suelos de madera para que nadie tropezara. Esa mujer tenía ciertas facultades psíquicas, y era muy compasiva. Si ella anticipó que esos dos policías tendrían un accidente de coche en el futuro inmediato después de la sesión de espiritismo de 1978, seguramente ella los siguió para intentar ayudarlos, puesto que era una experiencia que ella misma no había superado.

En ese momento deseé que esos tres fantasmas fueran la mitad de claros e ingenuos que Mary Ellen. Anna parecía dispuesta a hablar si nos acercábamos correctamente a ella; Contina era desagradable y no soltaba prenda, y con Hannah tendríamos que conseguir que dejara de cuchichear sobre los otros tres, y nos contara cosas sobre ella.

Transcripción: la tercera sesión

Otros cuarenta invitados se reunieron para la tercera sesión del 19 de mayo de 1992, junto con John Barbour, mi equipo, Jan Mucklestone, y esos tres miembros especiales del «equipo»: la productora Cindy Bowles, de *Misterios sin resolver*, la historiadora June Morrow, y el brillante fotógrafo de sucesos paranormales Bill Tidwell, con quien tuve el placer de trabajar con anterioridad y no me perdí la ocasión de hacerlo de nuevo. Cuando empezamos la tercera sesión, había dado a Jan más información para comprobar, y gracias a Dios no era tan abstracta como la anterior, y tampoco parecía muy trascendental. Pero tuve la sensación de que en su momento el restaurante tuvo una ala adicional, y que esa parte quedó destruida. Acerté, aunque no al cien por cien. A principios de la década de 1900 había habido lo que educadamente se denominaba un «hotel», aunque no era más que un burdel anexo al restaurante, sobre el terreno que ahora es el aparcamiento de la destilería de la playa Moss. Se creía que el hotel, conocido durante un tiempo como Marine View, fue incendiado. Era una información suficiente por ahora, y probablemente para siempre. Le comenté a Jan que no investigara más ese tema a menos que pareciera una pieza más importante del puzzle de lo que yo creía.

Uno de los invitados que asistió a la segunda sesión me comentó que a principios de ese siglo existió una comunidad Menonita bastante numerosa en esa zona. Era una información que desconocía, y Jan pudo confirmarla. Era otro pequeño dato sobre la historia de Hannah, aunque no bastaba para llenar los vacíos sobre su biografía. ¿Quién era esa charlatana Hannah, Menonita, y qué estaba haciendo en la destilería con su elegante amor estilo Valentino y las dos mujeres casadas que entraron en escena?

La cinta se activó.

«Sabéis, un psíquico siempre alberga un temor en una de estas sesiones de espiritismo (en realidad, odio esa palabra). El temor es que los fantasmas que conoces no se aparezcan. Es deprimente decir ¿estáis ahí? y que nadie venga. Pero gracias a Dios sé que la dama de azul, Mary Ellen, está aquí porque la he visto dos veces esta noche. Espero realmente que podamos saber más sobre Hannah, que nos sigue siendo desconocida, pero no voy a presionar a nadie, sino que me daré por satisfecha si hablo con cualquiera de los cuatro.»

«Antes de empezar con ellos, estoy captando algo que no capté la vez anterior, y espero que esta noche tengamos a una historiadora, June Morrow, para que nos ayude. Debajo de estos acantilados hay una cueva, una cueva secreta o cubierta, que hace años se utilizó para almacenar alcohol ilegal. En cierto momento, alguien trató de cavar un túnel por debajo que condujera a esta casa. Ignoro si llegaron muy lejos, si lo acabaron, o si encontraríamos una trampilla que condujera a ese pasadizo, pero recibo con mucha intensidad esa cueva o zona cubierta. June, o tal vez nuestra investigadora Jan, a ver si encontráis algo al respecto. Os lo agradecería, porque lo capto con mucha intensidad.» «Ahora, volvamos a nuestros fantasmas. No hago esto para crear una atmósfera terrorífica, pero, ¿podríamos apagar un poco las luces? Puesto que mi amigo Bill TidWell está aquí, la persona que realizó la fotografía autentificada más increíble de Johny Johnson, el fantasma de Toys "R" Us, deseo que esta noche saque fotos con película infraroja.» «¿Hannah? Quiero atraer a Hannah Elder. Mary Ellen se acerca a mí, sigue vestida de azul, toqueteándose la bufanda. Se está acercando a la mesa en estos momentos.»

«Anna viene detrás, con un montón de algas enrolladas en su cuerpo. Qué caos. Anna, ya basta de esas algas. ¿Por qué no te acercas a mí? Estamos preocupados por ti, y queremos saber lo que ocurrió y por qué entraste en el agua. (ESCUCHA, REPITE.) Querías que John se sintiera culpable. ¿John es el hombre moreno? ¿Sí? ¿Crees que tu acción le hizo sentir culpable? (ESCUCHA, REPITE) Yo tampoco lo sé, Anna.»

«¿Puedes decirnos algo que podamos validar, es decir, algo que demuestre a otras personas que conocen bien este edificio que tú vives aquí? (ESCUCHA, REPITE.) ¿Las cerraduras son extrañas? No lo entiendo. ¿Las cerraduras no funcionan bien? De acuerdo. ¿Las puertas sobresalen? Sí, pero se trata de un lugar antiguo. (ESCUCHA, REPITE.)» Termitas. Estamos en California, Anna, y este lugar está lleno de termitas. (ESCUCHA, REPITE.) ¿No están en el tejado? No lo sé. Mira, lo que estoy diciendo es que quiero que digas o hagas algo significativo que podamos captar en la película o que aportes la sensación de que eres real. ¿Hay algo más que puedas decirme? (ESCUCHA, REPITE.) La música se interrumpe debido a los cortes de electricidad. Eso no significa nada para mí.»

«Sí, lo sé, veo que Hannah se acerca por la izquierda. No, no voy a decirle nada a menos que ella me hable primero, porque me ha estado ignorando toda la noche. (PAUSA.) De acuerdo, Hannah, ¿qué ocurre? ¿Qué quieres decir? ¿Por qué te inclinas de ese modo? Levanta la vista. Mírame. (ESCUCHA, REPITE.) ¿Un bebé? ¿De quién? ¿Tuyo? ¿Perdiste un bebé? (ESCUCHA, REPITE.) Te llamabas Borden. Ése era tu apellido antes que el de Elder. Familia antigua. Borden. Tuviste un bebé, y murió, y antes de llamarte Elder, tu apellido era Borden. ¿Correcto? ¿Viniste hasta aquí para decirnos esto, o tienes alguna relación con estas personas?»

«Por supuesto que te ayudaremos, si me dices qué puedo hacer por ti. ¿Por qué sigues haciendo lo mismo? ¿Te duele el estómago? (ESCUCHA). Tuviste un bebé, lo sé. ¿Alguien sabía que tuviste un bebé? (ESCUCHA, REPITE.) ¿El bebé nació muerto? ¿Y qué le ocurrió? (ESCUCHA, REPITE.) Enterrado. ¿Dónde lo enterraste? (ESCUCHA.) Oh, Hannah. ¿Aquí debajo? Vaya, Hannah, estabas aquí en la época del burdel? Lo siento. Lo siento mucho. Así que perteneces a otra época. ¿Cuál fue el último año que recuerdas? (ESCUCHA, REPITE.) ¿1901? 1901, ¿Y qué era este lugar? (ESCUCHA, REPITE.) La Cascada Azul. ¿Y qué? ¿Al mismo tiempo? (ESCUCHA, REPITE) De acuerdo. Un cartel que decía "Cascada Azul" y "La Cocina de Martha". Los dos nombres. Ya entiendo.»

«Hannah, quiero que me escuches. Sabes que tu bebé está muerto. ¿Por qué estás aquí? ¿Qué estás buscando? (ESCUCHA, REPITE.) Porque hiciste algo malo, y no crees que Dios te vaya a perdonar. Dios perdona a todo el mundo, Hannah. Además, creo que ya has pagado lo suficiente por tus acciones. Dijiste que tu bebé fue mortinato. Trataste de enterrarlo. No mataste a nadie. Es decir, tú no le mataste. Sí, Hannah, vendré a verte una vez más. Lo prometo. (ESCUCHA.) Sí, que Dios también te bendiga. (AL PÚBLICO.) Hannah se ha ido.»

«Ahora vuelve Mary, moviéndose por toda la habitación. John sigue parado allí observándonos. Oh, y también está Anna. Anna, ¿qué le pasa a John exactamente? ¿Por qué parece tan contrariado? (ESCUCHA, REPITE). ¿Es escéptico? ¿Tiene él idea de lo escépticos que somos nosotros? (EL PÚBLICO RÍE) Bueno, creo que el escepticismo por ambas partes puede ser saludable. (ESCUCHA, REPITE). Sí, volveré para hablar con todos vosotros, pero creo que sería mejor que nos sentáramos a hablar juntos. (PAUSA). De acuerdo, no importa, siento haberlo mencionado. Buenas noches. (AL PÚBLICO). Bueno, ya podemos encender las luces. Se han ido. Espero que siguierais la sesión. Estoy segura de que es difícil cuando sólo se escucha una parte de la conversación.»

«La pobre Hannah, esa pequeña mujer de aspecto Menonita tuvo un hijo. Un bebé mortinato. Bendito sea su corazón. Estoy segura de que ella no formaba parte del burdel, creo que era una de las criadas, y alguien decidió pasar una velada gratis, o algo así, y ella se **quedó embarazada**. Trágico. Borden, ¿correcto? Se llamaba **Borden, y dijo** que eran una familia conocida, o una familia **antigua de la zona.**»

(JUNE, HISTORIADORA):

–Había una familia **Borden en Half** Moon Bay, por cierto.

–¿Era una familia **destacada, o rica?**

(JUNE, HISTORIADORA):

–Sí, Borden y **Hatch era el nombre** de la serrería al sur de la bahía de Half Moon. **En realidad,** el apellido Hatch era más conocido. Los Borden **acabaron por** extinguirse, pero la palabra que dijiste que **utilizó era** «vieja», una «familia vieja o antigua», y eso es cierto. **En 1900 todavía** vivían por esta zona.

«Antes de que se **me olvide. A** primera hora de la tarde preguntaste sobre una **caverna, que** se utilizaba para ocultar alcohol ilegal.

–Sí. Gracias por **recordarlo.** ¿Recuerdas algo al respecto?

(JUNE, HISTORIADORA):

–Claro. Existen **muchas cuevas** en toda la costa donde los contrabandistas **ocultaban alcohol.** Sé de muchas de estas cuevas en la bahía de **Half Moon que** han sido derribadas, básicamente para **proteger a las personas** que pasean por la costa y deciden explorar **una de esas cuevas,** y luego no saben cómo salir cuando sube la **marea.** No digo que no fuera posible ni que algún contrabandista **no lo intentara,** pero teniendo en cuenta la gran **cantidad de piedras** que tenían que cortar para abrir un túnel hasta el **edificio, creo** que no les mereció el esfuerzo. Creo que **desistieron poco** después de empezar. Pero llevas razón en lo de las cuevas con el alcohol almacenado.

–Fascinante. **Gracias, June.** Sabía que esa percepción era intensa por algún motivo. Por cierto, John, Anna insistía en unas cerraduras, **puertas que sobresalían** y problemas eléctricos. ¿Sabes algo al respecto?

(JOHN BARBOUR, PROPIETARIO):

–¡Os lo tengo que **contar!** De hecho, quiero el micrófono. Tengo que ser **clasificado de escéptico** total, como algunos de vosotros sabéis. **Pero debo deciros** que esta noche es muy especial. Juro por la **tumba de mi padre** que estas cosas se me ocurrieron en las dos **últimas semanas.**

Tenemos dos **puertas nuevas en** este local, entre medio millón de dólares que **hemos invertido** en otras cosas. Una de ellas es la puerta que **conduce al patio** de Seal Cove. La instalamos hace un año, y la llave de esa puerta era tan difícil de abrir que casi lo dimos por imposible. Hace aproximadamente una semana, vino el contratista que instaló esa puerta para que pudiera abrirla. Todavía sigue un poco dura, pero hace una semana casi rompo una llave tratando de abrirla. La otra cosa es la puerta principal. Hace un año y medio instalamos una nueva puerta codificada, lo cual significa que la instalación nos costó trescientos mil dólares, y que sólo puede abrirse desde el interior, etcétera. Ya conocemos todo eso, ¿verdad? Bien. Pues ocurrió, lo juro por Dios, que la puerta no se cerraba. En teoría el edificio se había movido, pero lo importante es que tenía una puerta de trescientos mil dólares que no cerraba, y tuve que moverla para que cerrara. Nadie de esta sala, absolutamente nadie excepto yo conocíamos este hecho.

Un momento ideal para que la cinta se parara, ¿verdad?

Despedida

Todavía quedaban muchos cabos sueltos, y les prometí a Hannah, Mary Ellen y a Anna que, si era posible, volvería. (John Contina había dejado claro que no le importaba si no me volvía a ver). En esta última ocasión creí que era más productivo y menos emocionalmente turbulento si sólo estábamos yo, Jan (para que tomara apuntes), y mi ayudante, para que se sentara discretamente y tomara apuntes y, evidentemente, hicimos algunos progresos.

John nunca me dijo ni una palabra, pero finalmente conseguí que Mary Ellen me revelara datos sobre él cuando le pregunté acerca de los pañuelos y las bufandas que siempre llevaba. Me comentó que tenía el cuello cortado, y que cayó de una embarcación después del accidente de coche. (Mary Ellen jamás reconoció que ella o John estuvieran muertos). John le había dicho que los dos hombres que le habían cortado el cuello eran hermanos, y que su apellido era Bordeaux.

Jan pasó varias semanas buscando en los archivos forenses por toda la costa de California, y encontró una posible correspondencia. En un año que coincidía con la historia de John Contina, el cuerpo decapitado de un tal John Doe fue arrastrado hasta la costa de la playa San Gregorio, a menos de ocho kilómetros de la destilería. Jan nunca pudo hallar constancia de los hermanos Bordeaux, que según John fueron sus asesinos.

En cuanto a Anna Philbrick, la partida de nacimiento que aportó Jan pertenecía a una niña con ese nombre, pero esa pequeña tendría doce años en el momento de la relación entre Anna Philbrick y John Contina. Para confundir más las cosas, la madre de Anna Philbrick se llamaba igual, según su partida de nacimiento, y eso significaba que Anna tendría unos treinta y dos años en el momento de la relación amorosa. Eso parecía más probable, especialmente porque la Anna Philbrick que estábamos buscando estaba casada cuando se veía con John Contina. Teníamos varias pruebas de su existencia, gracias a su nombre en la partida de nacimiento de su hija, pero Jan nunca pudo encontrar una partida de nacimiento o un certificado de defunción correspondiente a Anna Philbrick madre.

Hannah me comentó, una sola vez, que ella «gestionaba» el burdel. No quiso hablar más del tema, ni decirme qué quería decir con ello, ni siquiera reconoció que lo había dicho. Sus remordimientos sobre el trágico entierro de su hijo mortinato nunca se volvieron a mencionar, salvo por el eufemismo de «esa cosa tan mala que cometí».

Posdata

Mientras Jan, mi ayudante y yo abandonábamos la destilería ese día, Mary Ellen Morley se me acercó y me dijo en voz baja:

–¿Puedo decirte algo?

–Desde luego –le respondí.

–Mi marido no conducía.

–¿Qué? ¿Te refieres al accidente que acabó con tu vida?

Ella se acercó un dedo a los labios.

–Él no era quien conducía –susurró–. Era yo.

Mary Ellen se dio la vuelta y desapareció rápidamente antes de llegar a la puerta.

Le comenté la experiencia a Jan mientras volvíamos a casa.

–No lo entiendo –me confesó–. Lees los mismos artículos que yo. Todos ellos decían que Fred Morley conducía, no era detalle importante, ni algo que trataran de ocultar, ni se insinuaba que el accidente no fuera fortuito. ¿Por qué la prensa se molestó en mentir sobre quién era el conductor?

–Lo ignoro –dije, mientras me encogía de hombros–. Sólo estoy pasando la información, porque creo que ella es lo que desea. No tuve la sensación de que era algo que debía guardarme, y por algún motivo, para ella era importante.

De repente, Jan pareció muy cansada y se giró para mirar por la ventana. Probablemente, se preguntaba cómo reabrir la investigación de un accidente de coche que ocurrió en 1919, sólo porque un fantasma le comentó a una psíquica que los periódicos se equivocaron.

Al cabo de unas semanas en mi oficina, mientras buscaba mis llaves y mi monedero para irme a casa después de una larga jornada, la puerta se abrió de par en par y vi a Jan. Parecía alterada y sonreía de oreja a oreja.

–Ella conducía –soltó antes de que me diera tiempo a pronunciar palabra. Como dije, habían pasado unas cuantas semanas.

–¿Quién conducía? ¿A qué te refieres?

–A Mary Ellen Morley –contestó con satisfacción–. Ella tenía razón. Fred Morley no conducía cuando el accidente ocurrió. Conducía Mary Ellen.

Ahora también yo sonreía, y en cuestión de segundos cerré la puerta de la oficina y nos sentamos.

–No te aburriré con los detalles –me comentó Jan–. Pero después de dejarme la vista leyendo esquelas y artículos de periódicos, y algunos otros documentos, tuve que atar cabos por unos segundos y me convencí de que Mary Ellen Morley te había mentido, y que Fred Morley conducía el coche. Pero luego me di cuenta de que había otra fuente que debía consultar antes de desistir, aunque no era muy prometedora. Cogí el teléfono, y resultó que mi idea no fue tan difícil.

–¿A quién llamaste? –pregunté; me encanta su tenacidad.

–Aunque parezca mentira, logré hablar con la nieta de Mary Ellen Morley. Se quedó de piedra cuando le pregunté si era posible que Mary Ellen condujera en el momento del accidente. Ella me comentó que no sólo era posible, sino que era cierto. Estaba muy sorprendida de que alguien fuera del núcleo familiar lo supiera. Al parecer, Fred Morley fue muy obstinado al respecto.

–Si él fue claro en esta cuestión –añadí–, ¿por qué los periódicos aseguran que él conducía? Jan sonrió.

–Porque, Sylvia, en esa época, no se consideraba apropiado que una mujer condujera.

Tardé unos minutos en dejar de reír y calmarme. Pero luego me di cuenta. ¿Sabes lo que estos datos demuestran, verdad?

–¿Qué?

–Demuestran que el fantasma de Mary Ellen Morley está vivo en la destilería –respondí.

Jan parecía confundida.

–Pensé que ya lo sabíamos.

–Yo ya lo sabía. Contaba con la ventaja de verla y poder hablar con ella. Pero, ¿tú lo sabías realmente, o creías que era sólo una hermosa posibilidad?

–No estoy segura –me contestó sinceramente.

–¿Y ahora lo sabes? –pregunté

Jan reflexionó un momento, y después contestó un «sí» rotundo. Le pregunté qué había marcado la diferencia entre una creencia probable y una certeza absoluta. Evidentemente, yo ya conocía la respuesta antes de formular la pregunta. Ella también la conocía, al igual que vosotros. Pero ella fue educada, y me contestó.

–Sólo ese dato insignificante de quién conducía. Ni siquiera importa, pero siento escalofríos cuando pienso en que esa mujer que lleva muerta desde hace más de setenta años te dijera algo que no podía saber, a menos que fuera quien decía ser.

–Exacto –contesté–. Eso se llama validación. ¿Qué otra posible razón podría tener para decirme que ella conducía? Porque tú tienes razón. En el esquema general de todo el caso, no importa realmente quién conducía. Es un dato trivial.

–Pero no es trivial si demuestra que debe ser quien dice que es, y la persona que dice ser está muerta.

–Y eso –repuse– es lo que llamamos eternidad.

Capítulo 10

Voces de un fantasma

Ocurrió en marzo de 1995, y yo me encontraba de vacaciones en el suroeste del país junto con mi familia y unos cuantos compañeros de trabajo. Un día, nuestro viaje nos llevó hasta unas viviendas encajadas en un asombroso y casi mítico acantilado de Nuevo México. El resto del grupo iba delante mientras que mi ayudante y yo entrábamos en un arco de piedra que conducía a un pequeño espacio rocoso. Mi asistenta empezó a retroceder para salir. Toqué su brazo para detenerla y negué con la cabeza, indicándole en silencio que esperara. Comencé a sentir algo. Alguien.

–¿Hay alguien ahí? –pregunté.

La nitidez de la respuesta fue tan extraordinaria que hice unos gestos a mi asistenta para que tomara apuntes. Como dije, es algo positivo que el personal de mi oficina lleve muchos años trabajando conmigo. No hay nada que los sorprenda o que deba explicar. Yo estaba segura, sin tener que preguntar, que todo lo que yo dijera sería apuntado, detallado. Las siguientes palabras conforman la conversación literal que mi asistenta anotó. Ella sólo pudo escuchar mi voz a lo largo de toda la experiencia. Ojalá eso no fuera así, pero lo cierto es que así ocurrió. Evidentemente, eso deja abierta la posibilidad de que me entrara un deseo irrefrenable, mientras paseábamos por esos acantilados, de subir a esas viviendas rocosas para inventarme esa historia y dejar que mi asistenta siguiera la broma. La verdad es que me halaga que alguien pueda pensar que tengo tanta imaginación como para inventarme lo siguiente:

–Me llamo Meta. Viví en el año 836. Somos un pueblo muy orgulloso que procedía de Latia, en el norte. Nos instalamos en estas cuevas. Servían para protegernos de los jabalíes y los felinos. Yo me ocupaba de hacer ropa y protegía el fuego. Nos reuníamos en el hunsa. No salíamos de noche, porque el aire nocturno puede envenenar a las personas. Además, las gentes de las tinieblas esperan a llevarse tu alma.

–¿Por qué? –le pregunté. –Porque quienes salen no regresan.

–¿A quien rezas? –volví a preguntar.

–A la Madre Osa Blanca que nos protege. Si la enloqueces, te regaña. Mi padre es muy rico, y gobierna el poblado. Se llama Katsu. Escaseaba el agua y tuvimos que ir al sur durante una temporada, pero luego regresamos. Yo vivía en la casa grande. Los pobres vivían en las pequeñas cavernas. Cada tercer día, excepto cuando la luna estaba llena, dábamos ofrendas a la Madre Osa, Amu. Asábamos ramas y las transportábamos rápidamente sobre unos troncos.

–¿Por qué troncos?

–Nada de humos. Las águilas también se alzaban. Trae buena suerte si vuelan entre tu rostro y el sol.

–¿Eres una chica india? –le pregunté.

–No, soy una chica de Latia. No conozco a los indios. Tengo cuatro mil lunas nuevas. Trajimos semillas secas y grano desde el norte, y las plantamos aquí. Yo amaba a Semi. Simu le arrojó una piedra y le mató, él me quería como esposa. Yo no me casé. Di comida y medicinas a todas las personas que viajaron para verme. ¿Necesitas salud y protección?

–Me gustaría salud y protección para mi familia –le contesté.

–Eres una mujer sabia, porque estás pidiendo salud y protección para tu familia en primer lugar y por eso luego tendrás riqueza. El padre viento vive en las cuevas y cuando pides un buen deseo, sea el que sea, se lo llevan las alas del águila hasta el Dios Supremo, y luego lo concede.

–¿Por qué has elegido hablar conmigo? –le pregunté.

–Preguntaste si había alguien aquí. Yo he acudido a tu llamada. Ahora soy la guardiana del pueblo, y estaré aquí hasta que la tierra desaparezca. Es mi deber por no haber tenido hijos. Soy muy poderosa, y nunca estoy sola, pero estaré encantada de reunirme con Semi. Sé que me está esperando.

Yo también sé que la espera, y sé, igualmente, que si entras en las viviendas del acantilado en Nuevo México y preguntas en voz baja a las numerosas aberturas abovedadas de piedra: «¿Meta, estás ahí?» algunos de vosotros oiréis una voz que os contesta: «Sí, estoy aquí». De este modo, habréis presentado vuestros bien merecidos respectos a una anciana y solitaria mujer de Latia que desea con todas sus fuerzas volver a Casa y reunirse con el hombre que ama.

Oír a un fantasma o a un espíritu es un momento verdaderamente espiritual para mí. Siento una conexión muy intensa con el Otro Lado, y siempre creo que tengo la oportunidad de ayudar a alguien. Sin embargo, en ocasiones, cuando oigo hablar a un fantasma, puede ser aterrador. No porque yo tenga miedo de él, sino por lo que cuentan. A veces confiesan un crimen. En otras resuelven un crimen, o revelan un secreto oculto desde hace mucho tiempo. Eso añade intensidad a los encuentros. Uno de los encuentros más intensos con un fantasma ocurrió hace un par de años. El fantasma habló directamente a Francine. Jamás olvidaré sus palabras:

Nací en Hyde Park, en el condado de Suffolk, Massachusetts, el 29 de julio de 1924, y me crié en Medford, a unos veinte kilómetros de distancia. Los habitantes de Medford siempre dicen: «¿Conocéis Medford, Massachusetts? ¿Como en "El viaje de Paul Revere", el revolucionario, que realizó un viaje a caballo por Medford, Massachusetts?» Como si los habitantes del lugar fueran importantes porque Paul Revere pasó por su ciudad hace muchos años. Lo siento. Hay muchas buenas personas en Medford, sólo ocurre que no me llevo muy bien con algunas de ellas en estos momentos, pero luego hablaré de esta cuestión.

Mi madre se llamaba Phoebe. Era ama de casa y después consiguió un empleo cuando nos quedamos sin dinero. Trabajaba mucho, y era una buena mujer. Ella y yo no siempre nos llevábamos bien. Siempre estaba muy cansada, y yo necesitaba más atención de la que ella podía proporcionarme por falta de tiempo y energía. No era mi culpa, tampoco era la suya, sino que eran las circunstancias. No quiero decir con ello que jamás la respetara ni la amara. Sí lo hacía. Ella mereció una vida más feliz de la que tuvo, eso seguro. Yo era muy joven cuando decidí que mi vida iba ser distinta a la suya.

Mi padre se llamaba Cleo. Construía mini golfs. Yo tenía cuatro hermanas, dos mayores que yo y las otras dos menores.

Solíamos mirar por la ventana cuando mi padre regresaba a casa después del trabajo, para decirle a nuestra madre que papá estaba de camino, porque no le gustaba estar esperando la cena, llegara a la hora que llegara. Recuerdo que nos hacía regalos, y recuerdo que quería que tuviéramos buen aspecto cuando nos llevaba a algún sitio, pero no recuerdo que nos abrazara o nos besara, o nos dijera que nos quería. Quizá sí nos quería, pero no lo recuerdo.

Un día de 1930, cuando yo tenía seis años de edad, mi padre no regresó a casa, y no volvimos a verlo nunca más. Algunas persona creyeron que se había matado, y otras que había huido. En cualquier caso, no estaba, y nuestra madre quedó sola sin dinero y cinco hijas a las que alimentar. Fue muy duro para ella, pero yo sufría problemas de salud, así que no pude ayudar tanto como mis hermanas.

La escuela no me importaba demasiado, aunque me gustaba estar allí. Yo no era una persona invisible. Yo no era simplemente una de las seis mujeres que trataban de vivir juntas en la misma casa. No me importa lo mucho que esas seis mujeres se quisieran, o lo mucho que intentaban llevarse bien con el resto; las mujeres son demasiado competitivas, volubles, y territoriales para que seis pasen mucho tiempo juntas, de manera que vestirme para ir al colegio cada día era toda una aventura para mí. Me gustaba descubrir que podía tener un efecto sobre los chicos sólo con pasar junto a ellos de cierta manera, o con dejar que ellos se dieran cuenta de que los estaba observando, o con sonreírles desde el otro lado de la clase para después irme antes de que ellos me abordaran. Incluso a esa edad me gustaba que se fijaran en mí, pero nunca he sido promiscua. Pero debido a ese comportamiento, me tildaron de coqueta. Nadie me había enseñado la regla de que disfrutar de la atención de los hombres significaba que iba a ser una prostituta prometedora.

Yo consideraba que la parte académica de la escuela era bastante inútil y vergonzosa. ¿Por qué insistir tanto en demostrar delante de una aula repleta de niños que yo no era muy buena en matemáticas ni en ciencias ni en las otras asignaturas, cuando podía haberles dicho eso el primer día? De modo que abandoné los estudios en mi primer año de universidad y jamás he lamentado esa decisión. En cualquier caso, las chicas no necesitábamos tanta educación como los chicos, eso era sabido por todos.

El día más memorable de mi adolescencia fue en 1942. Yo tenía dieciocho años, y un día, no importa cómo, descubrí que mi padre estaba vivo y bien, y que residía a unos cinco mil kilómetros de distancia en Vallejo, California. No tenía una nueva familia, y las cosas le iban bien. Pero no había tenido la decencia de suicidarse, y tampoco había muerto arruinado en medio de un temporal de nieve. Las cosas le iban bien, probablemente había tomado el sol en Vallejo, California, una localidad que yo imaginaba a un kilómetro y medio de ese lugar maravilloso llamado Hollywood. En esos tiempos, creía que todas las poblaciones de California estaban muy cerca de Hollywood.

Yo estaba furiosa con mi padre. Tenía que ser la persona más fría, irresponsable, y egoísta del mundo por no haber enviado, por lo menos, algo de dinero para ayudarnos. Jamás les he contado a mi madre y a mis hermanas que él estaba vivo, y que conocía su paradero. Es el mayor secreto que he guardado en vida.

También quería, desesperadamente, verle. Empecé a escribirme con él, y para ello utilicé un apodo y una dirección distinta, y enviaba mis cartas a través de una amiga. Me parecía un milagro que tuviera una segunda oportunidad para estar junto a él. Había pasado mucho tiempo pensando en él durante todos esos años de su ausencia, y había decidido que, tanto si me gustaba como si no, prefería estar con mi padre que con mi madre. Pensé que él estaría orgulloso de ello, y que él me entendería, cuando tantas personas me encontraban difícil. Nunca quería que eso ocurriera. Francamente, en ocasiones me consideraba una persona difícil. No conseguía llegar a un término medio con mis emociones. O estaba eufórica, o deprimida. Estaba fría o caliente. Estaba dentro o fuera. Reía o lloraba, alguien estaba conmigo o contra mí, las cosas eran blancas o negras, sin ningún término medio, y yo tenía la impresión de que las emociones me controlaban a mí, no yo a ellas. Ojalá hubiera sido una persona más equilibrada. Quizá hubiera aprendido a serlo de mayor, si me hubieran dado la oportunidad de ser mayor.

En cualquier caso, estaba muy esperanzada cuando mi padre me envió dinero para mudarme a Vallejo y vivir con él. Yo tenía diecinueve años, estaba libre, y partí hacia una nueva aventura. Tenía ganas de sorprenderle con mi atractivo natural. Era una mujer guapa, todo el mundo lo decía, con mi cabello moreno, mis ojos azules y la piel blanca. Me encantaba llevar ropas oscuras y una flor en el cabello para que me diera una apariencia misteriosa y desmarcarme de todas esas rubias y pelirrojas que trataban de parecerse a Lana Turner y a Rita Hayworth. Al igual que la mayoría de chicas de mi edad, yo soñaba con ir a Hollywood, y me imaginaba que un día mi padre y yo llegábamos a la ciudad de las estrellas, procedentes del pequeño pueblo Vallejo, y que me convertía en una persona muy famosa desde el instante en que pisábamos Hollywood, de manera que jamás tuviéramos que volver atrás. Creo que le decepcioné mucho. O él no quería realmente una hija, sino sólo una ama de llaves que entraba y salía. Desde el día en que llegué, empezó a enfadarse conmigo por salir a divertirme, en vez de estar en casa fregando el suelo, almidonando sus camisas, o haciendo cualquier otra labor doméstica. Yo tenía diecinueve años. ¿Y cuál fue la sorpresa? Que nos peleábamos mucho. Durante una de nuestra peores batallas, me tildó de perezosa, irresponsable, e inútil, y yo le contesté: «Pues entonces, la manzana no cae muy lejos del árbol, ¿verdad?» Esa fue mi conmovedora reconciliación con mi padre. Me echó a patadas de su casa en 1943, y jamás volvimos a mantener una conversación adulta.

De algún modo, la gente pensó que me trasladé directamente de mi pequeña localidad natal hacia el este para buscar fama y fortuna en la ciudad de Hollywood, haciendo autostop de un estudio a otro y de un casting a otro, dispuesta a sacrificarlo todo por una oportunidad, por ese momento en el que sería descubierta y conseguiría el estrellato que siempre había sido mi sueño.

Lo cierto es que, después de que mi padre me echara de su casa, me sentí perdida y completamente abandonada, y no sabía a dónde ir ni qué hacer. Era una mujer atractiva, pero sin dinero. Me dirigí hacia el sur, y, tal como algunos de vosotros sabréis, me detuvieron en Santa Barbara, algo totalmente descabellado. No fui arrestada por beber siendo menor, porque no bebía, y tampoco por prostituirme, y todos esos obscenos rumores que circularon sobre mí eran falsos. Me detuvieron por estar en un bar en el que no podía estar por mi corta edad. Eso fue todo. Todo fue aterrador y vergonzoso, porque la policía incuso me tomó las huellas y me hizo una foto. En los úl-

timos años, he visto que algunas personas han fingido que esa
foto de la policía pertenecía a su álbum de fotos, como para
tratar de establecer alguna relación entre nosotros. Es algo
que no entiendo.

Me enviaron de vuelta a Medford, pero luego me escapé y
empecé a viajar por el país. Acabé en Florida, donde había pasado algunos inviernos con unos amigos de la familia debido
a mi asma. Todo cambió en Florida. Me enamoré. No estaba
segura de que podría enamorarme, pero así pasó. Lo más sorprendente es que se enamoró de mí, y él no era un borracho y
holgazán con ningún futuro. Era un auténtico héroe del ejército. Un piloto. Joven, dulce, y un magnífico bailarín. No podía
dejar de mirarle. Alguien nos hizo una foto en la que se refle-
jaban esos sentimientos. Incluso nos parecíamos físicamente,
y éramos muy felices. Era un buen hombre, no alguien que
abandonaría su coche a unos cuantos kilómetros de distancia
para desaparecer.

Se marchó al extranjero, e íbamos a casarnos tan pronto
como él regresara. Pero su avión se estrelló en la India y murió
en 1945. Puedo decir con toda sinceridad que, cuando escuché
la noticia, yo también quería morirme. Pasé de ser la chica
más afortunada del mundo a sentirme totalmente hundida,
con sólo decir tres palabras: «Matt ha muerto». Fue un otoño
muy largo y en el que sucedieron muchas cosas, y aunque antes había tenido algunos problemas, jamás he sido la de antes.

No había a nadie a quien llorar, ni por quien preguntar detalles sobre el accidente, de modo que llamé a los padres de
Matt. Luego me dijeron que Matt y yo nunca habíamos estado
prometidos, y que yo les estaba pidiendo dinero. Es cierto, les
pedí dinero y tal vez no debería haberlo hecho, pero estaba sin
nada y sola una vez más, y además tenía que sobreponerme de
la muerte de un ser querido. Debo admitir que no llevé muy
bien esta situación, y era cierto que estábamos prometidos.
Creo que fue muy cruel por su parte negarlo por lo que me
acabó pasando. A todos nos gustaría rescribir la historia, pero
es totalmente inaceptable.

Yo no pude «establecerme» en Hollywood hasta el verano
de 1946. he oído hablar de personas con quienes supuestamente tuve relación en Hollywood antes de esa época, pero lo
cierto es que no tengo ni idea de cómo pude lograr eso desde
el otro lado del país. Una amiga me presentó a su amigo Mark,
quien era propietario de un club con habitaciones donde las

chicas podían quedarse cuando lo necesitaran. Mark fue muy útil, al igual que otras muchas personas. Pero Hollywood es un lugar extraño. Todo el mundo conoce a un amigo de un amigo que es un famoso productor o director que está a punto de realizar una película en la que tú encajas perfectamente. Pero luego descubres que todas esas personas no conocen realmente a ese director, y que muchos esperan un precio mucho más alto de lo que estás dispuesto a pagar. Ya no sabes a quién creerle, así que finges creer a todo el mundo, pero serías una tonta si creyeras en alguien.

Yo me incluyo en este grupo, debo admitirlo. Yo también conté numerosas historias, y no siempre acababa diciendo la verdad. No tenía el tipo de vida que me permitiese el lujo de la honestidad muy a menudo. No pasaba ni una semana en la que no escribiera a mi madre, por ejemplo. ¿Qué mal hacía en hacerla creer que su hija mediana podría ser una estrella en cualquier momento? Ella merecía más que la pura verdad sobre mí.

A finales del año 1946 me marché a San Diego. Podrías preguntarme por qué, o por qué no, y la respuesta siempre sería la misma. Acabé hospedándome en casa de una familia muy agradable, y ellos también me tenían aprecio. Pero yo tenía cierto talento para perder interés en la gente sin pretenderlo, de modo que después de las vacaciones me pidieron que me fuera de su casa.

Entre tanto, conocí a un chico muy dulce y amable, Red, de Los Angeles. Se ofreció a llevarme de vuelta a Los Angeles si lo necesitaba. En vez de decirle que me habían echado de la casa de esa familia, le dije que tenía que encontrarme con mi hermana en Los Angeles, y que me encantaría aceptar su oferta. Él se sentía muy atraído por mi, aunque yo también me daba cuenta de que era un hombre poco ambicioso. Tenía razón. Dormimos en un motel una noche después de emprender el viaje, y jamás se acercó a más de un metro de distancia. Durmió en la cama, yo dormí en una silla, y ambos estuvimos completamente vestidos todo el tiempo. No podía ser más inocente.

Yo llevaba conmigo todas mis pertenencias, que no eran muchas, sólo un par de maletas, mis documentos de identificación, un artículo de periódico sobre Matt, dos años después de su muerte, para que me diera buena suerte, y unos cuantos efectos personales. No tenía ni idea de a dónde iba ni qué haría. Le pedí a Red que me ayudara a dejar las maletas en una taquilla de una parada de autobuses y que después me llevara al hotel Biltmore. Él creía que allí me reuniría con mi hermana. Lo cierto es que era el mejor lugar en el que creí que podía dejarme, y pensé que era un buen momento para que se marchara. No quiero parecer fría. Era un buen hombre. Pero tenía esposa y un hijo, y no me interesé por el después del tiempo que pasamos juntos, así que no había motivo alguno para alargar esa inocente relación: un viaje a Los Angeles, por lo que le estoy agradecida, pero nada más.

El vestíbulo del Biltmore estaba muy ajetreado, como de costumbre, y fingí buscar a mi hermana hasta que me aseguré de que Red se había ido. Luego empecé a llamar a todo el mundo para que me ayudaran a conseguir algo de dinero o un lugar donde quedarme hasta recuperar mis pertenencias y decidir qué iba a hacer con mi futuro. No sabía a dónde ir desde Biltmore, una vez más, por enésima vez.

Disponía de la vieja agenda de una amiga, y fui muy meticulosa apuntando los números de teléfono. Los apunté todos, porque nunca sabes cuándo te pueden ser de ayuda. Como en ese momento, por ejemplo. Empecé a llamar, pero eran las 6:30 de la tarde. Muchas personas no estaban en casa, probablemente habían salido a cenar. Otros teléfonos estaban comunicando, y otros simplemente colgaron.

Finalmente, un hombre contestó desde el número de su oficina.

–Hola, Walter –empecé–. Nunca nos hemos conocido, pero tu hija Barbara es una de mis personas preferidas, y mi hermana Virginia West me dijo que, si alguna vez llego a Los Angeles y no contacto con Walter y Ruth me pierdo un auténtico placer.

A menudo, con los hombres, si hablas rápido y dejas caer nombres conocidos, se olvidan de que están hablando con una completa desconocida. ¿No lo habéis notado?

Walter fue educado por teléfono, como suele ocurrir con los hombres mayores. Era cierto que mi hermana y sus hijas eran amigas. Estaba segura de que Virginia había dicho que él y su esposa eran una buena familia cristiana, y que él era un cirujano muy prestigioso. Él se mostró amable, aunque no excesivamente, cuando decidió conocerme. Él no quería que fuera a su oficina, que estaba en un edificio muy cercano a Biltmore, de modo que nos encontramos en su coche que estaba aparcado cerca de donde yo estaba.

Me llevó a una casa amarilla situada a unos minutos de su oficina. Tres escalones conducían al modesto porche de la entrada, que no era nada del otro mundo por tratarse de un médico con varias décadas de experiencia en su profesión. Tampoco daba la impresión de que la vida emanaba de esa casa, porque el porche no tendría que estar tan vacío. No había ninguna planta, ni ninguna tumbona para que alguien, después de la cena, se sentara para soportar el calor de la cuenca de Los Angeles. No podía imaginarme a una familia feliz viviendo en esa casa.

Las cosas no fueron mejor al entrar en casa. Los muebles eran escasos y estaban descoordinados. Parecían las sobras de otras personas: una mesa, unas cuantas sillas, un sofá, cosas que puedes quedarte cuando no tienes nada más. Walter estuvo muy callado y taciturno de camino a su casa, y no era el mismo hombre amable con quien había hablado por teléfono. Empecé a atar cabos, y llegué a una evidente conclusión que traté de expresar educadamente:

–¿Cómo está su esposa, Walter?

Esperé que contestara: «Ha fallecido». Pero no lo hizo, sino que contestó:

–Estamos separados. Mi abogado debe presentarle los papeles del divorcio esta misma semana.

–Lo siento –contesté.

–No hay de qué.

Su voz parecía quebrada, y muy tensa. El médico me miró, y recuerdo ver sus ojos y pensar: «Hay algo que no me gusta de él». Durante un instante, me entró pánico, pero luego me di cuenta de que esa sensación era absurda. El hombre era un conocido cirujano. Estaba pasando un muy mal trago, había tenido un día duro en el trabajo. Yo también estaría malhumorada, y no tengo nada que temer de él.

Después, evidentemente, estaba el hecho de que no había comido desde el desayuno, y me encontraba débil. Sólo me quedaba un dólar y no tenía a donde ir. Tampoco sabía, con exactitud, en dónde me encontraba.

De modo que, cuando el médico acercó mi mano a la suya y preguntó «¿Te gustaría una copa de vino?», su voz volvió a sonar correcta, y me convencí de que todos mis temores eran infundados. Le contesté: «Perfecto, gracias». Él apretó sus manos sobre la mía antes de marchar. Supongo que quería ser un pequeño gesto romántico, pero no me gustó. No me gustaron lo sorprendentemente fuertes que me parecieron sus manos, y tampoco me agradó su modo tan fijo de mirarme. Yo creía que él, su esposa, y yo estaríamos cenando en su hermosa casa, y que ella insistiría en que me quedara en su casa, no en un hotel, cuando tenían una magnífica y acogedora habitación para invitados. Pero me encontraba en esa casa prácticamente vacía, haciendo un esfuerzo por sonreír a ese hombre que no era más que el padre de una amiga de mi hermana, y que de pronto pareció demasiado amable y cercano.

El vino era fuerte, y lo bebí demasiado rápido por tener el estómago vacío. Tenía ganas de pedirle algo de dinero y salir de ahí.

Recuerdo que el hombre se acercó a mí, yo lo aparté con un empujón, pero él me dio una bofetada.

Recuerdo vagamente que bloqueó la puerta, y que estaba en la cama gritando, él encima de mí, y volví a ver esos ojos. Me di cuenta de que estaba totalmente loco.

Recuerdo que me ató, con sábanas o algo parecido. Creo que algunas veces se marchaba, y yo tenía la impresión de que había pasado mucho tiempo, no horas, sino quizá varios días. Yo no siempre estaba consciente, y cuando estaba despierta me sentía tan débil que apenas podía andar. Creo que había un frasco de píldoras rojas junto a la cama. Probablemente me administró algunas.

En algunos momentos, él me miraba y empezaba a llorar, como si recobrara su cordura y compasión. Pero luego, rápidamente, volvía a ponerse violento. Algunas de las cosas que me hizo son impronunciables, cosas de las que prefiero no acordarme.

Una noche vino una mujer. Alcancé a vislumbrar su figura. Era delgada y severa, y hablaba con un acento muy marcado. No era su esposa, porque sabía que se llamaba Ruth. Él la llamaba Alexandra. Estaba muy enfadada, y él parecía asustado por ella. Lucharon, y sentí que me golpeaba muy fuerte con la cabeza. Luego, ella dijo algo como «acaba con esto y líbrate de ella».

Lo siguiente que recuerdo fue que me desperté en un solar vacío cerca de una zona residencial. Había varios hombres a mi alrededor, y uno de ellos se arrodilló para hacerme una foto, no como si fuéramos dos personas posando, sino como cuando alguien saca una foto de un ser muerto arrastrado hasta la orilla y no quieres volver a casa con esa foto. Todo era un caos, y todo el mundo gritaba y parecía volverse loco. Había varios policías corriendo en todas direcciones, de modo que yo me incorporé de un salto para ver a qué se debía ese pánico. No sé como puedo describir la sensación de estar observando tu propio cuerpo. Gracias a Dios que sabía que no podía ser cierto. En primer lugar, era imposible que alguien sobreviviera a ese ataque, tal como estaba el cadáver. Mi cuerpo había sido cortado exactamente por la mitad, en la cintura, y luego colocado como un maniquí. Yo estaba desnuda, con mis pechos y todo lo demás prácticamente intacto, salvo los cortes y los moratones de mi rostro y un agujero en mi cadera. Esto me demostró que, probablemente, se trataba de una pesadilla. Toda esa viciosa y brutal carnicería, y no se veía ni una gota de sangre cerca de mi cuerpo. Todo el mundo sabía que eso era imposible.

La multitud de personas empezó a crecer, y la policía y los periodistas encendían fósforos como un puñado de lobos junto a un trozo de carne cruda. Finalmente, decidí regresar a Biltmore porque no sabía a qué otro sitio ir. Todavía sigo aquí, básicamente, buscando un rostro conocido que me ofrezca algo de comer o un lugar donde pasar la noche. Sin embargo, de vez en cuando camino por la Treinta y nueve y Norton, y trato de recapacitar sobre ese horrible sueño que tuve esa mañana de enero de 1947.

Evidentemente, hay muchas personas igual de confundidas que yo, porque no paro de oír cosas sobre mí que no son ciertas. ¿La gente creía que era una mentirosa?

Por lo visto, más de cincuenta personas confesaron haberme matado y, además, se han escrito varios libros que supuestamente resuelven el caso. Hay dos autores que incluso acusan a sus padres de ser los asesinos. Es fácil caer en esa tentación cuando se tiene un padre como Cleo, pero todos esos autores están equivocados. Yo te cuento algo de la verdad. ¿Quién, mejor que yo, puede saberla? El resto llegará a su debido tiempo, si insistís en creer que estoy muerta, lo cual parece ser un mito popular.

La fascinación por mis partes privadas no parece conocer fin. Según parece, yo me abalanzaba en brazos de los hombres, pero en el último momento los dejaba frustrados al revelarles que mis genitales eran «de niña» y que no era capaz de mantener una relación sexual. Odio arruinar esa magnífica historia, pero lo cierto es que mis genitales no eran en absoluto «infantiles». Mi parte femenina era muy normal y corriente. Resultaba difícil encontrar a muchos hombres que hubieran dormido conmigo porque no era una mujer promiscua. Es así de sencillo. Aburrido, pero cierto. También se ha hablado mucho de mi pobre higiene personal, lo cual es algo vergonzoso. No son temas de los que uno hablaría en una cena, ¿verdad? Pero supongo que no puedo enfadarme mucho en ese sentido, porque, para ser justos, la higiene personal no era mi fuerte. Supongo que la verdad sobre mí es que al hablar de mi aspecto, de mi personalidad, o de mis supuestos «sueños de Hollywood», o de mi vida en general, lo mejor era verme desde lejos. Cuando alguien me observaba de cerca, más difícil era analizarme. Si creéis que eso es algo fácil de reconocer sobre uno mismo, estáis equivocados.

Yo siempre quise mucho a mi madre y a mis hermanas. A veces no las trataba bien, pero las quería mucho. Esa es la verdad. Al principio mencioné que estaba resentida con unas cuantas personas de Medford, Massachusetts. Ocurrió que alguien donó una placa anunciando que me crié en ese lugar, y algunos ciudadanos decentes se negaron a ello y querían quitarla. Decían algo sobre los «valores» de Medford y que sólo las figuras «positivas» debían quedar para la posteridad. La placa no dice que todos los habitantes de Medford son como yo, o que todos los de Medford me admiran y siguen considerándome un ejemplo a seguir. Sólo informa de que crecí en ese lugar. Esa es la verdad. Agradezco a todos los ciudadanos que procuraron conservar la placa, y a quienes se negaron, les recuerdo que no hice nada malo, sino que yo fui la víctima de un acto horrible.

Todavía no entiendo cómo salí de esa.

Me llamo Elizabeth Short.

Me llaman la Dalia negra.

EPÍLOGO
Mi historia de fantasmas preferida

En el año 1990, yo estaba más ocupada que nunca. Era mi vigésimo año de apariciones por televisión, y salía en cualquier parte, desde programas de tertulia a programas monográficos especiales. Recorría el país impartiendo conferencias, realizaba una media de veinte lecturas privadas al día, y dedicaba muchas horas a mi labor de consultora para organismos legales y médicos. En realidad, es probable que estuviera demasiado ocupada para pensar. Me estaba recuperando de una grave crisis personal, lo cual demuestra una vez más que no tengo facultades psíquicas que aplicar a mi propia vida, y tiendo a ser voluble cuando intento salir de una depresión.

Cuando me llegó la propuesta de llevar a cabo una investigación de encantamiento del barco *Queen Mary*, atracado en el puerto de Long Island, en California, acepté antes de darme cuenta de que tenía la agenda muy apretada. Tampoco estaba segura de quién me había enviado la propuesta. Vi el nombre de Herman, y algo sobre un hermano y un programa para Halloween, así como una referencia para la cadena de televisión CBS y alguien a quien conocía desde hacía tiempo. También vi que la fecha de esa investigación coincidía con un viaje a Los Angeles al que me había comprometido, así que no tenía nada que perder sino unas cuantas horas que realmente no podía aprovechar, y cuando estás en medio de una adicción al trabajo compulsiva, es fácil que cualquier oferta te resulte irresistible.

Subir al *Queen Mary*, si nunca lo habéis visitado, es como entrar en un sueño hermoso, elegante y radiante de una vida pasada.

Había superficies incrustadas de caoba pulida y oscura por todas partes, unos magníficos pasamanos de cobre y arañas gigantes. La historia quedaba reflejada en esas exquisitas obras de arte. Me preguntaba por qué ese entorno tan sorprendente parecía tan opresivo cuando una joven ayudante de producción me dio la bienvenida y me presentó la cabina en la que pasaría la noche. Se disculpó, y me explicó que «nuestro anfitrión» no se reuniría con nosotros hasta el día siguiente, como si yo estuviera muy disgustada con el retraso de esa reunión con alguien a quien no conocía. Me guardé la apatía y le aseguré que estaba demasiado preocupada con la idea de encontrar a nuestros fantasmas, si es que había alguno, como para molestarme con el retraso de nuestro anfitrión.

Mi cabina era encantadora, y me sirvieron la cena. Mientras comía, me mantuve con las antenas encendidas por si algún fantasma trataba de captar mi atención. Nada. Me sonreí a mí misma, con cierta perversión, mientras me imaginaba un programa especial de Halloween en el que acompañaba a mi anfitrión por todo ese enorme barco durante una hora diciéndole: «No. Aquí no hay nada, lo siento.» Pero, al margen de ese programa, llegué a la conclusión de que el *Queen Mary* no estaba encantado, y no lo iba a decir sólo para incrementar la audiencia del programa, ni para hacer creer a esas personas que el dinero que se habían gastado valía la pena. Había sido idea suya, no mía.

No me di cuenta de lo cansada que estaba hasta que me metí en la cama. En realidad, estaba tan agotada que no me di cuenta de que me había convertido en un banquete para los mosquitos que entraban y salían por la portilla de la cabina. Al final cerré esa ventana y volví a mi cama, aunque poco después me di cuenta de que, con la portilla cerrada, hacía demasiado calor y el aire era irrespirable. Una magnífica elección, pensé, sintiendo compasión de mí misma. O soy devorada por los mosquitos, o me frío hasta morir. Finalmente opté por los mosquitos y me levanté para abrir la ventanilla una vez más.

Fue en ese momento, pasada la medianoche, cuando oí unos pasos que iban de un lado a otro del pasillo exterior a mi cabina. Al principio, no le di mucha importancia. En el barco se alojaba todo un equipo de producción, y ese ruido podía deberse a uno de ellos. Pero cuanto más lo escuchaba, más me daba cuenta de que esos pasos eran de unos pies muy pequeños, demasiado pequeños para pertenecer a algún miembro de producción. Me acerqué a la puerta y la abrí lentamente. En el vestíbulo, jugueteando y corriendo, había el fantasma muy real e inconfundible de un niño pequeño. Parecía una figura hecha de humo, en absoluto sólida. Llevaba pantalones cortos y una gorra de repartidor de periódicos. El niño no me habló, ni siquiera advirtió mi presencia, sino que continuó jugando al «corre que te pillo». Después de observarle unos cuantos minutos, le dejé con sus ilusiones privadas y volví a mi cama con los mosquitos. Mientras me dormía, pensé que quizá ese programa especial de Halloween no sería tan aburrido. A la mañana siguiente me encontraba adormecida, malhumorada e irritable cuando conté al equipo de producción acerca del niño fantasma del vestíbulo. No se quedaron en lo más mínimo impresionados. No podía ofrecerles más detalles, puesto que el niño no me había hablado y no lo había visto lo suficientemente bien como para recuperar algunos datos psíquicos. Tampoco había habido testigos, de modo que las reacciones variaron de una condescendencia educada al más absoluto desprecio. La tripulación empezó a pensar con qué tipo de lunática se habían topado, y yo me preguntaba si alguno de ellos se había dado cuenta de lo cansada que estaba y de lo mucho que me habían picado los mosquitos.

Fue entonces cuando la chica joven a quien había conocido el día anterior me propuso que empezáramos el paseo por el barco sin nuestro anfitrión.

–Él os alcanzará en seguida –me aseguró emocionada.

¿A quién le importa? Susurré en silencio para mis adentros.

Cumplimos las órdenes e iniciamos nuestro recorrido por este magnífico barco. O, tal como creía debido a mi bajo estado de ánimo, por ese estúpido barco. Se activaron las cámaras de televisión y las grabadoras para registrar mi encuentro con cada fantasma o espíritu que encontrásemos en el camino. El problema es que no había ninguno. Pasamos por todas las cabinas y las cubiertas, por todos los comedores, por las salas de baile, y por las estancias privadas del capitán, pero no encontré ningún vestigio de vida extraterrena. Ni siquiera se apareció el pequeño fantasma de la noche anterior. Mi temor a formar parte del programa especial de Halloween más aburrido de la historia se estaba convirtiendo en realidad con cada minuto que pasaba.

Después de varias horas, que me parecieron semanas, llegamos a la cubierta más baja del barco, en la que parecía que tiempo atrás había habido una piscina. De repente se materializó un fantasma, tan real y en color como cualquier de nosotros. Yo me detuve en seco, y luego continué. La tripulación se quedó donde estaba, no veía nada, pero activaron sus cámaras por si no estaba loca. Era una fantasma joven, de unos diecinueve o veinte años. Lucía un vestido de fiesta blanco que le llegaba hasta la pantorrilla, un chal con cuentas en los extremos, y un largo collar de perlas enrollado al cuello, como cualquier chica moderna de los años veinte. También llevaba medias blancas opacas y zapatos de salón blancos y de talón bajo. Tenía el pelo corto, moreno, y ondulado que le enmarcaba la cara. Sus ojos eran oscuros, dramáticos, y parecía ligeramente india como Merle Oberon, la encantadora actriz a quien probablemente he visto cincuenta veces en la clásica película *Cumbres borrascosas*, junto con Laurence Olivier. La joven estaba bailando, levantaba los brazos, y cuando me acerqué a ella cambió de dirección y empezó a formar círculos alrededor de mí. Ese baile no era dichoso, sino que parecía frenético, y su incensante sonrisa parecía demente, en vez de feliz. Todos los fantasmas están desesperadamente confusos y distraídos, evidentemente, pero jamás había visto a uno en ese estado.

Le pregunté su nombre.

–Mary –me contestó, mientras giraba más rápido. Le agradó que alguien advirtiera su presencia. Levantó la vista, luego la bajó, mientras añadía–: Vistes de una forma muy rara.

Cualquier impulso de contestarle «tú también vistes raro» se evaporó cuando, por primera vez, advertí las heridas rojas y abiertas de sus muñecas. No hacía falta ser psíquico para darse cuenta de que esa mujer se había suicidado. Le pregunté si esas heridas le dolían.

–Ya no me duelen –me contestó, riéndose. Luego añadió, a la defensiva–: No son cortes, sino sólo rasguños.

–No, son cortes profundos, Mary –repliqué con rapidez–. Cuéntame qué ocurrió.

Mary no paraba de moverse, no dejó de bailar frenéticamente mientras me contaba su historia. También se reía de vez en cuando, una reacción muy poco apropiada por los sucesos tan trágicos que relató. En esa historia había un hombre. Se llamaba Robert.

Estaba profundamente enamorada de él, y aceptó entusiasmada su propuesta de matrimonio. Después, sin advertencia previa ni disculpas, desapareció y corrió a casarse con otra mujer, que era rica. Mary estaba desconsolada, y sus padres, a quienes ella denominaba «mamá» y «papá» con una voz infantil y afectada, prácticamente la arrastraron a realizar un viaje de tres meses con el *Queen Mary* a Europa, con la esperanza de que se recuperara de la ruptura y olvidara ese hombre, cuya unión jamás habían aprobado. Pero, en el tercer día del viaje, Mary descendió a la cubierta inferior del barco y se quitó la vida.

–¿Sabéis qué va a ocurrir? –rió Mary, bajando su tono de voz hasta un discreto murmullo sin dejar de dar vueltas.

– ¿Qué va a ocurrir?

–Él la va a dejar y regresará a mí. Ya verás, enviará un telegrama para mí al capitán del barco y me dirá que me está esperando en Inglaterra.

Yo quería decirle que Robert había muerto. Quería decirle que *ella* estaba muerta, para que finalmente pudiera regresar a Casa y descansar en paz. Abordé el tema con delicadeza, porque sabía que la muchacha estaba muy alterada.

–Mary –empecé a decirle–. Podrás reunirte pronto con Robert si me dejas ayudarte...

Fui interrumpida por una voz en barítono que me hablaba por la espalda.

–¿Con quién diablos está hablando?

Me giré y vi el rostro hermoso y sensible de un hombre tan obviamente carismático que sabía que tenía que ser nuestro tan esperado anfitrión. Mi querida amiga y coautora Lindsay describe momentos tan poco habituales como este, en el que conoces a un desconocido que te parece alguien muy conocido en el preciso instante en que lo ves. Es un momento en el que quieres decir: «Oh, ya has llegado. Jamás he oído hablar de ti, pero he te he estado esperando.» En realidad me sonrojé, en parte porque me di cuenta de que, desde su punto de vista, estaba entablando una conversación bastante emocional conmigo misma, y además su contacto visual había sido muy intenso.

Nos presentamos, y empecé a contarle rápidamente la trágica historia de Mary, así como el hecho de que no estaba hablando conmigo misma, sino con un fantasma, y de que no, no estaba loca. Mary no cesaba de bailar a nuestro alrededor, y me di cuenta de que estaba escuchando con atención. Se enorgullecía de saber que estábamos hablando de ella. Nuestro anfitrión escuchaba con atención, sin juzgar a nadie. Era ese tipo de persona escéptica pero abierta de mente que tanto me gusta.

–¿Ahora mismo está aquí? –me preguntó.

Yo asentí con la cabeza.

–¿Qué está haciendo?

–Está bailando y formando un círculo a nuestro alrededor, algo que ha estado haciendo desde que vinimos –le respondí. Por alguna razón, en ese momento se me ocurrió de que Mary llevaba un vestido sin mangas y que hacía viento en esa cubierta. Me giré, y le pregunté.

–¿No tienes frío?

–¿Por qué crees que bailo? –fue su respuesta-. Su tono de voz me recordó exactamente al de mi nieta Angelia cuando cree que he formulado una pregunta estúpida. Pensé que, probablemente, Mary también era Escorpio.

Nuestro anfitrión, mientras tanto, echaba un vistazo alrededor de la cubierta, y evidentemente no veía a Mary, aunque tenía ganas de verla, si es que en realidad existía. Yo no podía hacer que los demás la vieran, pero si él estaba abierto a la idea de experimentar a Mary, había una cosa que valía la pena probar.

Primero, le indiqué a Mary que se quedara quieta. A ella le encantaba toda esa atención, así que cumplió mis órdenes. Luego cogí la mano del anfitrión. Él fue valiente y no dudó, aunque no tenía ni idea de lo que yo estaba a punto de hacer. Después, sin mediar palabra, lo conduje hasta el cuerpo del fantasma de Mary, para que lo atravesara.

Jamás olvidaré la forma que adoptaron sus enormes ojos después de pasar por ella.

–¡Dios mío! –exclamó nuestro anfitrión, claramente conmovido.

–¿Lo has percibido? –era una pregunta retórica. Sólo con mirarle, me di cuenta de que sí había experimentado algo.

–¿Percibirlo? ¿Cómo podría no haberlo percibirlo? –replicó–. Fuera lo que fuera, estaba congelado.

Decidí jugar al abogado del diablo.

–Bueno, para ser sinceros, hace mucho frío aquí abajo.

El anfitrión negó con la cabeza.

–No es lo mismo. No es como otra clase de frío. Recorrió todo mi cuerpo, me caló en los huesos, justo en ese lugar al que me has llevado.

–¿Alguna cosa más? –le pregunté.

–Claro –respondió, mientras se estremecía un poco–. Era como atravesar un muro de telas de araña. Todavía puedo sentirlas.

Yo percibía lo mismo en los encuentros con fantasmas, y sabía que aunque esa sensación pasaría enseguida, ese hombre jamás la olvidaría. Yo sonreí y mantuve mi respuesta en una simple frase:

–Pues ahora ya has conocido a Mary.

Él asintió con la cabeza y me miró. Todo el escepticismo desapareció de sus ojos. Lo creyó. Yo no tuve que convencerle. Lo hizo Mary.

Mary había perdido todo interés en nosotros y empezó a bailar una vez más en su mundo perdido. El productor y varios miembros del equipo me comentaron entusiasmados que fue en esta cubierta inferior, en ese lugar exactamente, donde los trabajadores del *Queen Mary* habían oído los ruidos más inexplicables, y donde más se habían asustado. Yo no me sorprendí de ello, aunque agradecí que corroboraran mis conclusiones.

Nuestro anfitrión propuso que encontráramos un lugar donde sentarnos. Estoy segura de que necesitaba hablar, y le agradecí la oportunidad que me brindó de conocer mejor en privado a ese desconocido tan atractivo, carismático, y extrañamente familiar. Nos sentamos en un banco de la cubierta superior y empezamos a hablar. Hasta el día de hoy, años después de la experiencia, todavía no hemos dejado de hablar. Como muchos de vosotros ya adivinasteis varias páginas atrás, el nombre de nuestro anfitrión era Montrel Williams.

Así es cómo nos conocimos.

Por este motivo, la historia del *Queen Mary* siempre será mi historia de fantasmas preferida.

LA AUTORA

Sylvia Browne ha sido número uno en las lista de libros más vendidos del periódico *New York Times* con *The Other Side and Back* y *Life on The Other Side; Recupera tu pasado, sana tu futuro; Interpreta tus sueños;* y *Blessings from The Other Side.* Browne ha trabajado como psíquica durante casi medio siglo. Es una invitada habitual de «El programa de Montel Williams» y ha sido entrevistada en programas de televisión como «Larry King Life», «Good Morning America» o «Entertainment Tonight» así como en la cadena de televisión CNN.

Índice

Visitas del más allá, de Sylvia Browne,
fue impreso en septiembre de 2006, en
Q Graphics, Oriente 249-C, núm. 126,
C.P. 08500, México, D.F.